EM BUSCA DE UMA
NOVA VIDA

© 2010 por Ana Cristina Vargas

Direção de Arte: Luiz A. Gasparetto
Capa e Projeto Gráfico: Fernando Capeto
Diagramação: Andreza Bernardes
Revisão: Fernanda Duarte Ribeiro

1ª edição — 3ª impressão
3.000 exemplares — outubro 2017
Tiragem total: 18.000 exemplares

Dados Internacionais de Catalogação na Publicação (CIP)

(Câmara Brasileira do Livro, SP, Brasil)

Layla (Espírito).
Em busca de uma nova vida/Layla e José Antônio; [psicografado por] Ana Cristina Vargas. - São Paulo: Centro de Estudos Vida & Consciência Editora.

ISBN 978-85-7722-114-1

1. Espiritismo 2. Psicografia 3. Romance espírita I. Antônio, José. II. Vargas, Ana Cristina. III. Título.

10-08766   CDD-133.9

Índices para catálogo sistemático:
1. Romances espíritas psicografados: Espiritismo 133.9

Todos os direitos reservados. Nenhuma parte desta edição pode ser utilizada ou reproduzida, por qualquer forma ou meio, seja ele mecânico ou eletrônico, fotocópia, gravação etc, tampouco apropriada ou estocada em sistema de banco de dados, sem a expressa autorização da editora (Lei nº 5.988, de 14/12/1973).

Este livro adota as regras do novo acordo ortográfico (2009).

Editora Vida & Consciência
Rua Agostinho Gomes, 2.312 – São Paulo – SP – Brasil
04206-001
editora@vidaeconsciencia.com.br
www.vidaeconsciencia.com.br

EM BUSCA DE UMA NOVA VIDA

ANA CRISTINA VARGAS
pelos espíritos Layla e José Antônio

SUMÁRIO

Apresentação.....................6

Introdução.......................10

1. Governada pelos instintos...............14

2. A primeira expulsão.................26

3. Entre estrangeiros.................52

4. Vivendo no harém..................60

5. Surpresas na tribo.................76

6. Rei ferido......................92

7. Repetindo escolhas e caminhos...........114

8. Tornei-me paciente.................120

9. Meus Hades....................132

10. Cerbelo, o cão de guarda..............148

11. A festa...............164

12. Vida breve...............186

13. Vozes distantes...............206

14. De volta ao templo de Astarto............222

15. A festa dos tabernáculos...............232

16. A nova sacerdotisa...............242

17. A jornada de iniciação...............262

18. O despertar de Dalilah...............276

19. Meu doloroso aprendizado...............288

20. Vingança...............300

21. Chamada à responsabilidade............322

22. Coroação...............338

Epílogo...............352

Apresentação

Um dia o amor guiou minha pena, escrevi inspirado por uma grande amizade. A sensação foi absolutamente diferente de tudo quanto eu já havia produzido.

Escrevi sobre a hipocrisia humana; escrevi sobre a triste condição da mulher em meus dias; escrevi sobre o quanto pode o dinheiro sobre a mente e o coração humano, realizei-me ao trabalhar esses textos. Mas um dia escrevi com amor fraterno, e isso mexeu com as profundezas de minha alma, trazendo à tona virtude, alegria e suavidade. Retratei uma mulher admirável, minha dileta amiga.

Ao longo de muitas noites, enquanto encarnados, conversamos e trocamos inúmeras ideias, com a intenção de escrevermos juntos um romance. Porém, tal feito não estava destinado a cumprir-se na matéria, desencarnei muito antes de sua realização, e esse sonho ficou alojado em meu íntimo.

Uma de minhas obras apresenta aos leitores essa encantadora mulher. Tal como fiz no passado, tomado por intensa alegria, minha pena deslizou, revivendo memórias e mergulhando, profundamente, na mente de minha amiga. Divido com vocês a presença de Layla – assim, ela escolheu tornar a ser conhecida no mundo das letras.

Hoje, tenho a felicidade de apresentar nosso trabalho conjunto. Um sonho, um ideal, que varou a imortalidade e se construiu da imaterialidade à matéria, até chegar às suas mãos.

Dalilah, e outras obras que compõem este projeto, são um passeio pelas vivências femininas, desse espírito que encanta e alimenta a alma de quem tem o prazer de desfrutar de sua convivência.

Trago-a, prezados amigos, a este début literário, com o orgulho e a satisfação de um ourives, que completa uma bela joia com primoroso diamante. Recebam-na, com o carinho e afeto que tenho recebido dos senhores, desde meu regresso às lides da literatura.

Layla é uma alma profunda, que bebe dos conceitos da espiritualidade em muitas fontes, pois crê que a verdade, embora única, é uma semente que se espalha por muitos caminhos.

José Antônio

Quando você olhar a borboleta voando nos ares, lembre-se da lagarta rastejando no solo, sob forma triste e horrenda.

Mas quando olhar a larva rastejando, pense que um dia ela ganhará asas, será bela e alçará voo.

A natureza escreve páginas incansáveis a respeito da evolução, eu escrevi meus caminhos evolutivos.

Apresentaram-me uma "quase borboleta". Desejo mostrar-lhes meu "quase início", quando era larva e rastejava, sem espiritualidade e sem asas que permitissem ao meu pensamento voar e, ainda, sem sentimentos suficientemente burilados, que pouco espelhava a beleza do Criador.

Anseio que as luzes que, no passado, iluminaram minha jornada, possam iluminar outros caminhos.

A vocês, com carinho, ofereço a sinceridade de minhas memórias.

Com amor,
Layla

Introdução

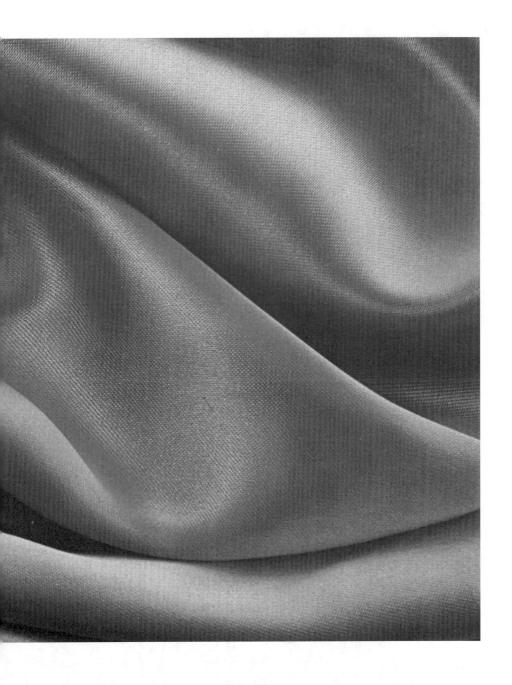

INTRODUÇÃO

Layla apresentou-se em 2007, acompanhando a rotina de trabalho de José Antônio junto à médium. Dia a dia, o trio habituou-se aos encontros, a aproximação das energias e a confiança ampliou-se até a natural aceitação. Ela uma visitante silenciosa e atenta, bela, trajada em roupas orientais, porém sua presença transmitia força e bem-estar.

Em 2009, eles comunicam a médium o início de um projeto conjunto: o ditado de alguns romances que narrarão vidas passadas de Layla.

José Antônio e Layla foram amigos em sua última encarnação, ocorrida na França, no século XIX. Ela diz que também foi mulher, escritora, dona de uma personalidade combativa, trabalhava ativamente por suas ideais: a divulgação da espiritualidade; a luta pelo reconhecimento dos direitos da mulher. Disseram que desde aquele tempo tinham o projeto de escrever juntos, no entanto o desencarne de José Antônio na ocasião inviabilizou a execução.

O trabalho conjunto e harmonioso que desenvolvem hoje é a prova de que uma amizade real se baseia nas leis na afinidade e transcende a vida física. Os que se amam se procuram e se reencontram, os laços que os unem são imortais e este trabalho é apenas um exemplo dessa lei natural.

Conviver com Layla é apaixonar-se por sua presença que é sinônimo de aprendizagem. Espírito antigo, é dona de extensa cultura e inteligência, que transmite com a mais tocante simplicidade o que a faz compreendida por todos. Muito viveu, muito errou, muito aprendeu. Sobretudo a ter a coragem de se mostrar com toda honestidade, de reviver a si mesma e mostrar-se ao leitor como uma alma nua, falando abertamente das mazelas humanas de todas as épocas.

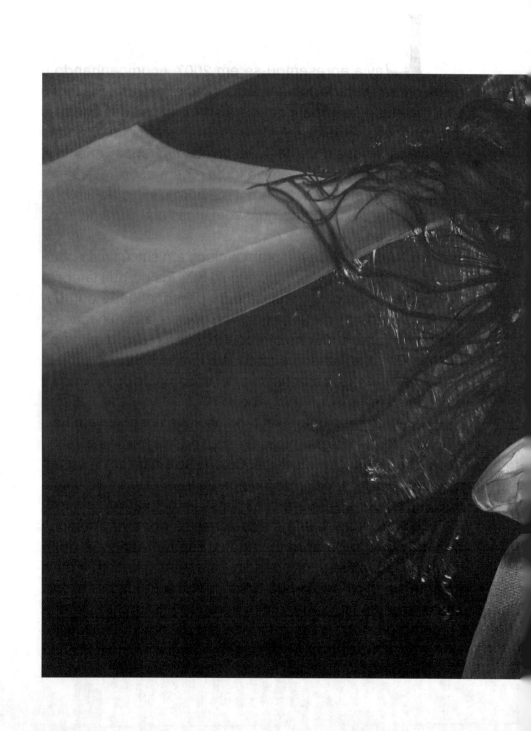

01
Governada pelos instintos

O sol estava a pino, era meio-dia. Ao longe, eu ouvia os sons da cidade que regurgitava em um movimento frenético. Lá e cá, distinguia solos de flautas. Debrucei-me sobre a piscina, no centro do pátio do templo. Meu rosto refletido na água; sorria para mim mesma. Olhos castanhos, misteriosos e brilhantes, fitavam-me. Helena diz que tenho olhar de serpente, e que a alegria em meus olhos não é pura. Ela implica com tudo que faço. Dane-se, a velha. Seu tempo há de passar, ela caminha muito à minha frente, morrerá primeiro, posso esperar.

Joguei os longos cabelos para trás; o véu amarelo, enfeitado com pequenas moedas, escorregou até o ombro, que estava à mostra. A túnica estava presa por uma fivela apenas sobre o outro ombro; deixava à mostra minha pele morena.

Adoro todos os tons de amarelo, lembram o ouro, o sol e as escaldantes areias do deserto, não muito distante. Associo amarelo ao poder; tudo que tem poder infinito é amarelo e é quente. Visto-me de amarelo por isso; é luminoso, irradiante. Tenho um rosto bonito, proporcional, traços bem-definidos. Gosto de meus olhos e dos meus lábios. Olhos amendoados, sempre maquiados; as linhas pretas acentuam o ar misterioso; meus longos cílios são uma bênção da grande mãe; pura sedução, eu sei. Assim como lábios carnudos e vermelhos, tenho a boca grande; quando eu era menina, detestava-a, mas agora, agradeço por possuí-la.

A natureza abençoou-me com a harmonia, nada de extravagante beleza, mas um conjunto poderoso. Tenho visto algumas moças verdadeiramente belas, porém com deformidades que estragam: pés enormes, sem nenhuma delicadeza, dentes horríveis, cabelos que precisam ficar sempre presos, seios disformes, pernas tortas. De que lhes vale um rosto de deusa?

Tracei com os dedos pequenas ondas na superfície da

água. Os peixes, habituados a buscar os alimentos, emergiram de boca aberta; foram tantos que meu reflexo desapareceu como por encanto.

— Dalilah, Dalilah, onde está você? — Ouvi a voz de Adonias chamando-me; suspirei. Nenhum som emiti; sua voz se aproximava; ele me encontraria.

O que será que havia acontecido? Uma nova briga era o óbvio; ou um chamado inusitado de um peregrino. Isso era improvável, pois a escuridão da noite não protegeria a identidade de alguém a nos procurar àquela hora.

— Até que enfim! Não ouviu eu te chamar, Dalilah? — Ralhou Adonias parado à entrada do pátio, protegido na sombra da construção. — Não sei como você aguenta ficar sentada sobre a pedra quente com este sol!

Lentamente voltei a cabeça na direção de Adonias, um etíope lindo, corpo negro, musculoso, sumariamente trajado, tinha o tronco nu. Estava conosco fazia alguns meses, era alegre e generoso. Diferente de mim caíra nas boas graças de Helena.

— Eu amo o sol — respondi displicente.

— Tem uma pessoa querendo vê-la. Rute mandou que eu a levasse.

— Um peregrino, a esta hora? Estranho — levantei-me, recoloquei o véu sobre os cabelos; senti o metal frio das moedas tocarem minha testa; estava pronta para atendê-lo. — Vamos.

De mãos dadas com Adonias contornei a lateral do templo, e ingressamos por uma porta alta.

Cruzamos salões e corredores, até chegarmos à sala onde Rute entretinha três homens.

— São estrangeiros — informou Adonias.

— Ah! — Respondi, agora entendia a hora. — E por que eu fui chamada?

— Rute a escolheu. Eu e você atenderemos os peregrinos.

— Certo, eles foram generosos com as doações?

— Creio que sim, Rute me disse: busque Dalilah para que ela encante nossos visitantes.

Na lateral oposta, ingressaram moças e rapazes; elas carregavam bandejas repletas de delícias, e eles, grandes odres de vinho, que depositaram em uma mesa de banquete, ajeitando as almofadas coloridas de seda, convidando os peregrinos à refeição.

Observei que eles estavam, pela primeira vez, em nosso templo; seus movimentos denunciavam curiosidade. O luxo costumava causar aquela impressão. Em todos os salões havia altares com imagens da grande mãe e oferendas, incensos, flores e frutas.

Cumprindo meus deveres de noviça, dirigi-me primeiro ao altar, ajoelhei-me e ergui as mãos e o olhar à nossa deusa. Silenciosamente, fiz meu pedido e depois elevei a voz entoando um cântico de evocação. Ao som da minha voz uniu-se ao cortejo das flautas e das cítaras, e os músicos surgiram pelos lados do altar, colocando-se em duas filas.

De costas para os peregrinos, senti seus olhares cravados em mim; exultei. Minha voz tinha um tom grave e profundo, até mesmo Helena deixava-se envolver por ela. Ainda de costas, ergui-me, e os instrumentos de percussão soaram. Os músicos saíram de trás do altar e postaram-se formando fila à minha frente. Lindos etíopes! Negros e quase nus batiam com força e cadência; o som era sensual e um arrepio tomou conta do meu corpo. Comecei a mexer o quadril na mesma cadência; segurei as pontas do véu com os dedos e o deixei escorregar lentamente. Eu dançaria para Astarto e a ela ofereceria o sacrifício de meu corpo.

— Linda! — Ouvi a voz de Rute dirigindo-se a um dos visitantes. — Dalilah é a nossa mais promissora noviça. Agrada-lhes vê-la dançar?

Os homens confabularam entre si; seus olhos traduziam todas as palavras ditas em idioma estrangeiro. Falavam a língua universal dos sentidos e sentimentos; ardiam de cobiça e admiração. Notei isso enquanto dançava expondo as pernas e os braços, imiscuindo-me entre eles.

— Muito sedutora — sussurrou um deles em meu ouvido; sorri e o encarei, enquanto movia o ventre sinuosamente e, com as mãos, acariciava o corpo desde as coxas, passando pelos seios, até a nuca.

Era um homem bonito, forte, maduro. Agradou-me servi-lo e dancei para ele com esmero dobrado. As barreiras dele foram vencidas rapidamente; notei que o estrangeiro esquecia-se de tudo, talvez nem ao menos lembrasse o próprio nome. Não me importava, preferia não saber.

Sentei-me de costas em seu colo e comecei a despir minhas vestes. O véu estava aos meus pés e, quando insinuei abrir a fivela da túnica expondo os seios na dança, uma mão forte cobriu a minha, e ele sussurrou palavras em meu ouvido que não entendi, mas compreendi suas intenções. Ele ergueu-me e, segurando meu braço, olhou para Rute e disse:

— Providencie outras sacerdotisas para meus convidados; mudei meus planos. Prefiro ter a noviça apenas para meu prazer. O templo será recompensado.

Rute uniu as mãos em frente ao rosto e baixou levemente a cabeça, aquiescendo. Trocou breves palavras com os dois convidados e bateu palmas; Adonias aproximou-se, curvando-se diante de Rute:

— Traga Diná e Sara.

Acariciei as costas do homem para quem dançara; depois, corri as mãos por seu braço até tomar-lhe a mão e, sorrindo, puxá-lo em direção a um recanto do salão.

Os derradeiros raios solares iluminavam o pátio quando o atravessei em direção ao salão de banho. Exaustos, nossos peregrinos dormiam sobre os tapetes e almofadas estendidos no chão do pequeno salão, no interior do templo. Atrás de mim, Sara e Diná caminhavam e riam, trocando pilhérias.

Juntas, mergulhamos na piscina de água morna. Ao cabo de alguns minutos, Sara aproximou-se e indagou:

— Que tal atender a um rei? Ainda não tive esse privilégio.

— Um rei? O homem que atendi era um rei? Não sabia. Não foi diferente dos outros, mas foi bom — respondi com descaso.

— Adonias disse que você havia ficado fascinada por ele, que nunca a tinha visto dançar com tanta disposição em pleno dia. Achei que sabia da importância do visitante — interveio

Diná. — Aliás, chamou-me atenção Rute ter designado inicialmente apenas você para atendê-los.

— Pois eu não sabia. Adonias foi me buscar e nada informou. Também não perguntei coisa alguma a Rute. Mas confesso que seduzi aquele homem com mais empenho do que aos outros. Gostei da forma como me olhava; havia um anseio profundo nele. Parecia alguém faminto e sedento de vida. Dei-lhe algumas horas de bem-estar, se era rei ou não, pouco importa.

— Os homens que o acompanhavam eram seus conselheiros, falavam muito. Disseram que estão na cidade por alguns dias, vieram comerciar grãos — informou Diná.

— Por isso queimaram tanto incenso no altar — falou Sara, relaxada contra a borda da piscina. — São riquíssimos...

— Também somos. Não vejo razão para tamanha importância a essa visita. Eram peregrinos, nada mais — desconversei. Não me agradava o tom daquela conversa.

— Bem, talvez você queira servir a deusa por toda sua vida. Mas eu ainda não decidi por quanto tempo permanecerei aqui — respondeu Sara.

— Bem, então pense — respondi e, dirigindo-me aos degraus na extremidade próxima de onde estávamos, saí. Jael acercou-se de mim, envolveu-me numa toalha de linho e ofereceu:

— Posso massageá-la, quer?

Jael era uma mulher madura, bondosa e sincera. A beleza da juventude cedera espaço à sabedoria. Era uma das sacerdotisas mais cultas do templo e uma das grandes amigas de Helena. Acompanhei-a até a mesa de massagens; estendi a toalha e entreguei-me às mãos de Jael; ela era uma mestra nessa arte. O banho, o vapor, o óleo perfumado e as mãos de Jael sobre minha pele tinham um efeito calmante avassalador. Fiquei modorrenta, mas em meio às brumas do sono ainda ouvia a conversa entre Sara e Diná.

— Como podem perder tempo com um assunto tão trivial — resmunguei contrariada.

— Trivial para você. Muitas mulheres servem por algum

20

tempo à deusa na esperança de encontrar homens poderosos. Elas a invejam, é simples — respondeu Jael.

— Não consigo aceitar esta conduta. Elas não sabem o que querem. Não tem cabimento fazer todos os votos e rituais para servir à deusa escondendo no íntimo o propósito de servirem a si mesmas, ou pior, elas se servem do templo. Não devia ser permitido.

— São muito poucas as pessoas que servem ao sagrado; a maioria deseja servir-se dele, de diferentes formas, Dalilah. Encontrar um homem poderoso a quem servir como esposa ou concubina é uma das formas; outros encontram aqui um espaço onde viver melhor, de forma mais feliz, onde são aceitos.

— Eu sei. Mas consigo ser mais tolerante com esses propósitos do que com o delas. O que lhes falta entre nós? Não estão satisfeitas? Por que vieram...

— Por que vieram? Ah! Como vocês noviças adoram fazer essa pergunta. Aqui se chega por mil motivos e caminhos, Dalilah. A grande pergunta não é por que viemos, mas por que ficamos. Alguma vez você viu Helena indagar algo de qualquer um que bate à nossa porta pedindo para ser aceito nos serviços da deusa?

— Não, nunca — respondi e fiquei a cismar.

Eu vim para cá por minha própria vontade. A tribo de onde provinha era nômade; cansei-me do calor do deserto e do lombo dos camelos; cansei-me da fome, da sede e da violência. Certo dia, às portas de Jerusalém, abandonei meu povo e pedi abrigo no templo de Astarto. Era muito jovem; meu ventre nem sequer era fértil. Terminei minha infância entre as sacerdotisas; sei por que vim e sei por que permaneço: aqui sou feliz, não desejo outra vida.

Expus minhas verdades a Jael, que as conhecia, mas ouviu com atenção, como se fosse uma nova confissão, como se não houvesse sido ela uma das primeiras a cuidar de mim. Porém, ficou silenciosa, por longos minutos. Suas mãos continuavam uma obra milagrosa em meus músculos e nervos.

— Ser feliz é uma afirmação ousada, Dalilah. Como você tem essa segurança?

— É simples, Jael: aqui faço o que gosto e nada me

falta. Estou satisfeita! — Respondi suspirando deliciada com a massagem.

— Satisfação e felicidade não são sinônimos. Ter tudo pode ser motivo de grande insatisfação ou de uma mente medíocre — asseverou Jael em tom grave.

Embora atacasse diretamente minha inteligência, não me senti ofendida; ela viajava em seus próprios pensamentos. Entendi que não havia nada de pessoal naquela admoestação, ela fazia apenas uma constatação filosófica.

— Insatisfação também não é sinônimo de felicidade ou de inteligência — retruquei despreocupada.

— Discordo. Uma mente inteligente e sagaz é por natureza inquieta e insatisfeita. Compreende que o universo e a vida são grandes demais e há muito a aprender e pouco tempo entre o nascer e o morrer — disse Jael, encharcando as mãos de óleo e massageando minhas pernas. — E quanto à felicidade, eu penso que a encontro com maior facilidade entre os insatisfeitos.

— Talvez você não saiba o que seja a fome e a sede suportadas dia após dia, por isso não consegue imaginar a angústia de sentir-se consumida por si mesma — provoquei.

Jael falava pouquíssimo de si mesma; isso espicaçava minha curiosidade. Como ela podia falar tanto, conversar com todos que moravam no templo e não falar de si?

— Fome e sede. Sim, deve ser terrível suportar privações físicas. Mas existem privações de diferentes ordens. Aliás, onde a vida comportar abundância também comportará privações, basta olhar e ver.

— Ai, Jael, como você filosofa! Não entendo o que está falando ou o que tem a ver com o início de nossa conversa — reclamei com sinceridade.

— Você fica entediada conversando comigo, não é mesmo, Dalilah? — Riu Jael. A expressão dela era a mesma de quando afagava os gatos do templo, terna e tolerante.

— Nem sempre — respondi. — Em geral, gosto da sua companhia.

— Quando a massageio, por exemplo.

— Sim, também quando dançamos, ou quando você fala sobre os poderes curativos das plantas e ensina poções e óleos afrodisíacos.

— Hum — resmungou ela, acelerando a massagem. — Ainda não é tempo, mas o agricultor diligente todo dia prova dos frutos de sua videira para saber o momento ideal da colheita. Ainda precisarei comer muitos bagos verdes e ácidos. É a sabedoria da vida quem dispõe; quem sou eu para me indispor por esse motivo.

— O quê? — Não havia entendido nenhum dos pensamentos dela, nem sabia a que ou quem ela se referia.

Tempos depois compreendi que eu era a videira a qual ela se referia. Com a paciência e a sabedoria que a distinguia, ela era a agricultora de minha alma, na época um solo pobre, arenoso e seco.

— Nada importante, estava pensando alto. Está pronta, querida. Vá descansar, logo será servido o jantar.

Ergui-me e enrolei-me na toalha; agradeci e, lançando um olhar a Diná e Sara, que conversavam à borda da piscina, balancei a cabeça inconformada.

— Como podem desejar trocar a liberdade para servir a um homem. Eu não as entendo...

— Nem precisa — respondeu de imediato Jael, em tom severo, não deixando dúvidas de que me repreendia. — Melhor não tentar, elas também não a compreendem. São desejos opostos, simplesmente. E cada uma de nós tem as próprias necessidades. Costumam dizer que todas temos as mesmas necessidades, é mentira. Cada uma tem as suas, e, se com frequência não sabemos entender ou lidar com as nossas, não há nenhuma razão para querer entender as das outras. Cuide de si, que é o bastante, por ora. Vá!

Recolhi, apressada, as minhas vestes próximas da piscina. Sentia o olhar de Jael acompanhando meus movimentos. E a ouvi sussurrar; ela tinha o hábito de falar sozinha:

— O silêncio mental e verbal a respeito da vida alheia é o melhor caminho para essas almas incultas e verdes. Fazem grandes estragos expressando "sua sabedoria", que se dirige na maioria das vezes à vida alheia, para a qual dão mais atenção que aos próprios atos. Calar essa criança é uma bênção, uma ajuda no seu crescimento.

Pobre Jael, pensei. A idade deve estar atormentando-a. Rememorei as vezes que a tinha visto servindo a deusa nos rituais sagrados de fertilidade; quase sempre havia sido com outras mulheres, algumas jovens outras nem tanto. Ela apenas serve à iniciação e ao ensino, considerei e lamentei seu envelhecimento. Um tremor sacudiu meu corpo; todos envelhecem, pensei e apavorei-me. Apalpei os braços e o abdômen; estavam firmes, rijos, lisos. Suspirei, sou jovem. E guardei meus temores nos mais íntimos refolhos da alma. Na minha consciência, naqueles dias, a existência física seria eternamente jovem e saudável. Viver para o prazer e para a satisfação dos sentidos, eis o aproveitamento de minha existência, até então.

Nenhuma de nós tinha aposentos privativos, com exceção de Helena, Rute e Jael. As noviças compartilhavam grandes aposentos coletivos, e as sacerdotisas habitavam outra ala com aposentos que acomodavam até três mulheres. Os homens que serviam à deusa tinham habitações coletivas e ficavam em uma terceira ala, destinada à moradia, afastada do templo.

Ingressei em silêncio no dormitório; dirigi-me a meu leito, deitei e, quase imediatamente, adormeci.

Ouvi um suave burburinho de vozes próximas à minha cama, mas ignorei-as. Eram conhecidas e sussurravam; não haveria de ser nada importante. Comentários, especulações, eram o que elas sabiam fazer.

Eu tinha poucos amigos, aliás, amizade era um conceito incompreensível. Não entendia como Helena podia preferir a companhia de Jael a de qualquer outra sacerdotisa. Entretanto, nunca havia presenciado nenhuma cena de sensualidade entre elas; o máximo de contato físico que testemunhei foram as massagens, mas nunca soube qual a causa das massagens de Helena. Nenhuma de nós se privava desse prazer, e elas eram benéficas para tratamento de muitas dores e mal-estares.

Meu mundo era tão pequeno e fechado que eu não concebia pensar em algo além de mim, de minhas necessidades físicas e da hora seguinte. Sim, a hora; eu não tinha um planejamento ou um propósito para o amanhã. As pessoas eram boas ou más, segundo fossem convenientes aos meus interesses ou não.

Eu precisava, e muito, das mestras da vida. E, como Jael tão bem previa ao seu tempo, elas chegariam e com elas a transformação. Mas, ah! Que caminho acidentado.

02
A PRIMEIRA EXPULSÃO

Dias depois fui chamada à presença de Helena. Nunca deixei de admirá-la; era uma mulher extraordinária. Mesmo na cegueira daquele período, eu reconhecia a sua superioridade. Creio que seja natural e instintivo o reconhecimento da supremacia de outro ser; o reino animal é pródigo em exemplos, ainda que nele dominem os instintos, e a inteligência seja rudimentar. O animal superior em inteligência é naturalmente o predador do inferior, ainda que a força bruta seja superior na presa. Eu e Helena éramos assim. A minha juventude não rivalizava com a inteligência e a experiência da sumo sacerdotisa do templo.

Eu chamava Helena de velha, em uma atitude tipicamente infantil e invejosa. Ela era uma mulher de, aproximadamente, trinta e dois anos, alta, esbelta, cabelos negros e brilhantes como o ônix das joias que lhe adornavam o colo e a testa. Tinha o rosto oval, com maçãs salientes, boca firme, bem-desenhada, de lábios cheios, olhos grandes e levemente puxados, que ela enfatizava com uma maquiagem carregada. De corpo curvilíneo, seios fartos, cintura muito bem-definida e uma curva sensual no quadril, que ela explorava muito bem com as roupas que usava, sempre o expunha, exibindo também as coxas. Helena se movia com a graça e a agilidade de um felino preguiçoso; carregava tantas pulseiras e joias, por todo o corpo, que o tilintar dos metais produzia música.

Ela participava apenas das grandes festas em homenagem à deusa para pedir a fertilidade de nossas terras e rebanhos ou para agradecer à fartura das colheitas. Nessas ocasiões conduzia o ritual sagrado de acasalamento e fertilidade.

Lembro-me de quando ela era apenas uma entre tantas sacerdotisas; foi quando cheguei ainda menina ao templo. A sumo sacerdotisa chamava-se Mical, e estava muito doente. Helena era sua preferida pelos poderes que lhe conferia a visão. Ela raramente errava uma profecia ou a interpretação de um sonho e, acima de tudo, tinha e tem uma grande facilidade em formar um julgamento correto e rápido acerca do caráter das pessoas. Mical dizia que ela tinha golpe de vista, e isso lhe facultava duas grandes características, necessárias à direção do templo: segurança e bom senso, além de decisões rápidas.

Mical morreu meses depois de meu ingresso à condição de noviça; posso dizer que servi apenas sob o comando de Helena.

Adentrei a sala onde ela costumava passar as tardes, cercada de livros e atendendo a pessoas que desejassem conhecer o culto a Astarto, uma pequena elite de pensadores, governantes e ricos comerciantes. Sempre estranhei que Helena gastasse suas horas com conversas em grupos de homens e mulheres, em geral casais. Sabia que muitas mulheres a procuravam em busca de bênçãos e tratamentos para fertilidade; partos difíceis também recebiam a sua atenção.

Reverente, saudei-a e senti seu olhar avaliando-me. Era desconcertante, parecia que ela tinha o poder de deixar minha alma nua e decifrá-la com a rapidez de um bote.

— Entre e feche a porta — determinou Helena, acomodando-se em um divã ao lado do altar.

Obedeci e sentei-me, nos tapetes, aos seus pés, como convinha à minha condição de devotada aprendiz de minha mestra.

— Você está realmente muito linda — comentou a sumo sacerdotisa. — Está entre nós há quatro anos, aproximadamente, não é?

Concordei, movendo a cabeça com suavidade conforme fora ensinado. Helena tocou meu queixo com a ponta dos dedos, enfeitados de anéis com pedras reluzentes, erguendo meu rosto até fitar meus olhos. Meu desconforto aumentou.

— Você tem medo — afirmou. — Já identificou o que teme?

— Não — respondi. — Eu não tenho medo. Não há o que ou a quem temer servindo nossa grande mãe, senhora dos céus.

— Dalilah, não estou testando seu aprendizado dos rituais. Vou perguntar outra vez: você já identificou o que teme?

— Não entendo, senhora — respondi, desviando o olhar.

Recebi um forte tapa na face, e Helena ralhou comigo:

— Só quem tem medo foge, e seu olhar foge do meu, assim como você não responde às minhas perguntas. Não faça mais isso, entendeu?

— Sim, senhora — disse e voltei a enfrentar seus olhos negros. — Eu não sei.

— Muito bem. Nunca fuja, Dalilah. Aprenda a enfrentar as situações da vida. Nem sempre elas são prazerosas, em geral, são desafiadoras e exigem coragem, especialmente para nós, mulheres. Jamais abaixe os olhos, nunca, entendeu? É sinal de fraqueza de caráter e de alguém dominado pelo sentimento de inferioridade e pelo medo. É uma atitude indigna de uma filha da deusa. Seja honesta. Admita a sua verdade e não esqueça: ela não a faz inferior ou superior a ninguém, a faz simplesmente você.

— Sim, senhora. Mas como faço para descobrir meus medos? Realmente, não sei. Então, também não sei o que sinto. Às vezes em que senti medo foram quando vivia junto à minha tribo, nas tempestades de areia, ou quando ocorriam roubos e saques, porque havia violência. Eu temia a dor, a fome, a morte. Vi muitas pessoas morrerem sangrando sob um sol inclemente, pois eram deixados pra trás, sem socorro. Temia também ser levada por alguma outra tribo. Para fugir dessa vida, vim para o templo. Não gosto da dor; eu quero o prazer da vida. Reneguei os deuses do meu povo para servir a Astarto, a grande mãe, por que ela é fartura, abundância, amor, alegria. Ela é tudo que há de bom e belo, aqui não tenho medo.

— Protegida. É assim que você se sente entre nós?

— Sim, claro. E sou grata, sirvo à deusa com amor e gratidão, pois ela me deu o que eu buscava.

Helena voltou a tocar meu queixo e o forçou para que eu a encarasse; nem pensei em desviar a atenção, mas a firmeza de seu olhar causava-me profundo mal-estar. Era como se ela mexesse em minha alma nua e vasculhasse fatos e sentimentos que eu desconhecia em meu ser.

Foram segundos, mas tive a impressão de que me fitara por um dia inteiro e me deixara imobilizada tal qual um roedor é paralisado pelo olhar da serpente predadora. Ela piscou, e eu me senti livre, embora mexida e remexida, literalmente, vasculhada por aqueles olhos. Suspirei aliviada.

Ela ergueu-se, avançou até a janela, ficando de costas para mim e falou:

— Na procissão para fertilidade dos campos e rebanhos, você dançará à frente da deusa.

Meu coração disparou; fui tomada de felicidade e alegria. Agradeci mil vezes a honra que me concedia. Ser a escolhida da sumo sacerdotisa para abrir a procissão era um sonho que eu abrigava nos últimos anos.

— Vá, Dalilah. Não se esqueça do que lhe disse e acrescente: jamais agradeça antecipadamente.

— Ah, senhora! Perdoe-me, mas como não ser grata desde agora? É uma honra e uma felicidade que me concede.

— Não lhe concedo nenhuma dessas coisas, menina. Honra e felicidade ou você conquista ou ninguém lhe dará. Lembre-se: descubra seus medos, enfrente sempre, e agradeça depois de ter certeza que deve fazê-lo. Ingenuidade não fica bem em uma mulher.

Caminhei nas nuvens desde que saí da sala da sumo sacerdotisa até o dia da abertura das festividades para fertilidade dos campos e rebanhos. Fiz-me surda a todos os alertas, menosprezei toda e qualquer opinião quanto à estranheza de ser uma noviça a eleita e não uma das sacerdotisas.

Jael acompanhou aqueles dias espreitando minhas atitudes com a máxima atenção. E eu exibi todo meu orgulho, vaidade e puerilidade de pensamentos, ignorando alertas. Nem ao menos questionei as razões que levaram Helena a quebrar uma tradição de tantos anos e colocar-me em posição de tamanho destaque. A mulher que simbolizava a chegada da primavera era sempre muito invejada, representava beleza, vida, força, renascimento e fertilidade. Todas ambicionavam comparar-se a esses valores da deusa.

— Menina, você enxerga algo além dessa glória efêmera de um dia? Sabe o que representa? — Indagou-me Jael, na manhã que antecedia a procissão, ao chamar-me na sala de banhos para iniciar os preparativos.

— Será um dia para sempre lembrado na minha vida — respondi, suspirando de contentamento e ansiedade. — Esmerei-me no aprendizado de todos os passos da procissão. Levará muito tempo até o povo esquecer-me como representante da primavera, você verá.

— Sei — disse Jael, encarando-me com expressão fechada. Olhou-me de cima a baixo; fixou meu rosto, correu os dedos por meus cabelos e falou muito séria: — Helena deve saber o que está fazendo, confio nela. Não há de ser dessa vez que ela vai errar...

— Por que diz isso, Jael? Teme que eu não cumpra o ritual a contento? tranquilize-se; estudei muito, garanto-lhe que sei cada passo, cada parada, cada cântico e tenho ótima memória. Será um sucesso! Acalme-se e trate de me deixar linda, quero ser vibrante como o sol, colorida e muito, muito alegre.

Jael fez um sinal para que eu deitasse na mesa de massagens, caminhou até a bancada onde ficavam seus óleos e cosméticos e a ouvi resmungar:

— Não sei fazer o impossível. Alegria e volúpia são coisas diversas, não tenho como dar-lhe o que não possui por si própria. Ah, Helena, não entendo essa sua decisão, mas que a providência divina guie sua mente é tudo que peço.

A excitação deixava-me ansiosa. Não dei a menor importância aos resmungos de Jael, afinal ela falava sozinha desde que a conhecia e tinha dias que era muito rabugenta; aquele devia ser um. Ela não confiava em minha capacidade de seduzir o povo e de arrebatar-lhes o coração e a mente, pois bem, a surpresa seria grande.

Ela voltou silenciosa, besuntou meu corpo de um óleo aromático e afrodisíaco. Deliciei-me com o perfume e relaxei, enquanto as mãos hábeis de Jael espalhavam o preparado até penetrar em minha pele. Deveria recender sob o calor do sol e do meu próprio corpo, durante a procissão. Depois traçou desenhos com uma cola especial.

— Levante-se — ordenou, e, assim que parei à sua frente, salpicou pó dourado e prateado em mim, todo meu corpo brilhava.

— Agora vamos arrumar os cabelos, é o que demora mais.

32

Ela gritou por Adonias que apareceu trazendo grandes buquês de flores recém-colhidas.

— Para que tantas flores? — Indaguei.

— Helena ordenou que enfeite os cabelos com flores — respondeu-me Jael, de maneira seca.

Exultei com a informação. Obedeci e não reclamei do desconforto das longas horas que Jael, assistida por Adonias, demorou fazendo finas tranças entremeadas com flores coloridas na minha cabeleira. O resultado ficou lindo. Um manto de flores e cabelos cobria meu corpo até a cintura.

Jael e Adonias afastaram-se para contemplar a obra. Vi a admiração nos olhos deles. Adonias parecia extasiado, como se visse Astarto. Quando ele voltou-se e apanhou um manto de seda branco, que Jael lançou sobre mim, perguntei:

— E as joias e adereços, as roupas?

— Helena mandou prepará-la do modo como fizemos.

Que ousadia! Pensei. Os tempos estavam mudando, e grande parte dos habitantes da cidade não viam nossas cerimônias com bons olhos. Dançar nua, vestida de natureza, poderia ser uma afronta.

— Ela quer seduzir a cidade, fazer novos adeptos para nosso culto — deduzi e falei em voz alta.

Adonias trocou olhares com Jael, e ela respondeu com uma expressão de dúvida e perplexidade. Antes de lançar o manto sobre minha cabeça, disse:

— Não nos interessam novos adeptos que venham ao templo na euforia das comemorações. Não são com os eufóricos que nosso trabalho se mantém há séculos, mas com os conscientes, com aqueles que fazem e sabem por que fazem. Eufóricos são inseguros e irrefletidos. Eles não ficam aqui mais do que uma noite, esses são os que nos confiam suas bolsas para a administração, pois deixam aqui o que ganham. Vivem como cães enlouquecidos correndo de redemoinhos de pó em dias de ventania. Que fiquem bem longe daqui! Apenas atrapalham, quando pedem iniciação; não aguentam um mês na disciplina do trabalho.

— Hei, Jael, alegre-se — falei com sinceridade e um

sorriso amplo. — Hoje é dia de festa! Vamos homenagear a deusa, a grande mãe do céu.

— Eu sei, criança — respondeu-me, e vi tristeza em seu olhar. Depois, ela sacudiu a cabeça e voltou a fitar-me. Sorriu levemente ao dizer: — seja feliz, brilhe como você sonha.

— À noite você reconhecerá o dia feliz que nos espera lá fora — falei confiante.

— É, você tem razão. É sempre depois que podemos avaliar e distinguir a felicidade real da ilusória; infelizmente é também depois de nossos atos que podemos nos arrepender. Seja feliz!

Abraçou-me com suavidade e cobriu-me com o manto. Senti quando as mãos de Adonias tocaram meu braço.

— Vou guiá-la até seu lugar na procissão — falou Adonias em meu ouvido. — Nunca a vi tão linda, Dalilah, a própria deusa possuiu seu corpo. Maravilhosa!

Senti o coração bater forte no peito; Adonias não era pródigo em elogios. Agradeci e jurei para mim mesma que faria ainda melhor do que tudo quanto havia ensaiado. Entregaria corpo e mente à deusa naquela procissão e nos rituais e festejos que se seguiriam ao longo da noite até o amanhecer, quando voltaríamos todos ao templo.

Depois dessa conversa rápida, caminhamos em silêncio. Jael nos seguia a um passo; sentia o olhar dela cravado em minhas costas como se fora um tridente afiado. Desde o anúncio de Helena, ela ficara incomodada, inquieta, não chegava a ser descontentamento, mas estava longe de ser satisfação o que via em suas atitudes e palavras. A fria eficiência era a resposta, idêntica para todos; nunca soube se com a sumo sacerdotisa houve algum entendimento diverso.

Através do véu vislumbrava vultos e cores opacas; pelas dimensões, identifiquei o andor de Astarto, com a grande estátua da deusa, retirada do altar do templo para a festividade. Acreditávamos que a visita da imagem aos campos e rebanhos naquele momento, juntamente com rituais, cânticos e sacrifícios, atrairiam o próprio ser espiritual e seu cortejo para abençoar e renovar as terras e os animais. Queríamos a fertilidade e o progresso; a isso dávamos nossa mente e nosso coração, segundo meu pobre entendimento. Mas, naquela etapa, divisava muito pouco do que jaz nas profundezas. Aliás, a água é um elemento a ser pensado na natureza, não só porque é vital aos seres, mas pelas lições que encerra sua aparência. Translúcida, incolor, sem forma, mas constitui o mar e ganha cores, esconde complexidades, toma contornos de imensidão, e sempre que se reúnem, constitui um espelho que reflete o que está à sua frente e oculta as profundezas. Talvez por isso busquemos o espelho quando queremos olhar a profundidade de nossa alma e comparar nossas instâncias mentais mais profundas com o mar, e sabemos que as mais aparentes exercem essa função de espelho que reflete e esconde.

Eu via, mas mal entendia os reflexos no espelho da vida. Helena pareceu-me deslumbrante em seus trajes cerimoniais, mesmo com minha visão nublada pelo véu. Ela sempre usava cores opostas; gostava de extremos, embora todos dissessem que ela era muito sensata e comedida. Vestia uma túnica branca, diáfana, que chegava até a altura das coxas com enfeites pretos e dourados. Suas joias produziam uma música suave e sensual como seus movimentos. Ela seguiria no andor, sentada aos pés da deusa, entre óleos, flores e incensos.

Atrás vinham os músicos e, após, o cortejo dos moradores do templo. Dispensavam-se apenas os doentes em estado grave.

Fui conduzida até o andor da deusa, à frente do qual iria dançar abrindo as cerimônias e os caminhos para a procissão. Através do véu branco que me cobria, enxerguei os brilhantes olhos negros de Helena fixos em mim.

— Está pronta? — Indagou seca e diretamente.

— Sim, senhora — respondi, baixando a fronte.

Quando senti os seus dedos levantando meu rosto, temi receber outra bofetada e, de imediato, ergui a cabeça e a olhei nos olhos, sem pestanejar.

— Melhorou, mas ainda falta aprender a responder. "Sim, senhora", não é resposta para tudo.

Senti o pescoço começar a inclinar, corrigi a postura e fiquei calada.

— O silêncio ampara os covardes e ignorantes, Helena — interveio Jael, azeda e severa. — Ela está linda, espero que você saiba o que está fazendo.

Ouvi a risada de Helena, franca, aberta e divertida.

— É simples, você verá, Jael. Não tema, tudo será pelo melhor, que é o serviço da deusa. Confie, peço-lhe — havia carinho e humildade na voz da sumo sacerdotisa.

— Minha confiança na deusa é plena, e em você também, mas...

— Psiu! O que disse basta. Aguarde o futuro, ele é o senhor das respostas — sussurrou Helena e, erguendo a voz, ordenou:

— Todos em seus lugares! Músicos, por favor! Abram os portões.

Adonias levou-me à frente do cortejo. Deitei-me no solo, enrodilhada como uma serpente, tomando o cuidado de deixar as pontas do véu livres para serem erguidas.

Os portões do complexo do templo abriram-se em par, ao mesmo tempo em que os primeiros acordes soavam. A uma só voz o cortejo elevou cânticos em honra à deusa. Do lado de fora ouvi os aplausos e os gritos de incentivos da população.

Mesmo os que não eram fiéis, na época das festas compareciam, em sua maioria homens; alguns raros casais estrangeiros, mas nenhuma mulher desacompanhada. A cidade estava cheia, muitas tribos nômades acampavam nos arredores. A festa promovia um acréscimo de trabalho ao comércio.

Muito vinho era distribuído, e os incensos perfumavam o ar com odores afrodisíacos.

— Dalilah, chegou a sua hora — disse-me Adonias arrancando o véu que me cobria.

Eu era uma massa de cabelos e flores, de onde se projetavam as mãos e os pés. Lentamente, ao ritmo cadenciado, e, imitando movimentos de cobras, comecei a desenrolar; primeiro as mãos, em concha, foram se erguendo; depois os braços; a cabeça. Quando ergui o tronco, os incentivos da população que assistia foram entusiasmados. Foi o instante em que soube que o triunfo estava em minhas mãos. Sentir o olhar fascinado de alguém me trazia uma sensação de intenso prazer e bem-estar; motivava-me a querer mais; a desejar subjugar a criatura completamente. E essa vontade imperiosa exercia seu poder, magnetizava-me, atraía-me e fazia-me rainha de seus desejos e pensamentos. Prossegui desenrolando meu corpo até colocar-me de pé, exultante, com a certeza de que a cidade seria minha, cativa da minha beleza.

Eu sabia que Helena observava, afinal, ela vinha no andor poucos metros atrás, mas esqueci-me dela e de todo o cortejo do templo; entreguei-me, segundo pensava, ao serviço da deusa, e aos meus desejos. Ao longo do cortejo, reinei absoluta, despertei e espalhei sensualidade e volúpia a cada passo. Era o meu dever despertar os instintos da carne, e o fiz.

Chegamos aos campos quando as primeiras estrelas iluminavam o firmamento, e a lua, no quarto crescente, brilhava contra o azul profundo. Eu dançava há horas; conduzira o cortejo do templo aos campos e às montanhas, mas quando arqueava as costas e fitava o céu, a energia dos astros infundia-me novas forças, fazendo-me sentir um elemento da natureza, vivo e pulsante. Ali era o clímax da festa; além das fogueiras, o povo trazia suas oferendas, as quais eram consumidas: frutas, sementes, grãos e vinhos e muitas outras que eram lançadas à margem do rio, o qual serpenteava o campo. Em meio ao calor e à alegria, muitas pessoas lançavam-se ao rio em banhos noturnos.

Durante a festa, havia a liberação total das ansiedades, dos desejos, a realização de todas as fantasias, o questionamento de todas as regras sociais. Durava sete dias e tinha seu ápice na procissão realizada no último, quando faziam a entrega das oferendas e sacrifícios. Nessa noite, escravos e senhores trocavam papéis sociais; nada existia; ouvia-se apenas a voz pura e cristalina dos instintos humanos. Música, dança, comida, bebida e os rituais da fertilidade incentivando as práticas sexuais durariam até o amanhecer. Porém, a magia da festa foi quebrada quando, como de costume, os homens reuniram-se, à parte, para a eleição do escravo-rei, que comandaria a noite. Os principais rituais orgiásticos seriam conduzidos por ele; serviria à sumo sacerdotisa. Mas... eu me recusei a aceitar o destino do escravo-rei quando vi os homens carregando Adonias, paramentado para a função.

Ele vinha eufórico; a felicidade estampava-se em seu rosto, e eu não acreditava em meus olhos. Reclinada, ao lado de Helena, em desespero a fitei, e nem ao menos surpresa vislumbrei em sua expressão, apenas a calma aceitação. Eu arfava, contendo com supremo esforço os gritos de revolta ditados pelo meu coração; ela nem suspirava.

Como uma rainha, ergueu-se altiva para receber o escravo-rei daquela festa. Saudou-o como se fora um estranho; trouxe-o para o lugar de honra, e o povo ao redor abria um grande círculo, deixando-nos no centro.

Meu secreto sonho seria realizado; mas, por tudo que havia de sagrado, a que preço! Por que tão alto? Indagava-me aflita, desconcentrada.

— E a sua fantasia, viva-a, torne-a realidade! — Sussurrou Helena em meu ouvido, disfarçadamente, enquanto comandava a dança ritual da sedução.

Eu queria gritar: — não assim, não com o sacrifício dele! Não em um ritual sagrado!

Como se lesse meus pensamentos, em uma volta da dança, em torno de mim, ela fitou-me e disse entre dentes:

— Ninguém ama verdadeiramente se não for capaz de fazer o que precisa ser feito. Menos ainda, se não sabe o quanto a existência no corpo é fugaz e passageira para perdê--la em meio a bobagens. Aprenda a viver ou morra, menina. Se aprender a viver, será uma mulher; do contrário...

Aquela conversa me desnorteava; eu não estava preparada. Fitava o rosto moreno de Helena; tinha certeza de que mais ninguém, além dela e eu, naquele enorme círculo, ouvia ou entendia a luta que travávamos.

Guardava um secreto desejo por Adonias; ele me atraía como nenhum outro homem do templo. Invejava as jovens que iam ao templo ter relações com um homem estranho;

fazia parte das obrigações para com a deusa, e eram atendidas por ele. Adorava dançar com ele, sentir as mãos negras, grandes e fortes, passeando por meu corpo. Mas nunca tivera uma relação sexual com ele; Helena estava certa: Adonias era a minha fantasia.

Mas o preço colocava-me na boca um gosto amargo e tirava-me a vontade de abandonar a fantasia e pôr as mãos na realidade. Senti o cheiro do corpo de Adonias. Ah, que agonia! Que dor senti naquele momento. Aspirei profundamente; queria intoxicar-me com ele; virei a cabeça para fitá-lo. Meu ídolo de ébano era o escravo-rei que eu deveria seduzir e ver sendo sacrificado naquele ritual.

Os tambores tocavam, e eu ainda não movera um dedo; um burburinho se erguia da assistência: — o que houve com ela? Todos perguntavam.

— Faça o que tem de ser feito! — Ordenou-me Helena de novo, instigando-me a ira.

Encarei-a tomada de fúria e respondi:

— É muita crueldade o que você está fazendo.

— É misericórdia. Crueldade é o que você faz, que não entende o que é o amor e o sacrifício. Vá! Não julgue com precipitação, o amanhã pode surpreendê-la.

Bruxa velha! Gritava em pensamento, tomada pela raiva cujas chamas incendiavam-me e cegavam-me, no entanto, deram-me forças para cumprir meu papel.

Iniciei a dança ritual; jurei que nunca mais alguém disputaria um homem com a sumo sacerdotisa como eu naquela noite. Ela veria e saberia o que era exercer o poder feminino da sedução e da fecundidade.

Uma onda de puro erotismo tomou conta da assistência, e o grande círculo foi diminuindo e por todos os lados se via grupos e casais.

Ao término do ritual, encarei Helena ainda furiosa, mas com um sorriso de vencedora, com Adonias arfante ao meu lado. Ela encarou-me; jamais desviava o olhar; fosse o que fosse, e, para minha surpresa, havia piedade no fundo daqueles olhos negros.

Ignorando-me, como se eu fosse invisível, ela acercou-se de Adonias. Deitou sua cabeça no colo e pôs-se a massagear--lhe os braços, o peito, o pescoço e a cabeça, e a entoar cantos. A voz de Helena, vibrando uma emoção profunda, suave e forte ao mesmo tempo, encheu o ar. Estarrecida, a vi mudar a cena que eu desenhara.

As orgias, o erotismo, a sede voraz da paixão, tudo cedeu. Vi as pessoas trocando sussurros, carícias gentis, e, como se um fogo lento os consumisse, ela os envolveu num ritual que durou toda madrugada. Assisti Adonias reverenciá--la, absolutamente esquecido de quem era, onde estava e o que fazia; e vi, em seus gestos que não era a sumo sacerdotisa que ele reverenciava e tocava com veneração, era a mulher, era Helena e seus encantamentos. Ele se entregaria feliz ao sacrifício, pois naquele momento antevia o paraíso.

Minha participação no ritual com a sumo sacerdotisa estava encerrada; o escravo-rei lhe pertencia, e havia, naquela entrega, um sentimento que eu não desejava reconhecer. Aquele círculo me sufocava e, quando Helena levou Adonias consigo para o andor a fim de consumar a união da sacerdotisa com o escravo-rei, saí; eu não suportaria a vitória dela. Assim como ela lera minha revolta com a escolha de Adonias, tinha certeza de que também soubera qual havia sido minha inten- ção quando seduzira o escravo-rei em meio à orgia do ritual.

Pelo resto da noite entreguei-me à bebida e à mais aluci- nógena e embriagante de todas as coisas que eu conhecia: perceber que era objeto do desejo de alguém. No afã de calar a consciência e os sentimentos, consumi todas as forças físicas com os instintos e as sensações. Horas depois, não reconhe- ceria nenhuma das pessoas com as quais me entretive.

Quando os raios alaranjados do céu anunciavam o ama- nhecer, eu era um trapo. Exausta, descabelada, as flores que me enfeitavam, em sua maioria, tinham sido amassadas, des- petaladas, arrancadas. Meus cabelos lembravam um jardim devastado. A pintura do meu corpo estava marcada de dedos e mãos, e posso dizer que um pouco dela espalhava-se entre muitas pessoas. Marcas minhas que elas ostentavam na pele.

Diná buscou-me para o ritual do sacrifício. Assustou-se com meu estado; pude perceber o espanto em seu rosto, mas riu e disse:

— Você realmente levou a sério a função de incentivar a fertilidade. Que festa! Mas é preciso que nos reunamos para o ato final, Helena nos chama.

Nada respondi; nada senti. Como um ídolo em seu andor — frio e inexpressivo — caminhei de volta ao grande círculo.

Helena olhou-me de cima a baixo, com explícita repugnância. Mesmo entorpecida, como estava, o olhar dela abalou-me. Inconscientemente, ajeitei os cabelos e a postura corporal. Um lixo humano com ares de soberana, que triste figura fiz!

Meu esgotamento emocional não foi completo; a poderosa inveja reapareceu com toda sua força, consumindo o pouco que sobrava de minhas forças. Helena continuava tão linda quanto no momento inicial da celebração. Maldita feiticeira! Odiei-a naquele minuto por seu estado. Adonias recebeu de mim um olhar de desprezo — culpei-o pelo meu comportamento e, principalmente, pela fealdade com que encerrava a festa. Ele pareceu-me aéreo, como se estivesse sob efeito de alguma droga muito forte.

Pacífico e sorridente, deixou-se conduzir ao sacrifício. Eu o segurei; Helena abençoou sua morte, e, com um golpe certeiro e rápido, cortei-lhe a garganta e seu sangue encharcou a terra.

Ouvi os hinos que se ergueram; misturavam-se com o crepitar fraco das fogueiras a se extinguirem, e com o canto dos pássaros anunciando o novo dia.

Helena voltou ao andor onde ficara a grande imagem de Astarto, reverenciou-a, em silêncio, no que foi imitada pelos presentes que se postaram ao solo, aos pés da deusa. Após levantar-se, a sumo sacerdotisa abençoou a população presente, em especial as mulheres, depois as plantações e os rebanhos e encerrou o ritual.

Imediatamente todos os integrantes do templo voltaram à sua posição e retornamos, em procissão, à cidade. A música prosseguia, alguns ainda dançavam e bebiam, mas a maioria vinha exaurida. À frente do andor, pior do que todos, eu caminhava, irreconhecível, se comparada à jovem linda e exuberante que abrira a festa. Não tinha energia. Não sentia nem pensava. Não lembrava. Não analisava, apenas ansiava por deitar-me em qualquer lugar e perder-me na inconsciência do sono por dias, se fosse possível.

O lixo não fala, por isso ninguém sabe como se sente. É inanimado, um resto. Nós é que lançamos sobre as sobras os reflexos de nossos pensamentos orgulhosos chamando-as: resto, lixo, sujeira etc. Pessoas menos orgulhosas e preconcei-tuosas, portanto com a mente apta à criatividade, enxergam coisas bem diversas e veem utilidade e beleza. Eu, como era orgulhosa, sentia-me um lixo e dava-lhe voz e pensamento: sentia-me horrível, humilhada, desprezada, vulgar, envergo-nhada, feia, suja, sugada, um trapo que jamais viraria boneca de pano; era escória. Resumindo, estava ferida de morte.

Em um canto escondido do meu ser, jaziam brasas de ira, mas a inveja havia consumido minhas últimas forças, por-tanto, não sopraria sobre elas tão cedo em meu íntimo, mas estavam lá, queimando lentamente.

Suspirei quando vi os portões do templo; nem sequer ouvi gritarem o meu nome. Meu corpo era comandado pelos instintos. A pouca inteligência de então havia se ausentado de minha mente naquela hora.

— Dalilah, Dalilah, preciso falar com você! — Eram pala-vras perdidas no meio dos ruídos do amanhecer, do final da festa, que ficaram gravados em minha memória graças ao prodígio que é o funcionamento da mãe natureza.

Dias depois, lembrei-me dos gritos e tinha uma vaga recordação de um estrangeiro, trajado como escravo, a cha-mar por mim. Fora um dos homens com quem eu estivera naquela noite; parecera-me vagamente familiar, no entanto que importância isso tinha?

A festa terminava nas piscinas do templo, mas eu a tinha dado por encerrada muito antes, embora não pudesse pre-cisar em que momento: se fora quando avistara Adonias trajado de escravo-rei ou quando ele repousava em inenarrável prazer no colo de Helena. Por isso, refugiei-me na solidão dos aposentos. Abençoadamente vazios, que alívio senti ao ter consciência de que ninguém me enxergava. Liberdade! Jurei que entendia o significado pleno e profundo desse sentimento.

Como eu era boba e fútil! Todos somos, em termos espirituais, crianças crescendo aos olhos dos espíritos mais sábios e experientes. Eu era uma criança birrenta, mimada e, naquele momento, amuada por ter sido repreendida com severidade.

Joguei-me sobre o leito no estado em que estava. Sentia meu corpo formigar, tinha a boca seca, a pele pegajosa e fedida. A mente era um turbilhão que girava rápido; havia um zumbido na cabeça e um vazio, que era, em verdade, a perda da capacidade de concentração e das lembranças recentes, frutos da extenuação das forças que me autoimpusera. Adormeci.

Voltei à vida com o toque das mãos de Jael nos ombros.

— Dalilah, acorde! — Pedia em voz alta.

Resmunguei, tentando afastá-la, mas foi em vão. Ela segurou-me com força, erguendo-me o tronco. A cabeça pendia como uma flor murcha presa ao talo, não se sustentava.

— Dalilah! Basta! — Gritou Jael. — Diga-me o que você bebeu? Que droga ingeriu?

— Ãããã — resmunguei — deixe-me dormir, vá incomodar outra...

— Dalilah, se não me disser o que fez, a entregarei a Helena — ameaçou Jael.

E a ouvi, em meio a brumas, dizer a outra pessoa:

— Carreguem-na e a joguem na piscina fria.

Braços fortes ergueram-me do leito. Eu não tinha força para reagir. Dominada por extremo cansaço, recostei a cabeça em um peito forte e suspirei. A consciência do que se passava à minha volta era tênue e fugaz. Não tinha importância, nada me interessava.

Suave calor entorpecia-me. Despertei assustada com um grito e a pele arrepiada. Sem dó nem piedade, Jael mandara que me lançassem à piscina e, como sempre, fora obedecida.

A água invadia minhas vias respiratórias, e o instinto de

sobrevivência prevaleceu, sobrepujou a inconsciência e o efeito de todo o álcool e das drogas que eu havia ingerido na festa. Lutei pela existência corporal; debati-me até tocar com os pés o fundo da piscina e, então, tomar impulso para emergir, engasgada, cuspindo e xingando, profundamente irritada.

— Ora, salve! A natureza não deixa ninguém ao desalento, mesmo aos maiores imbecis faculta a condução dos instintos e o bem das forças da ira. Então, essa criaturinha volta à vida — ouvi a voz de Helena, e senti seu olhar de escárnio e comiseração. — Tão logo ela esteja razoavelmente lúcida, limpa e vestida, mande-a ao meu encontro. Dê-lhe comida e água ou não se conservará de pé. Caídos e fracos não têm bom destino; para servir a deusa é necessário força física e caráter.

Ouvi o som ritmado das joias que a adornavam enquanto ela se afastava da piscina. Tonta e enfurecida, aproximei-me da borda com longas braçadas e encarei Jael.

— Vejo que a energia voltou a circular nesse corpo, já era tempo.

— O que houve? Por que me jogaram aqui? — Indaguei revoltada.

— Há dois dias você não reage, não come, não bebe, fica prostrada dormindo. Helena mandou que a acordássemos de qualquer maneira. Suspeitamos que você havia ingerido alguma poção para dormir e que pudesse ser muito forte — informou Jael, séria, de pé.

O brilho do sol cegava-me; tive dificuldade de encará-la. Aos impedimentos materiais se somava uma barreira emocional: a vergonha. Aos poucos, conforme se desanuviava a minha mente, as recordações retornavam. Pisquei os olhos; flores murchas boiavam ao meu redor. Passei as mãos nos cabelos, estavam enredados, formavam uma massa que devia assemelhar-se a um ninho de pássaros. Desci a mão direita sobre o braço esquerdo; havia uma substância viscosa na qual se apercebia a aspereza do pó da terra.

— Pelos deuses! Estou horrível! Suja...

— Imunda, na verdade — comentou Jael, observando-me

44

com os braços cruzados à altura do peito. — A piscina ser-lhe--á duplamente benéfica. Você ouviu Helena, trate de tornar-se apresentável, como convém a uma iniciada nos mistérios da deusa. Da beleza feminina, nesse momento, você não possui nem sombra. Darei ordens na cozinha para que lhe sirvam sopa e pão, é o melhor.

As palavras de Jael, pronunciadas com frieza, atingiram--me como se fossem um soco na boca do estômago. Tive vontade de encolher-me, de dobrar-me, para me proteger, embora não soubesse do que...

Ela me deu as costas e ordenou a um servidor próximo:

— Sabão e toalhas para Dalilah. Peça a uma das iniciantes que venha penteá-la e traga-lhe uma túnica e sandálias. Cuide que ela não se demore além do estritamente necessário. Helena não tolerará esperar por uma mulher dengosa e inútil.

Meu primeiro ímpeto foi de sumir pelo encanamento da piscina, porém vi meus olhos refletidos na água em meio às flores murchas e pensei: sou bela, sou a melhor do templo e elas sabem. Cumpri meu papel na festa, elas terão dificuldade de encontrar uma substituta à minha altura.

Essas ideias tranquilizaram-me. Inconscientemente, menosprezei a sumo sacerdotisa e as demais servidoras do templo. Justifiquei-me diminuindo meus erros e tornando-os aceitáveis, bem menores do que de fato haviam sido. Uma antiga artimanha da mente dominada pelo orgulho e um doentio amor próprio, mais conhecido como egoísmo.

— Dalilah, pegue o sabão e o pano para lavar-se — disse o servo, cumprindo as ordens de Jael, com imediata presteza.

Esfreguei-me com vigor, mas sem pressa. Deixei a iniciante aguardando-me por um bom tempo; eu não obedeceria tão prontamente às ordens de Helena. Eu não era uma cobra hipnotizada pela música dela; já era tempo de ela saber disso. Podia tocar a flauta, eu não dançaria sob seu comando, ponderei rebelde e orgulhosa.

Saí da piscina majestosamente; não daria a uma novata, recém-chegada, o prazer de me ver prostrada. Recalquei fundo na mente o sentimento de vergonha e humilhação e deixei vir à tona as forças que me moviam: o orgulho, o egoísmo e o narcisismo.

Parei no último degrau da piscina, aguardando que a novata viesse me enxugar e enrolar-me nas toalhas, antes da massagem. Porém, ela ficou imóvel, olhando-me.

— Venha cumprir sua obrigação — ordenei. — Estou esperando.

— Minhas obrigações são ditadas pelas sacerdotisas — retrucou-me a novata cujo nome eu não lembrava, tal a importância que lhe dera. Considerava-a uma mulherzinha comum, sem graça, interessada em curas, ervas e poções, que passava os dias limpando e organizando os livros do templo.

— Elas determinaram que me trouxesse toalhas, roupas, e me penteasse, não foi? — Insisti — então, cumpra logo seu dever.

— Estou cumprindo. Você acabou de enumerar exatamente as ordens que recebi, são essas que estou aqui para cumprir. Ali — e apontou a pilha de toalhas e as roupas — está o que necessita; eu lhe trouxe tudo, conforme foi determinado. Helena mandou-lhe as roupas. Assim que estiver seca e vestida, irei penteá-la.

Fervendo de irritação e sentindo a pele arrepiada com a brisa fria que entrava pelas aberturas da casa de banho, andei até onde a novata havia apontado, desejando jogá-la na piscina para ver desaparecer aquele irritante autodomínio de seu comportamento. Como desejei vê-la feia e desgrenhada! Mas a tempo lembrei-me que brigas não eram toleradas pelas sacerdotisas, nem mesmo Rute as aceitava.

Quando apanhei as vestes, olhei-as espantada e inquiri à novata:

— Isso é algum deboche?

— A sumo sacerdotisa não costuma debochar de ninguém, eu nunca vi — respondeu-me.

— Então você trocou as roupas — enrolei-me na toalha e joguei aos pés da novata as vestes que me trouxera. — Leve de volta, não me pertencem. Não posso servir no templo trajada como uma mulher pobre e comum, parecendo uma camponesa. Traga minhas roupas e joias.

46

Ela calmamente me encarou e repetiu:

— A sumo sacerdotisa entregou-me estas roupas pessoalmente e ordenou que as trouxesse. Ela quer recebê-la nestes trajes.

— Isso deve ser uma brincadeira de mau gosto — disse pensando em voz alta. — Mas que coisa ridícula! As festas já se encerraram, não há mais motivo para a troca de papéis... Bem, Helena tem suas esquisitices, quem não as tem? Muito bem, vou fazer-lhe os desejos. Traga-me logo esses andrajos!

— Eu?

— Sim, quem mais seria. Por acaso há outra novata aqui?

— Ao que me consta somos duas: você e eu — retrucou a mulherzinha. — Não lhe devo obediência. Aliás, a ninguém, senão à deusa e à minha consciência, portanto, você jogou longe e amarrotou as roupas que deve vestir, venha buscá-las. Eu somente vou penteá-la, é bom que entenda.

— Ora essa! Você não se enxerga? Chegou aqui ontem...

— O que não faz nenhuma importância, você está aqui há anos, segundo sei, mas continua tão noviça quanto eu. Isto, por ora, nos iguala.

— Petulante! Rute não vai gostar de você...

— Vou lembrá-la: a sumo sacerdotisa a espera e eu tenho mais o que fazer para perder meu tempo com a sua irritação. Se você despertou de uma forma não tão... agradável... digamos, nós, as demais, não temos nada com isso. Vire-se com sua ira. Não serei receptáculo dela, fui clara?

A mulherzinha enfrentou-me com tal petulância e firmeza que me calou; engoli mais um motivo de irritação. Sim, ao menos em uma coisa ela tinha razão: meu dia não havia começado bem.

Apanhei e vesti os trajes modestos, uma túnica longa de mangas compridas e sandálias de couro. Tudo muito comum, do tipo que a ralé usava nos mercados da cidade. Pronta, dirigi-me, sem dizer uma palavra, até o local onde ficavam os pentes, as escovas, as redes e adornos com que enfeitávamos os cabelos.

A mulherzinha apanhou um pente e, com habilidade, desenredou meus longos cabelos. Apanhou um frasco de óleo, encheu as mãos e o passou sobre meus cabelos, torcendo-os e prendendo-os no alto da cabeça. Considerei que ela fosse enfeitar o penteado e aguardei. Ela apanhou um véu de algodão branco, bastante usado, e o colocou sobre minha cabeça. Protestei:

— Que absurdo é esse agora! Estou parecendo uma cozinheira, uma serva...

— Cumpro ordens da sumo sacerdotisa. Você está pronta, pode ir. Na cozinha a esperam com a comida determinada por Jael. Você demorou muito, não reclame se a sopa esfriou, é apenas a consequência dos seus atos, como tudo o mais na vida de qualquer um.

— Não entendo — resmunguei fitando a janela.

— Simples: o que é quente torna-se frio com o passar do tempo, sem que o fogo o mantenha. Sua comida foi feita e você sabia, mas escolheu demorar-se na piscina, a consequência é que agora ela está fria. Lei da natureza, nada mais. Vale para tudo.

A mulherzinha petulante saiu de cabeça erguida e tão serena como havia chegado. Criatura irritante! Pensei, e para agastá-la falei bem alto:

— Esse templo não se sustenta com mulheres leitoras, cultas e instruídas na filosofia...

— Realmente, elas administram as que fazem trabalhos mais grosseiros — retrucou a desgraçada, antes de sair da casa de banhos.

Minha vontade era de jogar todos os pentes e escovas na piscina, arremessando-as com toda a força que eu possuía. Não o faria; crises emocionais histéricas também não tinham a complacência das sacerdotisas. Respirei fundo e ergui-me da cadeira, meus músculos protestaram, cada um deles doía em diferente intensidade. Que desconforto!

Lancei um olhar furioso às escovas e pentes; queria destruí-las, mas não tinha a força física necessária para extravasar a emoção que me dominava.

Arrastei-me até a sala de Helena, agradecendo aos céus por não ter encontrado sequer uma viva alma.

Bati três vezes na porta, como convinha à minha condição. Ouvi a permissão da sumo sacerdotisa e entrei, reverenciando-a como era obrigação.

Ajoelhada, aguardei que ela falasse.

— Essa vida é cheia de ilusões — disse Helena observando-me.

Eu estava cabisbaixa, calada, e assim permaneci.

— Todo julgamento rápido corre o risco de ser precipitado, injusto e incorreto.

Continuei silenciosa.

— Não há nada mais falso e enganoso que a conduta de uma pessoa vaidosa, orgulhosa e egoísta.

Continuei muda e estática.

— Porque é infantil.

Não modifiquei meu proceder, mas entendi que estava sendo repreendida, exatamente como uma criança — que ela acusava-me de ser — não compreendi o pensamento dela ao me repreender, nem contextualizei as reprimendas que ouvia, mas percebi o tom de voz severo, frio como a lâmina de um punhal com que falava.

Ela caminhou em círculos à minha volta; os desenhos do tapete me hipnotizavam, mas não ousava erguer o rosto. Helena deu mais uma volta em torno de mim e senti seu pé em minhas nádegas empurrando-me com força para frente. Caí de bruços, estatelada, sobre o tapete e gemi.

— Essa é a sua posição honesta, Dalilah. Você é uma mulher caída, derrubada por si mesma. Sua postura de humildade e acatamento ajoelhada à minha frente é hipócrita, mentirosa. Esta é mais de acordo, já que você não tem brios para lutar por si mesma, não comigo. Você está no chão! É uma mulher sem serventia, porque não tem coragem, não tem força, não tem fé. Está caída e não tem força para erguer-se. Quem está no chão, do chão não passa, mas precisa fazer força para erguer-se. A vida não é feita para os fracos e preguiçosos, para eles só há sofrimento. E, nesta casa, não há lugar para mulheres que têm um comportamento como o seu. Você está expulsa do templo. Vá embora!

O entendimento daquelas palavras se abateu sobre mim com todo seu peso. Encolhi-me e levei outro pontapé de Helena.

— Erga-se e vá embora, você me dá nojo! Vá, a vida se encarregará de ensinar-lhe o que tentei e não consegui. Astarto comanda dentro e fora do templo, vá. As lições do outro lado do muro são mais fortes e claras do que as minhas.

Senti lágrimas de raiva arderem em meus olhos e indaguei:

— Por quê? O que foi que eu fiz?

— As respostas estão na sua consciência; quando você as tiver descoberto e compreendido, poderá voltar e reiniciar sua iniciação. Por ora, vá embora. No portão dos fundos, há um farnel com suprimentos de água e comida para um dia. Pode ir.

Helena saiu pisando firme; ouvi seus passos rápidos em direção ao outro lado do templo.

Lágrimas correram por minhas faces. Não sei quanto tempo fiquei ali, chorando, caída sobre o tapete, mas tinha consciência de que as outras mulheres passavam pelo corredor, me olhavam, mas não me dirigiriam mais a palavra. No templo, eu não receberia mais qualquer ajuda.

03
Entre estrangeiros

Vaguei pelas ruas de Jerusalém por vários dias. Dormi ao relento, vendi meu corpo por comida nos mercados da cidade.

Havia, entre os habitantes, uma clara e expressiva divisão. Os judeus, seguidores do deus de Davi, nos repudiavam e culpavam-nos, de início, pela tolerância do sábio rei Salomão ao culto de Astarto, mas depois que ele ergueu o templo, com todos os requintes de beleza e luxo e não somente permitia como participava de nossos rituais, queimando incensos, fazendo sacrifícios à nossa deusa, eles passaram a nos hostilizar abertamente.

Era óbvio que culpavam as muitas mulheres de seu rei, mais de 700, ao que se sabia, além da rainha, uma estrangeira, filha do faraó do Egito. Sem falar em seu imenso harém, um verdadeiro mostruário da beleza das mulheres das tribos de Israel e outras estrangeiras as quais também cultuavam seus deuses. Dizia-se que uma delas era iniciada nos mistérios da deusa Astarto e a ela Salomão amava mais do que as outras.

Eles não nos toleravam, muitas vezes eu ria dessa intolerância que o manto da noite ocultava. Sob a luz da lua, eles queimavam incensos em nossos altares, cantavam e dançavam em honra da deusa e buscavam os serviços do templo. Porém, saciados, confortados e harmonizados, sob a luz do sol, viravam-nos o rosto e cuspiam, manifestando desprezo. Os mais radicais nem ao menos água nos dariam se pedíssemos; sentiam-se mortalmente ofendidos se lhes dirigíssemos a palavra. Imprecavam contra nosso culto e contra nosso templo, com profecias de desgraças; diziam ansiar por vê-lo destruído. Aguardavam o dia que dele não restasse pedra sobre pedra.

No entanto, entrava ano e saía ano e lá continuava o alegre templo da deusa, desafiando os descrentes na força da vida que ela representava e na paixão dos simpatizantes, crentes e iniciados em seus mistérios.

Esses, quando me reconheciam, fugiam como se fosse tomada de alguma peste, porém, bastava escurecer para que algumas moedas caíssem, displicentes, de suas bolsas sobre mim. Alguns, voltavam, convidando-me a entretê-los em tabernas e nos campos; outros simplesmente fingiam haver perdido o dinheiro e seguiam. Quanta hipocrisia! Mas não recusei nenhuma das moedas; elas não tinham culpa do que faziam seus donos. E a comida e a água que eu comprava com elas eram a mesma, portanto, apenas as recolhia nos bolsos de minha túnica.

Não procurei as casas de mulheres; havia muitas na cidade. Não desejava dar nenhum tipo de explicação a ninguém. Assumi viver nas ruas, me prostituí, roubei, passei frio, mas de fome nunca sofri. Precisava amealhar dinheiro para ter uma casa, um abrigo. As ruas eram violentas e até que estava conseguindo evitar o pior; sabia muito bem a sorte de agressões praticadas contra as mulheres: surras, estupros, mutilações, humilhações de todo gênero. Era uma necessidade encontrar um abrigo.

Suportei muitos dias vivendo assim, até que amealhei uma quantia inicial, generosidade de uma dama a quem eu servira e que ficara extremamente reconhecida. Levou-me para sua casa, apresentando-me ao marido, como uma amiga e irmã de culto à Astarto. Disse-lhe que eu fora enviada pelas sacerdotisas para instruí-la. Ele aceitou-me, sem questionamentos. Ela se chamava Naama e, Natã, seu marido.

Naama vivia em uma bela propriedade no campo. A casa de pedra tinha dois andares e amplas janelas. Era guarnecida por muitos tapetes,cortinas e móveis entalhados; tratava-se de uma residência luxuosa e confortável. Natã administrava a próspera vinícola, utilizando servos e escravos, mas tinha um harém modesto, o que me causou estranheza. Porém, meu interesse era possuir um teto sobre minha cabeça, roupas e comida. Vivi feliz por vários meses, era seguro.

Naama era uma mulher inteligente, culta, uma amante

experiente e que sabia ceder espaço. Ensinou-me muito; a princípio tive grande dificuldade de acostumar-me aos seus hábitos intelectuais; entediava-me a leitura; as discussões que ela promovia entre as mulheres do harém davam-me sono. Até que, certo dia, ela colocou-me frente a frente com as concubinas do marido e disse:

— Nossa nova protegida é muito lenta no aprendizado, ficará com vocês algum tempo. Talvez tenham métodos melhores do que os meus, mas peço-lhes paciência e persistência — e voltando-se para mim, informou: — querida Dalilah, viajarei com meu marido ao Egito, portanto você ficará aqui. Quando regressar, espero encontrá-la mais desenvolvida em suas habilidades e com melhores ideias. Creia-me, a vida passa breve, e se seus valores são apenas físicos, fundados em sua juventude, são mais fugazes que fumaça. A mulher precisa de mais aptidões do que a sensualidade.

— Naama! Estou surpresa com suas palavras, julguei que estava feliz comigo... que éramos amigas...

— Sim, querida, somos amigas. Sim, você traz felicidade a um aspecto da minha vida, mas eu não sou apenas um ser sexual, e você também não. Somos mentes destinadas a ampliar nossas capacidades intelectuais e afetivas, querida. E, eu desejo, do fundo do meu coração, que você perceba essa realidade. Estou deixando-a aqui porque a vida nos dá o local onde nos colocamos, minha menina. E você se coloca diante da vida como uma escrava sexual, portanto seu lugar é nesse harém. Aprenda com a vida delas ou ficará aqui. Nós, as cobras, mudamos de pele e nos renovamos. É a sua oportunidade; faça desse harém a pedra onde se esfregará até arrancar essa pele antiga e áspera. É doloroso, mas é um processo que vale a pena ser vivido. Renove-se, querida.

Naama beijou-me os lábios suavemente e se foi. Fiquei parada, estática, no meio do harém, cercada de mulheres silenciosas, olhando-me indiferentes, sem choque ou piedade, como se aquela fosse a cena mais habitual a ser presenciada naquele ambiente. Estremeci quando ouvi bater a porta de entrada. De novo, uma mulher me expulsava de sua vida.

Naama fora gentil, refinada, e, a bem da verdade, estava me dando uma segunda chance, porém, admitir isso implicava aceitar meus erros, que meu modo de ser não a agradava e que, sexualmente, ela se cansara de mim.

Havia sob meus pés descalços um piso de mármore frio, mas eu não o sentia. Cruzei os braços sobre o peito e meu olhar vagava; não enxergava as paredes, mas divisava a vastidão amarelo-dourada do deserto. A mesma sensação de solidão e silêncio invadiu minha alma. Senti-me, outra vez, uma menina de onze anos caminhando em direção à Jerusalém, fugindo de sua tribo.

Pareceu-me que aqueles momentos ficaram congelados no tempo e que haviam sido lentos, muito lentos; mais um engano. Tudo aconteceu rápido. Assim que a porta se fechou a meia dúzia de mulheres que moravam no harém voltaram a se movimentar como se nada houvesse acontecido. Passados minutos, que para mim tiveram sabor de eternidade e infinito, senti um braço mole e frio sobre meus ombros, e uma mão igualmente fria tocar-me o centro da testa colocando a ponta do dedo entre meus olhos, logo acima da base do nariz, pressionando com delicadeza, e uma voz imperiosa e controlada dizer:

— Obedeça-me, sou Corá.

Não havia escolha ante aquela vontade, eu era muito fraca. Sabia que ela usava de poderes mentais, eu vira Helena realizar fatos semelhantes. Mas o mero saber do que se tratava não me dava condições de reagir, de opor-me, e tampouco tinha esse desejo.

A mão desceu por meu braço, até tocar a ponta de meus dedos, então pegou-me a destra. Eu a olhei. Era uma velha de cabelos grisalhos, rosto enrugado, corpo magro, levemente encurvado. Aquela não era uma figura que eu esperava encontrar em um harém, mas apenas dias depois essa surpresa chegou--me à consciência. A velha dominava-me e a acompanhei.

Pela primeira vez tive um quarto exclusivo. E com o passar dos dias compreendi a importância de possuir um espaço meu, entendi o que era resguardar a própria intimidade. E não poderia ser diferente, entre o muito que a velha Corá

57

ensinou-me, para todo o sempre lembrarei que quem não possui individualidade também não possui intimidade. E que hábitos, rituais e vivências exteriores também geram reflexões e experiências. Deixou-me só em meu quarto dizendo-me:

— Aqui é seu reino, seu abrigo; o que há de mais importante para você deverá estar aqui.

Lancei um olhar à volta; havia apenas uma cama, um colchão, um travesseiro de plumas e um cobertor de lã. Nenhum lençol, adorno, cortinas, tapetes, nada. Era vazio.

— É um reino pobre — respondi apática. — Nem ao menos lençóis ou bacias para lavar-me.

— Eu sei, mas como lhe disse aqui é o seu reino. Descanse, é noite. Amanhã será um dia completamente novo — ela enfatizou com tamanha alegria a última frase que a olhei com desagrado, fazendo-a rir.

— Completamente novo, sim. Não existe um dia velho ou igual ao outro. Eles, em verdade, não são nada e são tudo, depende de como você os enxerga e pensa sobre eles. Eu os recebo sempre como completamente novos em minha vida. Durma, pequena, durma.

E com uma força surpreendente empurrou-me em direção ao leito; obrigou-me a deitar e, tocando minha testa do mesmo ponto, falou imperiosa:

— Durma, Dalilah! — A ouvi repetir esse comando três vezes; no quarto meus olhos pesaram, e as palavras pareceram-me vir de longe; minha visão nublou-se e adormeci profundamente.

04
Vivendo no harém

Dias depois, acordei com a batida sonora e vibrante de um gongo[1]. Abri os olhos assustada, ainda estranhei a aspereza do leito, mas logo recordei os fatos — estava no harém da propriedade. Olhei através de uma janela alta, que estava aberta, ventilando o dormitório; as estrelas da madrugada ainda brilhavam; era muito cedo. Por que teria soado o gongo àquela hora? Teria alguém adoecido?

Virei-me no leito; acordar cedo nunca fora do meu agrado e, com certeza, jamais àquela hora. Somente nos tempos de nômade acordava sob a luz das estrelas; era o melhor horário para caminhar e viajar pelo deserto: não era escuro e a temperatura era amena. Dormiria até que os raios solares, ao menos, iluminassem o dia; puxei o cobertor, ajeitei-me e suspirei, quando um jato de luz incidiu sobre meus olhos.

Era a velha, carregando uma tocha acesa, a olhar-me sorridente.

— Levante-se, Dalilah — falou alegre, cheia de disposição. — O dia nos aguarda, há muito a fazer. Apronte-se, você viajará comigo. Se quiser lavar-se e participar da refeição, apresse-se.

Demorei a compreender a mensagem; minha mente não se libertava do sono com rapidez. Mas a porta estava escancarada e vi o movimento no corredor. As mulheres estavam agitadas, passavam, de um lado para o outro, apressadas. Uma delas parou sob o batente da porta, meteu a cabeça para dentro e, sorrindo, falou:

— Vamos, moça, levante-se ou vai viajar em jejum. A viagem será longa e Corá não permitirá que pare para comer, até o cair da noite.

---

1 Instrumento de percussão, de origem oriental, constituído por um disco metálico que se faz vibrar batendo-o com uma baqueta enchumaçada em uma das extremidades. Dicionário Aurélio, Século XXI.

— O quê?

— É o que ouviu. Ande, levante-se logo e vá comer ou ficará em jejum até a noite, e a caminhada exige esforço.

— Para onde iremos?

— Visitaremos uma tribo amiga de Naama e Natã; eles precisam de ajuda.

Sentei-me na cama, passei as mãos no cabelo. A ideia de caminhar um dia inteiro, sob o sol, não era animadora. Era, isso sim, detestável. Eu não queria fazer aquilo, mas... e sempre ele vinha à minha mente; eu precisava, segundo eu mesma acreditava. Abri a boca no afã de perguntar por que eles não vinham à propriedade de Naama se necessitavam de ajuda, porém, antes que emitisse qualquer som a mulher repetiu:

— Levante-se, moça, e vá comer: se não for, sofrerá desnecessariamente. A preguiça costuma ter um preço alto em nossa vida; é bom expulsá-la logo cedo. Levante-se e ande logo.

Imprequei, em pensamento, chamando todos os demônios que conhecia para atazanar a velha Corá. No entanto, alguns minutos depois, obedeci. Arrastando os pés, dirigi-me à cozinha. Restava sobre a mesa algumas fatias de pão ázimo, coalhada, mel e chá. Simples, mas nutritivo. Recordei os banquetes do templo com saudade. Suspirei e servi-me dos alimentos, mastigando-os com calma.

— Muito bem! Vejo que usou a inteligência. Minhas felicitações — disse Corá. — Continue assim e nossa convivência será pacífica. Tenho verdadeiro asco a crises emocionais imotivadas. Mulheres infantis, me entende?

Balancei a cabeça fingindo concordar, porém não havia gasto um segundo para entender o que me dizia. Concordar era mais fácil.

Corá olhou-me de esguelha; havia um brilho ardente em seu olhar, algo raro. Helena tinha um olhar penetrante, parecia desvendar a alma de quem se punha a sua frente e paralisava a quem desejasse com a força magnética emanada deles. Mas Corá tinha um olhar diferente, mas não menos poderoso. Não tinha a beleza dos traços de Helena, nem a pele lisa. Corá era uma mulher vivida, avançada em anos, e seus traços contavam a passagem e as experiências. Havia rugas, pregas e linhas em torno dos olhos castanhos. Mas a vida e a inteligência que provinham deles eram fulgurantes. Ardiam como chamas, expressavam um fogo divino vindo da alma — a mais pura inteligência e sabedoria.

— O mundo, moça, é duro demais. Não seja dura também, porque um dos dois irá quebrar-se e não é da vontade da vida que tal aconteça. Nós e o mundo fomos feitos um para o outro. Assim, devemos aprender a arte de dançar com ele, ora vibrando com firmeza, ora com suavidade e doçura, porém, sem perder o ritmo.

— Sei que o mundo é duro — respondi lacônica.

— É mesmo? Que bom! Então, não guarde mais ilusões de uma vida de facilidades e prazeres. Já sabe que há momentos de desprazer, de dor e de sofrimento, e que a dança da vida não cessa ainda que a música seja um lamento ou um grito.

— Mas o prazer existe — insisti. — E não nego que prefiro viver sob o comando dele.

— Um bom mestre, uma boa escolha. Difícil, eu diria. Se você realmente tem essa preferência, escolheu o mais difícil de todos os mestres. Há ousadia na sua alma, eu gosto disso. Mas, por ora, apresse-se. Vista-se adequadamente e calce os pés, a jornada é longa. Durante a viagem seguiremos nossa conversa.

Em minutos me uni ao pequeno grupo de mulheres do harém liderado por Corá, carregando o fardo que ela me determinara. Apenas um servo nos acompanharia; isso me causou estranheza. Será que Corá não temia enfrentar a estrada sozinha? Eu havia perambulado por elas; sabia os perigos que guardavam. Quando tive a certeza de que não haveria outros homens a nos proteger, aproximei-me e sugeri:

— Corá, seria bom que levássemos, ao menos, mais um homem para nos proteger. As estradas são perigosas, especialmente, para um grupo de mulheres desacompanhadas.

— Desacompanhadas? — Retrucou a velha sábia erguendo as sobrancelhas. — Não estamos desprotegidas, criança. Se teme por sua vida, fique em paz. Nenhuma de nós é "desprotegida"; cuidaremos de você, fique tranquila.

Sem outra explicação, ela se foi gritando ordens às mulheres que estavam à frente.

A mesma mulher que falara comigo no harém parou ao meu lado e sorriu ao convidar-me:

— Ande ao meu lado e contar-lhe-ei algumas histórias que irão ajudá-la a nos entender.

Acomodei o fardo nas costas e, sem outra alternativa, segui ao seu lado. Andamos alguns passos em silêncio. Então, perguntei-lhe:

— Como é seu nome?

— Noemi.

— Há quantos anos você vive no harém?

— Muitos, felizmente.

— Felizmente? Agrada-lhe a vida como escrava sexual?

— Esse tempo é passado em minha vida.

— Como assim? Você vive no harém, não serve mais ao senhor Natã?

— Já o servi. Foi nessa condição que cheguei ao harém. Mas, desde que ele se casou com Naama, muita coisa mudou. Fui dada como presente a Natã quando ele se tornou um homem adulto; eu pertencia ao pai dele.

— Entendo.

— Creio que não. Natã prefere os prazeres da carne em companhia de outros homens. Nosso harém é, digamos, um tanto quanto diferente dos demais. Nenhuma de nós é escrava dele. Algumas já fomos amantes de Naama, como era o seu caso.

Arregalei os olhos e engoli em seco. Aquela ideia não me ocorrera. Ao contrário, acreditava que o harém pertencesse a Natã, nunca a Naama.

— Mas ela nos dá a liberdade de amarmos e vivermos segundo nossas vontades. Eu, por exemplo, mantenho uma relação há vários anos com um servo da vinha. Somos felizes na propriedade. Naama não exerce qualquer fiscalização sobre nossa vida afetiva, apenas nos ensinou o valor do respeito e da fidelidade, enquanto unidas por livre vontade.

— Ela me falava frequentemente sobre esses assuntos. Agora compreendo, era a minha "iniciação", digamos — respondi.

Noemi olhou-me séria, colocou o braço sobre meus ombros e pediu:

— Conte-me sua vida? Como parou aqui?

A pergunta singela ecoou em minha mente. Eu não costumava falar de minha vida, aliás, era algo que, em algum momento, havia enterrado muito fundo. E aquela pergunta tão espontânea penetrava numa zona escura e delicada. Todos carregamos dores e alegrias em nossos passados; memórias que deixaram bons sentimentos e outras nem tanto, e ainda, outras que melhor é ficarem enterradas até apodrecer e servir de adubo a um solo renovado. Mágoas têm o dom de matarem áreas de nós, emocionais, psíquicas; às vezes são somatizadas no físico, deixando cicatrizes.

Mas somos criaturas filhas da vida, filhas da Terra, e a lei do Eterno é a renovação. Assim, muitas das dores e mágoas que jazem em nosso íntimo são condenadas à deterioração pelo tempo, se as deixamos lá, sem remexer. Esquecidas, elas apodrecerão e adubarão aquele solo morto, que rejuvenescido estará apto à vida. É assim com a terra, é assim com nosso íntimo. A dor de ontem é a força de amanhã; o erro do passado é a fonte do saber e da perseverança em mudar; o maior egoísta transforma-se em benfeitor do próximo e em um coração altruísta por excelência.

O covarde torna-se corajoso e o libidinoso aprende as nuanças dos sentimentos profundos.

Eu ainda não sabia se aquela era a hora de rever meus abismos. Verdade é que não tinha luz suficiente para me permitir olhar minha própria escuridão, sem nela envolver-me outra vez; aliás, não tinha luz nem ao menos para clarear meus passos. Minha cegueira vinha da escuridão de minha alma. Foi nessa época que aprendi que a maior treva é a ignorância.

Noemi percebeu minha vacilação, mas permaneceu em silêncio. Andamos caladas, por mais algum tempo, até que enfim lhe respondi:

— Minha vida é simples e comum. Não há nada de muito interessante a contar.

— Não concordo. Nenhuma vida é simples e comum; se fosse desse jeito, não haveria tantas pessoas chorando e sofrendo. Não haveria razão. Eu creio que simplicidade seja um estado que não combina com o que vivemos por aqui. Corá sempre diz que na Terra é tudo muito complexo, sendo assim, não há como ser comum.

— Por que não?

— Comum é o que todos têm, não é mesmo? É de todos, é comum. Nós não somos pessoas comuns, não temos vidas comuns. O que acontece comigo não acontece com você, não vivemos os fatos do mesmo jeito, me entende?

— Penso que tenho uma vida comum — insisti. — Igual a tantas mulheres, já passei por muita violência, senti fome, tive medo e desejei outra vida. Procurei proteção, amparo, segurança. Isso é comum.

— Não acho. Conheço mulheres que se submetem a uma existência inteira de brutalidade, que tão somente apanham, sem nunca sequer erguer a voz, quanto mais a mão ou a si mesmas. Há quem tenha fome e acostume-se, preferindo a mendicância ao trabalho, porque sucumbe a outros vícios que se associam à fome. São criaturas que, simplesmente, não desejam outra vida. Dalilah, cada um de nós constrói o próprio destino. O maktub dos beduínos do deserto não é lei, senão para os comodistas. A única coisa que está escrita é: tudo o que se faz traz consigo uma consequência infalível. E quando eu digo tudo, é tudo mesmo, até aquilo que a gente pensa bem sozinha, num cantinho escuro e quieto. Pode ser a gestação de uma ação futura, ou ser levado pelo vento e retornar tempos depois. Nunca lhe aconteceu de que o que mais você temia lhe suceder? Ou aquilo que mais desejava, de repente, lhe ser entregue pela vida? Como se estivesse numa bandeja à sua espera?

Lembrei-me de Adonias. Maldição! Como aquela conversa inofensiva me incomodava. Noemi não tinha consciência do que fazia comigo, assim pensava. A fatídica noite dos festivais do templo de Astarto voltou-me à memória. Senti, outra vez, a lascívia, a sensualidade, o medo, a raiva; revi minha luta inglória com Helena; as feridas da vergonha sangraram. Eu fora uma estúpida, burra. Helena rira dos meus desafios, jamais lutou comigo, nunca mediu forças. Nós estávamos em níveis muito diferentes. O retorno ao templo fora um retrato sugestivo. A recordação da beleza serena da sumo sacerdotisa e de sua energia ainda me humilhava. Ela regressara bela, altiva e vigorosa como saíra do templo; eu saíra uma deusa e voltara uma andarilha, suja e doente. Doía, mas foi naquele minuto que reconheci a sabedoria de Helena em expulsar--me do templo. Reconheci que não fora digna da deusa, dos valores que abraçávamos, de meus companheiros e companheiras de culto.

Sim, Noemi tinha razão. Eu escrevera os fatos que se sucederam em meu destino. Não sei quanto tempo prossegui caminhando em silêncio. Há muito ela havia retirado o braço de meus ombros, mas demorei a sentir a falta do calor.

— Sim, você tem razão. Isso já me aconteceu e foi muito ruim. Vieram servidos na mesma bandeja e os comi juntos, sem sentir o sabor de um ou de outro — falei, com o olhar fixo nos dedos de meus pés que escapavam as tiras de couro das sandálias.

— É muito bom quando admitimos essa lição, melhor ainda quando a aprendemos. Minha avó era vidente, perdi a conta do número de pessoas que iam em nossa tribo para consultá-la. Eu era menina e um dia a encontrei triste, sentada sobre uma pedra. Minha mãe mandara que eu fosse chamá-la, pois havia chegado uma caravana trazendo consulentes. Quando lhe disse por que fora a sua procura ela puxou-me, sentou-me sobre seus joelhos, passou as mãos em meus cabelos e disse-me: Noemi, nunca procure alguém para saber de seu futuro, pois ele está em suas mãos. Cuide apenas das suas atitudes, dos seus pensamentos, controle seus sentimentos e o futuro será a realização de seus sonhos e desejos. Ninguém tem maior poder sobre o seu futuro do que você mesma.

— Estranho! Uma vidente não deveria dizer essas palavras, afinal ela tinha condição de ver o futuro e o que nele estava escrito — comentei e curiosa perguntei: — e a sua avó acertava as previsões?

— Na maioria das vezes era infalível.

— Então, como pôde lhe dizer isso? Não é contraditório alguém ser capaz de ver acontecimentos futuros e, ainda assim, dizer que não se busque a palavra de um vidente; que depende apenas de cada pessoa o próprio futuro?

— Não, não é incoerente. Mas eu também não entendi a lição naquele dia. E, tal como você, indaguei, em outra ocasião, quando ela repetiu quase idênticas palavras, o mesmo que você. Sabe o que ela me respondeu?

Obviamente, neguei balançando a cabeça. Noemi continuou:

— Pois ela me fez entender o quão lógico era o que tinha ensinado. Pense: você hoje toma uma atitude, certo? E essa atitude gerará uma consequência, portanto essa reação automaticamente estará escrita em seu futuro. Disse-me ela: Noemi, uma vidente é quem lê o livro da vida para um analfabeto, nada mais. Os conselhos que dou nascem da lógica imperturbável da lei da vida. E os mais difíceis de serem decifrados são aqueles que dependem dos sentimentos humanos, esses têm uma margem de previsibilidade muito ampla e variável, como a gama de sentimentos de cada criatura. Tenho aprendido que ninguém sente da mesma forma ou possui a mesma capacidade de sentir. Há criaturas embrutecidas e há as de extrema sensibilidade e delicadeza de sentimentos. É uma das muitas ilusões da vida crer-se que sejamos todos iguais; não somos; é só aparência. Algo como o reflexo de nós mesmos em um espelho da água, não somos duas, nem somos iguais; uma, ainda que idêntica, é em tudo diferente; uma é imagem, a outra é miragem. Nesses casos, fixo sempre a imagem, pois também há pessoas que vivem como miragens de si mesmas. Tudo que elas me contam não merece minha atenção; é uma mentira; uma fantasia, como as que se usam em muitas festas.

Eu me fantasiara de Astarto, constatei ouvindo a história de Noemi. Fora uma miragem; Astarto não tinha aquelas reações; elas eram minhas. Pelos deuses, como eu fora estúpida!

Se a avó de Noemi tivesse lido meu destino, teria decifrado os caminhos por que andei. Sim, começava a entender a lógica das ideias de minha companheira.

— Sua avó acredita nos deuses ou no Deus de Davi? — Questionei.

— Ela acreditava no Deus de Davi, mas acendia incensos no alto das montanhas e cultuava os antepassados na beira dos rios.

— É o comum — e ri ao dar-me conta da expressão empregada. — Difícil fugir dessa palavra, apesar do que você me disse e que tem procedência.

— E talvez usual fosse o termo mais bem empregado a este caso.

— Eu vivi muitos anos no templo de Astarto, em Jerusalém, servindo a deusa. Lá, vi situações que eram e continuam sendo, pois que devem prosseguir ocorrendo, um verdadeiro paradoxo. Inexplicáveis! Você sabe que muitos seguidores do Deus de Davi são excessivamente severos, e tratam as mulheres como coisas, como gado, como objetos e propriedades, porém, acredito que devamos ficar no final da lista, se houver uma ordem de prioridade. Enchem o sexo de condenações e abominam a deusa, nossos altares e oferendas. Quando saíamos à rua eles nos viravam o rosto e cuspiam sobre nossos passos, demonstrando desprezo. Nem ao menos um cantil de água nos ofereciam. Tratavam-nos como leprosas. No entanto, quando o manto da noite caía sobre a cidade e todos dormiam, eles esgueiravam-se pelas ruas escuras até o pé da montanha onde fica o nosso templo. Rastejavam portões adentro implorando a assistência da deusa e pedindo os serviços das devotas e a atenção das sacerdotisas. Um festival de hipocrisia!

— Conheço essa atitude. É lamentável, infelizmente muito humana. Esta, sim, é comum — comentou Noemi rindo. — Tenho horror a esta conduta. Felizmente, Naama não tolera hipócritas.

Essa frase acendeu luzes no meu pensamento. Outro

percurso trilhamos em silêncio; eu revia, em meu íntimo, os meses vividos com Naama e Natã.

Não sei se cheguei a ser hipócrita com eles. Acreditava que tínhamos um acordo de vontades; ela tinha sexo e companhia; ele tinha a esposa satisfeita e as aparências salvaguardadas e eu tinha abrigo, comida e segurança. Mas o mesmo recebiam as escravas sexuais. Como não me dera conta disso antes! Claro! Foi isso o que Naama havia dito. Eu me comportara como escrava sexual e como tal deveria ser tratada. A vida nos coloca nos lugares de nossa eleição — ensinava Helena às devotas da deusa.

Era eu quem estava errada em toda a história! Não era uma vítima das circunstâncias; era a própria autora de todas elas! Caí de joelhos. Meus olhos contemplavam o caminho à frente, mas eu não enxergava. Revia minhas atitudes e os fatos do passado sob nova luz, por consequência olhava a mim mesma.

Não notei que Corá retornara, legando o comando do grupo à outra mulher, e que parara ao lado de Noemi. Ambas me contemplavam com carinho e calma, como se olhassem uma criança em crise. E eu era exatamente isso.

Muito tempo depois, na condição de espírito liberto da matéria, revi esta cena sob a assistência de abnegados amigos espirituais e, por isso, posso transcrever o que, naquele momento não ouvi ou enxerguei.

— O que houve? — Indagou Corá olhando-me ainda ajoelhada.

— O esperado — respondeu Noemi. — As histórias de minha avó nunca falham.

— Tampouco este caminho, Noemi. Contemplar estas estradas sem saber para onde vai obriga a pensar. Ela teria que ser ainda mais imatura do que é para que não desse algum resultado. Naama sabia o que estava fazendo. O que lhe disse exatamente?

— Pedi a ela que me falasse da própria vida; ainda que nenhuma palavra me dissesse, basta o questionamento para fazer pensar. O que menos me interessava era a resposta. Depois falamos de liberdade e de responsabilidade e como cada uma de nós constrói o próprio destino. Encerramos falando de hipocrisia e fé sem direção.

— Ótimo trabalho — elogiou a velha –, a fez pensar. Mas ela não caiu em si mesma sem forças, ficou de joelhos. Isto é bom, revelador. Tem condições de se erguer. Aguardemos. Consegue perceber o pensamento dela?

— Cenas do passado, é o mais provável — disse Noemi.

Ela parou à minha frente e lentamente aproximou a mão direita de um ponto entre meus olhos, logo acima do nariz. Ficou a alguns centímetros de distância, respirou fundo e fixou o olhar no mesmo ponto. Depois relatou à Corá as cenas que desfilavam em minha mente e falou dos meus sentimentos, resumindo-os assim:

— Você tem razão, Corá. Há força nesse espírito, em suas andanças e inquietações ela amealhou considerável determinação, mas não sabe usar. Sofre de uma preguiça mental que a impede de ampliar as capacidades intelectuais, isto é triste! Quando unir a determinação que jaz no seu interior à inteligência, o futuro será melhor. É muito passional, outra consequência da preguiça mental — o predomínio das emoções sem controle e desconhecidas é, potencialmente, uma calamidade para a alma. Ela vive o reino dos instintos e sensações, os sentimentos são embrionários.

— Vícios? — Inquiriu Corá.

— Apenas os típicos da sua condição de infantilidade da alma, ou seja: é egoísta, se considera mais do que é, sente-se afrontada com facilidade, insegura, busca nos outros e nas coisas o que deve ter em si. E é muito vaidosa de sua beleza, crê que a sensualidade lhe dá poder. Pobrezinha! Recebeu uma lição dura da sumo sacerdotisa de Jerusalém, mas foi merecida e, pelo que sinto, poderá dar bons resultados.

— Virtudes? — Insistiu a velha dirigindo a exploração da minha psique.

— Poucas. Sem desenvolvimento intelectual e afetivo não há como ter virtudes, Corá. Mas, dentro do egoísmo que ainda impera nesta alma, há algo interessante, ela me parece incapaz de ferir voluntariamente, por algum tipo de prazer doentio.

Ela é apenas e naturalmente egoísta, mas não doentia. É a condição natural da sua alma.

— Bom, muito bom! Significa que traz poucos comprometimentos do passado. É uma alma infantil que precisa despertar e crescer, mais nada. Ótimo, agora sabemos o que precisamos fazer. Desperte-a!

As mãos de Noemi, sempre distantes, envolveram-me a cabeça como se dançassem lentamente, a princípio, depois mais rápidas. Parou-a sobre meus olhos, vendando a luz do sol e senti um sopro frio entre eles. Pisquei assustada.

— Corá? — Perguntei incerta de quem via.

— Sim, menina, sou eu — respondeu ela paciente e estendeu-me a mão. — Levante-se!

Fiz um esforço para lhe obedecer, mas minhas pernas não respondiam ao comando, estavam pesadas. Assustada lhe disse:

— Não consigo. Ajude-me, por favor.

— Você conseguirá levantar-se, use a sua força de vontade — falou Noemi com firmeza. — Você e só você possui a força para mover a sua vida, mexa-se.

Elas diziam frases cujo sentido eu não compreendia integralmente, mas percebia que havia um grande entrosamento entre as duas. Comecei a suspeitar ainda mais daquele harém. Noemi era muito mais misteriosa que Helena. Pela primeira vez fitei seus olhos. Eram luminosos, castanho--esverdeados, claros, era possível ver o desenho da íris, que lembrava uma flor aberta.

— Você é vidente — acusei.

— Sim, eu sou — admitiu Noemi, sem pestanejar.

— O que viu em meu destino?

— Não olhei fatos, raramente perco meu tempo prevendo coisas. Uso este dom para conhecer as pessoas, sua mentes e sentimentos. Levante-se.

— Basta de conversa! — Interveio Corá impositiva. — A jornada é longa. Vamos, as demais estão muito à frente.

Sem aguardar resposta, a velha pôs-se em marcha. Noemi a seguiu e vi-me forçada a levantar e a caminhar.

73

Era a última na fila que espontaneamente havia se formado. Íamos silenciosas. O desfile de minhas memórias continuava; enquanto andava pela estrada acidentada, viajava em meu íntimo. Foi meu primeiro ritual de iniciação. Tudo o que vivera no templo foram cerimônias, rituais, cultos, nos quais eu sabia de antemão o que deveria fazer e o que a outra faria; qual era o papel da sacerdotisa, e, acima de tudo, quando ele terminaria.

Aquela caminhada iniciática rumo ao meu próprio ser, porém, era desconhecida e selvagem. Eu tateava em mim mesma; não sabia qual o próximo passo ou quando deveria mudar; aquele ritual de vida era novo, mas foi como se uma pequena luz começasse a brilhar.

Reconheci minha existência, confesso que lutei com minhas justificativas íntimas e a melhor coisa que Corá e Noemi fizeram foi relegar-me à solidão daquela jornada. Eu não tinha com quem falar, a não ser comigo mesma.

Conforme o calor do sol acentuava-se, nossos passos ficavam mais lentos. Incômodos físicos somaram-se aos da alma, e os venceram. É impressionante a força da matéria; somente iludidos quanto às verdades da vida são capazes de negá-la. A fome, a sede e a dor exigiram a atenção da minha mente. E a necessidade de aliviá-los tornou-se imperiosa. Sedenta, busquei meu cantil e não o encontrei pendurado ao cinto que amarrava minha túnica rústica.

— Devo tê-lo perdido no caminho e não notei — murmurei.

Esqueci de todo o resto e busquei Noemi a procura de água.

— Preciso de água — disse assim que me aproximei. — Senão vou desmaiar.

Ela alcançou-me o cantil e observou-me sorver longos goles.

— Obrigada — agradeci com um sorriso sincero.

Noemi aquiesceu com um gesto de cabeça, fechou o cantil e o prendeu com firmeza à cintura.

— Nunca se esqueça do essencial à vida, Dalilah — alertou-me e retomou a caminhada e o silêncio.

E assim foi aquela jornada, semeada aqui e ali de frases que por muitos séculos e, ainda hoje, ecoam em meu pensamento. Lições do caminho, aprendizados que só fazem aqueles que se põem em marcha rumo ao seu interior. As estradas da vida são várias, e nem todos as escolhem com conhecimento de causa; a maioria, como eu, naquela época, caminha por que segue alguém. Felizes os que seguem alguém que conhece para onde vai e como ir, senão são cegos seguindo cegos, todos correndo atrás de ilusões, fantasias, miragens no deserto de si mesmo.

O deserto é emblemático, é vastidão que dá ao olhar a ilusão de infinito. Às portas do deserto vários sentimentos nos assaltam — aventura, para os irresponsáveis; medo; fascínio; sedução. Conforme se avança portas a dentro, mudamos horizontes internos, a inclemência acentua o medo e desperta a ira; o cansaço imposto pelas necessidades da matéria nos faz confrontar nosso sentimento de impotência e tomar consciência da nossa finitude; o desespero vem ao nosso encontro e a luta com ele consome muitas forças. Para vencê-lo, só há um caminho: apaziguá-lo com a humildade, reconhecendo na vida e na natureza um poder maior e soberano ao qual é preciso se curvar, entender e respeitar. Harmonizando-se com ele a trajetória no deserto da alma se enriquece, descobrimos beleza, paz, luz e segurança. À noite, quando todos os astros brilham no firmamento, um sentimento de unidade no mistério da vida nos envolve e enleva. Somos passageiros viajando no infinito perfeito.

05
Surpresas na tribo

Estávamos às portas do deserto. À frente a vastidão amarelo-dourada, batida pelo sol e pelo vento.

— Lá estão as tendas — anunciou Corá gritando. — Atenção, mulheres! Sabem que o clima do deserto mata em poucas horas aos incautos.

Não desejem ser heroínas, nem tampouco sejam suicidas. Prudência! Reconheçam o ritmo do próprio corpo, não ignorem que cada um dos nossos órgãos fala. Que a mente os ouça! Que não haja tirania em nosso ser! Se os pés disserem: pare. Pare! Se o estômago disser: coma. Alimente-se. Se o corpo pedir, que a mente obedeça e o coração concorde; ou morrerão. Não adianta a mente dizer: faça, faça, siga, vá, você pode; irão matar-se, entenderam? Se o coração não aceitar o que os olhos veem e exigir que você faça mais ou lhe disser que você não pode, não o deixe falar sozinho; ceda a palavra à mente e ao corpo. Lembre-se, unidas somos fortes; divididas tornamo-nos frágeis e burras. A mente, quando desperta, tem, por vezes, a ilusão de poder infinito, porque compreende e avança; julga não ter fronteiras, porém, os limites existem. São precisamente carregar suas irmãs: as emoções e a saúde. Se ela impuser tirania no reino interno de qualquer uma de nós, estaremos condenadas à doença. E esta invasora ataca os órgãos do corpo, do coração e da própria mente. Recém--desperta, a mente é ainda imatura para governar sem ouvir conselhos, por isso a sabedoria da Vida a colocou presa ao corpo e ao coração. Ela se enche de ilusões e facilmente crê em fantasias, em miragens. Esquece a sabedoria da simplicidade; esquece que assim como a Sabedoria da Vida deu voz a todo nosso ser, também deu voz a nossas atitudes; elas falam, em geral, com a voz do coração e contam o que a mente, com frequência, deseja falsear, disfarçar e esconder.

Tenham ouvidos, mulheres! O vento sopra por toda parte e em local algum do deserto existe silêncio, nem de dia nem de noite. Algumas enlouquecem com esse canto, outras alcançam a presença dos deuses. Tudo depende do que, no íntimo de cada uma de nós, se move e dança ao som desse canto. Vocês bem sabem que a dança hipnotiza tanto quanto o olhar da serpente, e pode ser mortal, porque deixa a vítima fragilizada, indefesa e seduzida a nossos pés. Porém, a Vida tem uma bailarina no interior de cada uma de nós, e ela se move no escuro de nossos seres. Ela usa o fogo, as adagas, os véus, as espadas, os chicotes, as ânforas perfumadas. Quase nunca a vemos, mas ela se move, ela dança dentro de nós, seu ventre se move ao infinito e quer a fecundidade da alma, e ela é a mãe das nossas atitudes. Há todo um mundo que fica oculto com a noite. E, nessa noite profunda que existe em nossos seres, a bailarina dança ao som do vento do deserto. Por isso, para algumas, essa música incessante pode levar à loucura, pela falta de paz e pelos movimentos frenéticos e exaustivos da bailarina. Ela hipnotiza a mente, o coração e o corpo e os consome, devorando a si mesma. Cuidado! Mas, ela também encanta, flexibiliza, seduz para a beleza e a harmonia, relaxa e convida ao amor e ao prazer. Então sua dança é suave como a das sacerdotisas de Ísis. Ela abandona as adagas, o fogo, a espada, liberta-se de todas as armas e violências, é toda mansidão e doçura. Seus braços ondulam, os seios oferecem alimento, o ventre revolve-se em espasmos de vida e prazer, pedindo libertação. Ainda está envolta em seus véus e carrega suas ânforas; são poderes que a protegem. Ela se mostra à mente, em cada movimento um pouco mais, até a plenitude. Sentam-se ambas no grande trono, mas à direita está o coração, e à esquerda o corpo. O diálogo é incessante, e o reino é de harmonia.

Houve um tempo em que as mulheres não eram tratadas como coisas, não eram propriedade, nem eram tidas como filhas do demônio ou do pecado. Eram senhoras da vida e, nas sociedades que governavam, a fala e a escuta tinham grande papel em qualquer decisão, tanto interna como externa. Prestem atenção, mulheres! A fala, a escuta e a decisão são todas tão femininas quanto cada uma de nós. Aí estão, em gérmen, todas as nossas virtudes. São as sementes do equilíbrio, da justiça e do amor. Delas nasce a sabedoria, e sua filha primogênita é a paz. Nunca entreguem essa filha bendita do ventre de vossas almas; se em algum momento, dela se desfizerem, tenham a certeza de que deram todo poder interior a uma terceira pessoa, e o reino de vocês estará dividido e condenado à invasão da doença e da destruição. O vento e o calor inclementes secam até a última gota de água que existe; jamais se esqueçam de respeitar aqueles que podem mais do que nós. Bebam e peçam água, não importa a que preço. Fiz-me entender?

Noemi sorriu, ergueu suavemente os braços, até a altura dos ombros, ondulou o tronco num ritmo lento de um conhecido passo de dança, e uniu as duas mãos em frente ao rosto, que baixou, fixando a terra. Lembrei de ver Helena fazer gestos como aqueles em frente ao altar, mas Noemi, em trapos, tendo por cenário o deserto, encheu-me de encantamento. Havia aceitação e profunda submissão em sua atitude silenciosa.

As demais murmuraram uma palavra que não compreendi e somente eu fiquei olhando, calada. Uma força interna vergava meu pescoço, mas quando meu queixo tocou o peito o som da voz da sumo sacerdotisa de Astarto ecoou em minha mente: Jamais abaixe os olhos, nunca, entendeu? É sinal de fraqueza de caráter e de alguém dominado por um sentimento de inferioridade e pelo medo. É uma atitude indigna de uma filha da deusa. Seja honesta, admita sua verdade e não se esqueça de que ela não a faz inferior ou superior a ninguém, a faz simplesmente você.

Senti a pele de meu rosto arder como se a bofetada se houvesse renovado. De imediato e sem pensar ergui o rosto e arregalei os olhos. Espantei-me ao notar o olhar de Corá fixo em mim e, com maior surpresa, a vi sorrir divertida com minha reação. No entanto, nos olhos da velha havia um brilho de aprovação que me aqueceu as forças e, quando dei por mim, sorria para ela.

— Muito bem, criança! — Incentivou-me ela, fixando-me com atenção. — Guarde o que ouviu, como guardou a lição da mulher negra. Quando você precisar, assim como aconteceu agora, elas falarão em seu íntimo. Ouça! Tudo em você fala, tudo em você ouve, tudo em você sente, tudo em você tem sabor e odor, tudo em você é movimento incessante. Viva essa harmonia, minha criança, e um dia eu te chamarei mulher.

— Andemos! — Ordenou Corá. Voltando a dirigir-se ao grupo, lembrou: — bebam água, jamais se esqueçam. O calor e o vento secam nosso corpo até os ossos.

Para quem não questiona a existência, tudo é normal, e o mais bizarro tem ares de ser corriqueiro. São criaturas mornas. A pior temperatura que alguém pode ter é indefinida, não faz bem, também não faz mal; dá um desconforto. A indiferença aniquila as forças do espírito, e, sob sua égide, a vida não tem sabor e pouco apreço lhe damos; é apenas um caminhar sem destino. Um nascer e um morrer sem propósitos. Rir ou chorar, porque obedecemos a estímulos ambientes, não porque estejamos sentindo e vivendo a experiência da dor ou do prazer; exprimimos emoções inconscientes dos sentimentos que lhes dão causa.

Para mim tudo aquilo era normal, era a minha vida. Acreditava que todas as pessoas passassem por aquelas experiências. Ouvi o discurso de Corá mais atenta e desperta do que ouvira as lições de Helena, mas faltava-me entendimento. Então, muito do que a velha falou às portas do deserto eu não entendi, nem vi sua profunda aplicação às nossas vivências simples e diárias. Eu não me conhecia, eis a grande verdade. Corá falara de um reino íntimo, e eu nem noção de espiritualidade possuía; julgava-me um corpo, e tudo, absolutamente tudo, se resumia ao que estava ao alcance das minhas mãos. Mesmo os deuses das diversas tribos e povos que cruzavam Israel naquela época, para mim, só existiam como estátuas e imagens representadas em altares. Lembro-me de que da recomendação de Corá resultou de imediato a verificação do cantil e a pergunta:

— Há fontes próximas da tribo? Meu cantil tem pouca água.

— Dalilah, apenas imbecis montam acampamentos de uma tribo distantes de fontes de água. Nossos amigos têm as suas dificuldades, mas não são ignorantes, nem imbecis — repreendeu-me ela de pronto.

Calei-me, fazendo grande esforço para ignorar algumas risadinhas debochadas do grupo. Como sempre, pensei: inveja! E as esqueci, e junto se foi a lição.

Noemi postou-se ao lado de Corá e orientou:

— Trabalharemos em duplas na tribo. Dalilah, por ser novata ficará comigo.

Trabalhar?!, pensei, fazendo o quê? Olhei ao redor, apenas céu e areia; a vegetação era escassa, o solo, seco e duro. As tendas tremulavam com o vento. Não vi ninguém, parecia não haver por ali viva alma; nem um burro ou camelo, talvez nem cobras existam nessa tribo. É tão quieta!

Corá e Noemi nos deram as costas e marcharam seguras rumo à tribo.

Confesso que estava tomada pelo medo, e isso me fez mais atilada. Andava com os olhos baixos e comecei a notar marcas de cascos, terra revolvida, rastros de homens e animais. Avançamos mais um pouco e vi o solo manchado, marcas de fogo e sangue.

Cenas da minha infância vieram-me à memória a contragosto. Gritos das mulheres de minha tribo ecoaram dentro de mim. Choro e lágrimas, medo e ira, estampados nos rostos que desfilavam. Violência! Sim, aquilo eu conhecia. Eram marcas de violência, ali houvera uma luta sangrenta e desigual. Estremeci e ergui o olhar; nada avistei no horizonte. Isso é mau, pensei. E meus passos se tornaram lentos e instintivamente apurei a audição. Só o vento assobiava. Silêncio é paz, mas é também perigo, dizia o líder da tribo onde nasci.

Mais alguns passos e avistei as primeiras tendas; por toda parte tecido rasgado e marcas de fogo. Adiantei-me, pus-me ao lado de Noemi e indaguei:

— O que houve aqui? O que viemos fazer nessa tribo?

— O que você acha que ocorreu aqui, Dalilah? Leia a sua volta, cada coisa conta sua própria história. Quanto ao que viemos fazer aqui, por que não perguntou antes? Por que simplesmente nos seguiu? Agora é tarde para indagações. Viemos aqui trabalhar, e, se isso não lhe agrada, fique calada, pois o tempo para reclamações ou indagações é passado.

— Mas o que faremos?

— O que for necessário e estiver ao nosso alcance — respondeu Noemi, o que não me esclareceu. — É isso em qualquer situação o que podemos fazer, se nos for permitido. Não creio que neste caso específico haja sobrado a quem pedir permissão. Mas fique atenta e nada faça sem que tenha permissão, não é lícito a ninguém perturbar a paz ou a tranquilidade de quem quer que seja. Não existe ajuda efetiva onde falta o respeito. Vamos começar.

Sem olhar se eu a seguia ou não, Noemi adentrou na tenda que, de soslaio, eu havia observado. Duas meninas jaziam caídas de bruços em o que deveria ter sido uma poça de sangue e era agora uma mancha negra sobre o solo ressecado.

— Estão mortas! Foram esfaqueadas! — Gritei horrorizada.

— Sem gritos, Dalilah. Você nunca observou que a morte é silenciosa. O que imaginou quando avistou essa tribo? Que estavam todos dormindo em pleno dia? Ora, faça-me o favor...

— Eu não posso... — resmunguei, tremendo. — Tenho horror à violência, sangue, detesto cadáveres...

— Você se odeia — retrucou Noemi, seca, enquanto arrastava o corpo de uma das meninas para fora da tenda. — Traga a outra.

— O quê? — Insisti.

— Eu disse: traga a outra menina. Faça o que estou fazendo.

— Não posso... eu não consigo...

— Faça, Dalilah. Encare o que lhe traz tanto horror; a morte nasce com cada um de nós; todos somos violentos e, sim, o destino de seu lindo corpo é virar cadáver. É a vida, e ela possui forças inclementes, respeite-as e elas lhe serão úteis. Faça-se de boba, como está agindo agora, e será devorada. Ande, chega de gritos e bobagens, é isso o que viemos fazer aqui: dar sepultura digna aos mortos. Fomos avisadas ontem dessa chacina. Coloque o corpo da menina dignamente ao lado da outra em frente à tenda. É assim que fazemos. Depois faremos a pira e limparemos a área.

Ela lançou-me um olhar e, vendo que eu tremia, sorriu ao dizer:

— A primeira vez é sempre a mais difícil e pior. A natureza nos fez criaturas adaptáveis, sabia? Conforme você conhecer e enfrentar as forças da vida, cada ato será mais fácil que o primeiro.

— Quer dizer que não vou sentir mais?

— Não, quero dizer que irá conhecer e dominar suas emoções. Ninguém tem a escolha de não sentir, pois isso seria o mesmo que não aprender. E, agora me obedeça, pois não existe aprendizado sem vivência e atitude. Trabalhe, é para isso que está aqui.

Com enorme esforço, abaixei-me e toquei o corpo da menina morta. Seus olhos abertos me horrorizaram, e tive ímpetos de largá-la no chão e sair correndo. Então, lembrei--me: não tinha para onde ir, nem a quem procurar. Correr era ir em direção ao deserto e ao desconhecido, possivelmente correr para os braços da morte.

Noemi, com os braços parados ao longo do corpo, aguardava minha ação. Era tamanha a determinação em seu olhar que tive medo de ser fisicamente agredida se a desobedecesse. Observei, naquele minuto, que ela tinha a postura de um guerreiro. Respirei fundo e apertei com força as mãos em volta dos braços da morta e comecei a arrastá-la. Eram poucos metros, mas jurei que era uma distância enorme e fiquei exausta e arfante quando a depositei à entrada da tenda.

Noemi apenas olhou meu trabalho e avançou em direção a outra tenda, alguns metros adiante. Notei que as mulheres haviam se dispersado e revistavam as demais habitações, fazendo idêntico trabalho.

A destruição parecia-me total. Depois da menina, os demais corpos que arrastei foram sucessivamente me fazendo insensível aos meus pavores, embora o esforço do controle emocional me levasse à exaustão muito mais do que o trabalho físico.

Trabalhamos sem trégua até o meio da tarde. Reunidas

as vítimas, Corá ordenou uma parada para ligeira refeição. Meu estômago embrulhou. Olhei a volta e tive nojo de pensar em comer naquele local e situação. Mulheres loucas, insensíveis! Como podem pensar em comer aqui e agora?, pensei intimamente revoltada.

Mas elas, para meu rematado horror, reuniram frutas, pão e outros alimentos, completando o saque das barracas, juntamente com jarras de água, copos, pratos e toalhas. E, à sombra das tendas, improvisaram um alegre acampamento.

Fiquei a pequena distância, observando enquanto elas comiam e conversavam sentadas no chão em uma alegre e descontraída roda.

Minha expressão devia ser um misto de horror e espanto; julgava-me ultrajada com a atitude delas. Eram cruéis demais. Não conseguia entender o que elas estavam fazendo.

Vencida pelo cansaço, sentei-me à sombra de uma tenda, alguns metros da roda. Uma leve brisa, que sopra naquela região no cair da tarde, trouxe até mim pedaços de um diálogo entre Corá e Noemi. Entendi que falavam a meu respeito.

— Como está a novata? — Questionou a velha, mordendo um pão ázimo recheado com coalhada.

— Assustada, eu acho — respondeu Noemi, lambendo o mel que lhe escorria pelos dedos. — Seus olhos me dizem que me julgou uma selvagem. Acredito que tenha tido medo de ser agredida e que apenas permaneceu porque crê não ter escolha.

— Mas realizou as tarefas, eu vi — comentou Corá, de forma inexpressiva. — Não é apenas a você que julga uma selvagem, mas a todas nós. Ela vê selvageria no que estamos fazendo.

— É, eu sei. São poucas que chegam entendendo de início esse tipo de tarefa. São muito mimadas e dengosas; frágeis como florzinhas que nascem nos campos na primavera. A inclemência da vida as enche de horror, nunca pensam que carregam essa mesma lei no corpo, e que a dor pode ser inclemente de dentro para fora e é preciso suportar.

— Confundem bobagens e dengos com sensibilidade. Por certo, ela esperava que nos sentássemos aqui a chorar e a implorar aos deuses por auxílio. Seria engraçado, você não acha? Se fizéssemos isso, quero dizer.

Noemi riu da sugestão e preparou outro pão com mel enquanto respondia:

— Bem, ela espera da vida o que tem na mente. Pensou que vínhamos para uma visita banal. Quando falamos em prestar ajuda, deve ter imaginado que alguém estivesse doente ou que iríamos auxiliar os preparativos de uma festa.

— Poderia ter acontecido de encontrarmos feridos e doentes. Infelizmente ou felizmente, nunca sei o que é melhor: se padecer com ferimentos dessas batalhas, se sobreviver e lembrar, ou se morrer de forma repentina, sem ter esperado; não os encontramos, estão todos mortos. Poderíamos ter encontrado aqui todas essas opções e ainda poderão chegar. Estranhei ser pequena a quantidade de homens mortos — retrucou Corá, comendo um figo.

— Notei. Devem ter saído em perseguição aos saqueadores. Você tem razão, poderão voltar. À noite precisaremos ficar atentas.

— Fui avisada da batalha, mas desconheço os motivos. É bom ficarmos de sobreaviso, pois também os agressores podem voltar. A verdade é que eles transferiram o palco da luta. Como reagirá a garota nesse caso?

— Uma incógnita. Disse ter enfrentado casos de violência no passado, junto de sua tribo, e foi essa a razão da fuga.

— Hum! Reações costumam se repetir, especialmente as que são de fundo emocional.

— Bem, neste caso, não sobra nenhuma forma de reação nela — ironizou Noemi, rindo. — Ela é puro instinto, emoção descontrolada, e emprega a inteligência para muito pouca coisa. Vai fugir.

— É covarde, embora se julgue corajosa. Poderá ficar se o medo do deserto for maior.

Noemi riu da constatação de Corá. Senti-me transparente como os tecidos de algumas vestimentas que usávamos no templo. Elas enxergavam meus pensamentos e sentimentos, isso era desconcertante. A nudez nunca me incomodou, eu gostava de exibi-la; no entanto, naquele momento, sozinha e isolada, senti vontade de cobrir-me. Mas a nudez era moral, a exposição era interior. Não tinha beleza alguma, era insípida.

— A experiência aqui lhe será útil, apesar das dores e mal-estares que possa provocar — concluiu Corá.

— A morte. Não existe maturidade e estabilidade em alguém antes que tenha contemplado e convivido com ela. Dalilah foge dela, por isso é tão infantil e frágil. O medo a domina. E somente irá vencê-lo quando confrontar e aceitar a morte dentro de si. São sentimentos estranhos os que carregamos, não é mesmo Corá? Dalilah teme a morte e foge, mas ao mesmo tempo, bem no fundo de si, teve ímpetos de me matar hoje, quando a mandei arrastar os cadáveres.

— Matar e morrer são coisas diferentes, apesar de aparentemente semelhantes. Na verdade, profundamente diferentes. Matar é destruir; morrer é deixar-se destruir. No primeiro caso, é preciso a força da ira; no outro, é preciso vencer o medo, é preciso olhar além desta vida. Para isso servem os deuses e as religiões, para nos ajudar a morrer.

— Mas esse conhecimento não é para todos, somente os iniciados chegam a essa compreensão da utilidade das religiões — contrapôs Noemi, contemplando séria a companheira.

— No tempo que você passou no Templo de Ísis, no Egito, não foi isso que aprendeu estudando a história da grande mãe egípcia? — Questionou Corá impassível.

— Sim, foi. Ísis confronta a morte do amado. Nela estudamos toda a peregrinação da alma, mas você sabe que não é isso que o povo compreende.

— Ah, sim. O povo. Bem, sempre recebemos da vida aquilo que buscamos. A maioria deseja a festa e o prazer, o gozo, a fartura. Querem queimar a vida e o tempo rapidamente, e de forma indolor, sem qualquer forma de sacrifício — falou Corá, lambendo o mel e fitando o horizonte. — Assim não há progresso Noemi, apenas tempos se sucedendo, nada mais. Eles querem festas, os templos lhes dão, eles querem balburdia, também têm; é uma forma de entretê-los, mantendo-os próximos, para quando a grande mãe chamada vida resolver aplicar-lhes as lições de forma mais próxima. Então, eles sabem a quem procurar, e muitos acabam adquirindo condições de melhora.

— Mas muitos ficam presos na fachada exterior dos ensinamentos e nos rituais — lamentou Noemi –, vi isso acontecer com maior frequência do que gostaria.

— Há tempo de plantar e de colher. Ainda não deve ser o dia do entendimento para eles.

— É, não deve ser — concordou a vidente.

— Dalilah avança, Noemi. Observo-a desde que chegou ao vinhedo, e Naama falava-me dela, portanto sei o que digo. Tenhamos paciência com a moça; estar aqui deve ser horrível para ela. Há de estar sofrendo! — E a velha riu ao dizer estas palavras, como se lhes trouxessem um júbilo íntimo.

Que terei eu feito para essa velha? Pensei. Nada me ocorreu. Outra vez eu rememorava os fatos, pura e simplesmente, sem ler as lições que continham. Acreditava haver um propósito ruim, vingativo, em alguém que impingisse sofrimento e dor ao seu semelhante. Não entendia que ela, a velha Corá, conduzia-me com grande sabedoria nos sagrados rituais da existência humana e sacrificava no grande altar da vida a minha ignorância.

— Basta de comida e descanso — declarou Corá, erguendo a voz e falando a todas. — Vamos sepultar essas criaturas. Peguem as pás.

Eu, que não havia comido nem bebido, de repente vi desaparecer os alimentos recolhidos com extrema rapidez; colocaram-me nas mãos uma pá, e fui empurrada a acompanhar o movimento do grupo.

Corá escolheu um local próximo, onde deveria ter sido, conforme indicavam os sinais de fogo, o pátio da tribo acampada, e riscou a extensão e a largura da vala. Pusemo-nos a cavar.

O chão era duro e seco. Agradeci aos deuses que era pouca a profundidade. Mas ainda assim vimos o sol se pôr envolvidas no trabalho de abrir a vala.

Senti fome e sede, fiquei zonza e temi cair. Uma das mulheres ao meu lado ralhou comigo:

88

— Viu o resultado de tamanha "sensibilidade"? É nisso que deu, está fraca. Para trabalhar é preciso comer, você não sabia?

Balancei a cabeça em negativa, como a dizer a ela que nunca tinha trabalhado, que minhas mãos estavam ardendo, meu corpo doía com o esforço da caminhada e do dia inteiro de esforço.

— É bom aprender. Amanhã você não terá tantos "pudores" — disse ela rindo. — Quando fizermos a próxima refeição, coma e beba. Os mortos são eles, não você. É sempre bom ter um olhar muito claro sobre os fatos, senão você sofrerá inutilmente.

Concordei com a advertência, mas estava zonza e cansada. Como tantas outras lições, aquela eu não aprendi de imediato, mas reconheci que era um sofrimento inútil ao que havia me exposto. Ninguém ganhara nada com meus achaques e melindres por causa dos mortos. Eles estavam mortos, e nós, vivas. Nossa vida continuava com as necessidades que a matéria dita; nada resolvia ignorá-las ou alimentar o choque sentido. Ele precisava ser absorvido e compreendido e liberado; não incorporado ao meu organismo.

Cansada deixei cair a pá, não tinha mais forças. Sem pedir permissão afastei-me do trabalho e sentei-me respirando a longos haustos.

— Por que parou? — Inquiriu Corá severa — A vala não está terminada.

— Não tenho mais forças — respondi.

— Por que não se alimentou direito quando era o momento. Aprenda uma coisa comigo, Dalilah: você não vive sozinha, faz parte de um grupo sempre; no momento, é este, e cada uma tem a sua parcela de trabalho e responsabilidade. Quando você não fizer a sua parte, significa que alguém estará se esforçando em dobro, porque o trabalho precisa ser feito e não muda de tamanho conforme a nossa vontade. Não se faça de pobrezinha, nem de criatura delicada, a menos que sendo assim você pague o preço e não o imponha a nenhuma das outras, fui clara?

— Sim, eu entendo.

— Espero que sim — falou Corá –, pois, do contrário, além da doença você encontrará também a solidão. O grupo

89

abandona os fracos e abomina os que são um peso. Portanto, faça a sua parte, cuide para estar sempre em condições de bem viver, não criando doenças e mal-estares por pura falta de bom senso. Se você adoecer por questões naturais, todas cuidaremos de você, porém, achaques e "delicadezas da alma" em excesso e fora de propósito não serão perdoados. Agora, levante-se e arraste os corpos até aqui. Já que não pode cavar, faça outro trabalho, mas não fique sentada enquanto suas colegas trabalham, me ouviu?

Corá falou comigo com tamanha severidade e autoridade que não sei de onde encontrei forças para levantar-me e obedecê-la. Várias vezes caí de fome e cansaço enquanto arrastava os corpos. Sentia a distância o olhar de Corá e erguia-me.

Sob o luar, a pira ficou pronta, e começamos a lançar os corpos um ao lado do outro. Quando todos estavam na pira, Corá recitou um poema, depois Noemi entoou um cântico e, por fim, rezamos juntas a todos os deuses, coisa que eu ainda não havia visto. Mas Corá, ao conduzir a prece, evocou todos os deuses e deusas que eu conhecia e pediu-lhes pelos mortos. Ateamos fogo e depois cobrimos de terra a vala.

Quando vi as mulheres reunirem-se em duplas e ingressarem livremente nas tendas, buscando abrigo e algum conforto para o descanso, não estranhei, nem sequer pensei que haviam pertencido aqueles que tínhamos acabado de sepultar. Estavam ali, tinham uma utilidade que supria uma necessidade minha. Pronto, isso bastava. Não pensei em mais nada.

Meu silêncio mereceu um sorriso de Noemi, que era minha dupla de trabalho e descansaria comigo. Corá olhou-me com aprovação e nada disse.

— Mantenha-se atenta, tanto quanto possível, durante a noite — disse Corá a Noemi. — É estranha a ausência de corpos masculinos. Eles estão em algum lugar, é possível que voltem...

— Ou que nem saibam da destruição que ocorreu aqui — completou Noemi.

Corá apenas balançou a cabeça concordando e afastou-se em direção à tenda que ficava em frente à nossa.

06
Rei ferido

Gritos, tropel de cavalos, som de armas brandindo irromperam no meu mundo de Orfeu despovoado de sonhos. Cada músculo do meu corpo doía e me fazia consciente da sua existência.

Noemi me sacudia. Com pesar e a contragosto abri os olhos e a vi, em meio a um denso nevoeiro. Nem sequer lembrava que estava em uma tenda às portas do deserto apenas na companhia de um estranho grupo de mulheres.

— Ahã, o que foi? — Indaguei sonolenta, fechando os olhos.

— Acorde! Os homens chegaram, estão feridos — disse Noemi. — Vamos! Corá precisa de nós.

— Não de mim, tenho que dormir — respondi e virei para o lado voltando ao sono.

Em meio ao sono, sons e imagens confusas se formaram. Senti-me, outra vez, lançada na piscina do templo de Astarto. Comecei a tossir e a mexer as mãos; desesperada abri os olhos. Noemi despejava uma jarra de água fria exatamente no meio da minha testa.

— É um desperdício, devo avisá-la de que era da água do seu cantil que eu usei. Levante-se! Não temos a vida inteira para esperar.

Afastei os cabelos molhados, colados ao rosto, e encarei minha companheira. Ela estava séria; havia aquele brilho de determinação fria em seus olhos e não ousei discordar. Em silêncio, a obedeci, como um animal bem-adestrado atende ao seu amo.

À porta, divisei uma cena digna de uma carnificina. Homens cortados, mutilados, ensanguentados, alguns jaziam inconscientes sobre o lombo das montarias. As mulheres, lépidas e dispostas, se moviam com presteza socorrendo-os.

— Quem são? — Perguntei a Noemi.

— São homens da tribo de Jessé.

94

— Tem certeza? Não são saqueadores?

— Não, nós os conhecemos há anos. Será um horror quando souberem que não restou nenhuma de suas mulheres e filhos. Mas por agora é preciso socorrê-los. Vasculhe a tenda e traga todos os tecidos que pudermos usar para cobrir esses ferimentos. Veja se encontra agulhas e facas, adagas bem-afiadas de preferência. Ah, depois recolha toda água que encontrar e traga também as bacias. Mexa-se, rápido! — Ordenou Noemi, friamente.

Ela afastou-se em direção aos cavaleiros feridos que as mulheres acomodavam em tendas próximas. Retornei ao interior e vasculhei a habitação. Fiz uma trouxa com os tecidos; encontrei uma pequena caixa com várias agulhas. Eram objetos comuns, todas guardavam agulhas, afinal elas costuravam desde as lonas da tenda até as carnes dos donos. Ao recordar-me desse fato da vida dos beduínos, um arrepio frio desceu-me pela espinha. Lembrei-me de minha mãe costurando meus irmãos, uma cena dantesca que jurava ter enterrado tão fundo que nunca mais viria à tona. Porém, quando toquei a caixa de madeira onde sabia estarem às agulhas, entendi a que se destinavam.

Incomodada, mas consciente de que era preciso agir, pois os homens estavam sangrando, coloquei a trouxa e a caixa de agulha dentro de uma bacia que enxerguei em um canto e fui ao encontro de Noemi. Não me enganara, seria preciso costurar todos eles. Estavam em péssimo estado, era um milagre que ainda vivessem.

— Água — gritou Noemi.

Depositei com cuidado a bacia com os pertences em um local fácil de encontrar e voltei às tendas recolhendo todas as reservas de água que encontrei. Carreguei-as como pude até onde o grupo trabalhava.

Servia como auxiliar para todas, cortando faixas e fios, facilitando-lhes o trabalho. Corá e Noemi empunhavam as adagas; em quem fosse necessário cortar ou amputar algum membro, estavam a postos. Três homens haviam sido identificados como necessitados desse serviço, e elas se envolviam no atendimento. As demais limpavam, costuravam, colocavam ataduras e talas improvisadas.

Havia mais feridos do que socorristas e esqueci-me, por completo, do sono e do cansaço.

Continuava em busca de água. O amanhecer lançava suas primeiras luzes, e animei-me a procurar o poço que, com certeza, a tribo havia aberto nas proximidades, ou não teriam acampado no local. Vivera com nômades por tempo suficiente para saber que essa era a regra de ouro. Perambulei em torno das tendas, vasculhei com o olhar até encontrar um sinal. Dirigi-me e lá estava o pequeno poço bem-abastecido. Enchi as ânforas que trouxera e preparava-me para abraçá-las, apoiando uma em cada lado do quadril, quando vi um cavalo a distância, parado. Depositei os jarros novamente sobre o solo e, com atenção redobrada, avancei na direção do animal. Havia algumas touceiras de vegetais crestados pelo calor do deserto que esconderam a visão de um corpo, próximo ao cavalo. No entanto, ao aproximar-me, pude ver com clareza o homem caído numa poça de sangue, de bruços.

Acerquei-me dele com cuidado, verifiquei que respirava, mas não estava consciente. Virei-o; ele tinha o rosto e os cabelos sujos. Um grande ferimento no abdômen era visível em meio ao sangue e as vestes rasgadas. Havia algo de vagamente familiar na sua fisionomia, mas não me preocupei em identificá-lo.

Voltei ao poço e trouxe um dos jarros. Com uma das mãos em concha dei-lhe de beber, molhando seus lábios e derramando pequenas quantidades do líquido. Ele reagiu bem. Água é vida, sabia que era preciso hidratá-lo.

Depois o examinei e constatei que tinha apenas aquele ferimento, grande e grave. Rasguei as roupas dele em torno da ferida facilitando o processo de limpeza inicial. Para retirá--lo dali seria preciso estancar a hemorragia. O ferimento era profundo, mas não havia afetado nenhum órgão interno, apenas as carnes estavam diluceradas, como se uma espada o houvesse ferido de raspão, sem enterrar-se em suas entranhas, mas cortando fundo e ao longo do corpo, produzindo uma lenta perda de sangue e fraqueza que poderiam levar à morte. Lancei um olhar ao acampamento; a distância, a azáfama era intensa. De nada adiantaria gritar pedindo ajuda, era preciso agir. Com delicadeza, depositei a cabeça do homem de volta ao solo e afastei-me correndo até a primeira tenda além do poço d'água. Logo vi a caixa com agulha e fios e, em um baú, encontrei um tecido de linho branco e limpo. À saída lembrei-me de carregar comigo uma jarra e uma bacia. Voltei para junto do ferido.

Terminei de rasgar suas roupas sujas e fiz com elas um leito improvisado. Tratei de seu ferimento, suturei-lhe as carnes com a coragem e o saber que pertenciam às lembranças de minha mãe; talvez essa fosse minha única herança ou dote. Com muito esforço, pois se tratava de um homem grande e pesado, ainda jovem, fiz uma atadura em volta de seu abdômen. Então, detive-me a limpar-lhe a cabeça, sem atinar a razão. Lavei-lhe os cabelos e o rosto. Sem dúvida, suas feições eram familiares, mas minha memória negava-se a identificá-lo, não tinha um nome, nem a lembrança clara de onde o conhecia.

— Homens! Resmunguei comigo mesma. — Houve tantos, deve ser alguém parecido.

Sequei-lhe o rosto com um pedaço que sobrara do linho, e vi as pálpebras se agitarem. Ele abriu os olhos e gemeu, levando a mão ao ferimento. Fixou os olhos confusos em mim e balbuciou, falando uma língua estrangeira, que não compreendi.

Com gentileza, coloquei um dedo sobre seus lábios, num gesto que pedia silêncio da parte dele e falei muito pausadamente:

— Você consegue entender o que digo?

Ele demorou alguns segundos e fez um leve gesto afirmativo.

— Ótimo! Então ouça: você está ferido e estamos um pouco distantes do acampamento. Será que você conseguirá ficar de pé e apoiar-se em mim, para que eu possa levá-lo até lá?

Novo gesto afirmativo se seguiu, e ele balbuciou uma palavra em meu idioma, carregado de sotaque, mas que entendi: ele pedia água.

97

— Sim, tenho água. Terá de beber em minhas mãos — informei com vagar.

Ajudei-o a sentar-se, e depois mergulhei as mãos em concha no jarro e as levei aos lábios embranquecidos do ferido. Ele sorveu sedento a água. Senti cócegas quando os lábios dele tocaram as palmas de minhas mãos em busca do líquido.

— Quer mais? — Falei como uma mãe a um filho pequeno. — Espere.

Repeti a operação várias vezes, até ele afastar minhas mãos e sinalizar que pretendia tentar erguer-se. Ajudei-o e, devagar, ele ficou de pé.

— Será que conseguirá andar? — Indaguei preocupada. — Imagino que deva estar fraco e com dores, mas é a única forma.

Ele balançou a cabeça concordando, e pus-me a andar vagarosamente amparando-o. Havia amanhecido quando, enfim, nos aproximamos da primeira tenda após o poço d'água. Deliberei deitá-lo ali e chamar Corá para concluir o socorro.

Disse-lhe meus planos, mas ele lutava para não desfalecer e creio que nunca mais recordou o que disse, mas enxergou o leito de peles e almofadas e, reunindo toda a força que lhe restava, deitou-se com cuidado.

Apressada, fui à busca de Corá. Ela olhou-me séria e ouviu o relato que fiz, sem dizer uma única palavra. Quando conclui, informando a localização do enfermo, ela marchou para lá e eu a segui.

Quando ela viu o homem sobre o leito, espantou-se:

— Jessé!

— Conhece esse homem, Corá?

— Sim, é Jessé. É o líder desse povo.

— Ele é estrangeiro — comentei.

— Sim, eu sei. É amigo de Naama, por isso viemos auxiliá-los. Graças aos deuses ele vive.

— Está muito ferido, como lhe disse.

— Deixe-me ver seu trabalho — falou Corá, e pôs-se a abrir a atadura sobre o ferimento. — Tem certeza de que é o único ferimento?

— Tenho. Foi um corte grande e profundo, mas não atingiu o interior do corpo.

— Na cabeça? Você examinou? — Questionou a velha, olhando apreciativamente a sutura. — Está bem-feito, onde aprendeu?

— Pertenci a uma tribo nômade, na infância. Eu os deixei e fui para o templo em Jerusalém, mas vivi no deserto tempo bastante para aprender a fazer isso. Como viu, não esqueci — expliquei friamente e completei: — nada grave na cabeça. Alguns arranhões e hematomas, mas nada sério.

Ela o examinou detidamente e referendou minha avaliação.

— Fez um trabalho cuja importância você desconhece. Fique com ele, dê-lhe água, em pequenas porções. Assim que tivermos algum alimento, mandarei trazer aqui.

— Os jarros, é preciso buscá-los. Noemi precisa de água — falei.

— Ora, quanto tempo você pensa que ficou cuidando de Jessé? Os jarros já foram entregues. Tamar os encontrou e viu você socorrendo alguém, já sabíamos o que estava fazendo. Apenas não sabíamos que era Jessé. Fique aqui e conclua seu trabalho. A vida age com mais sabedoria do que eu, se a colocou junto dele, e você saiu-se bem, continue aí, é o melhor a fazer.

Corá não aguardou resposta; agiu como se soubesse que a obedeceria cegamente, como o fiz.

Jessé, agora meu paciente, tinha um nome. Um bonito nome! Ele ficou semiconsciente por todo aquele dia até o amanhecer seguinte. Passei as horas dando-lhe pequenos goles de água e trocando compressas frias em sua testa, até que a febre cedeu. Era alta madrugada quando ele adormeceu serenamente. Suspirei aliviada e ergui-me. Doía-me o corpo todo; o sono fechava minhas pálpebras, tornando-as pesadas demais para suportá-las abertas.

Decidi respirar o ar frio da noite para revigorar-me. Observei a movimentação; minhas companheiras também não dormiam, trabalhavam em torno dos feridos. Lancei um olhar a Jessé e, constatando seu sono tranquilo, fui observar o que elas faziam.

Arrependi-me da decisão assim que me aproximei o bastante para ver que elas ainda lutavam para estancar hemorragias. Sempre tive horror a sangue escorrendo, e ali havia uma profusão enorme desse líquido vital.

Como os homens o fazem jorrar com facilidade! Quanta insensatez! O que a natureza laboriosamente constrói devagar e com perfeição, nós destruímos em frações de segundo. Gerar e formar um corpo sadio demanda meses; desenvolver e conservá-lo é trabalho diário e constante de quem tem alguma noção do quanto ele representa no desenvolvimento da espiritualidade; destruí-lo é tarefa de poucos segundos e nenhuma reflexão digna da condição humana. Estraçalhamo-nos como bestas enfurecidas e até de forma pior, pois empregamos métodos cruéis que o animal desconhece.

Cheiro de vida e morte, para mim o mesmo odor — cheiro de sangue. Dera à luz no templo e não gostei da experiência, sangue, sujeira, por todo lado. Dor, aflição, alívio, expressões de prazer e alegria tudo se sucedendo ao mesmo tempo. Cuidar de moribundos também implica ver sangue, sujeira, dor, aflição, e, igualmente, mesclam-se sentimentos de alívio, alegria e prazer. Por isso, para mim, ver sangue era ver vida ou morte; qualquer uma das duas sempre acompanhadas de sofrimento. E deste eu não gostava, mas ele me perseguia, e assim foi até que o aceitei como parte inseparável da condição humana.

Onde quer que exista um ser humano haverá essa complexidade de sensações, emoções e sentimentos, revestindo cada pensamento que se elabore. Aliás, é possível pensar sadiamente sem eles?

Enquanto cuidava de Jessé, pensei que minhas companheiras, àquela hora dormiam, bem-alimentadas e aquecidas. Senti-me, como era hábito, uma vítima injustiçada — sentimento que acostumei, somos criaturas adaptáveis em tudo, inclusive em nosso modo de sentir e pensar, daí a origem de muitos vícios. A autopiedade, por estar vivenciando uma experiência de dor e trabalho, acarretava pensamentos danosos, que, por sua vez, alimentavam uma gama de emoções que consumiam minhas forças físicas e morais.

Quando vi que elas trabalhavam mais do que eu, esqueci-me do que tinha pensado e sentido. Voltei sobre meus passos e encerrei-me na barraca com Jessé. Ele dormia e recostei-me decidida a dormir alguns minutos.

Acordei sobressaltada. O sol tingia de cor e luz as areias do deserto, primeira visão que tive ao abrir os olhos. A paisagem desértica fascina, atrai, especialmente ao amanhecer e ao pôr do sol. Tudo fica amarelo-alaranjado, parecendo ouro velho e cobre.

Ouvia resmungos e gemidos; demorei a lembrar que tinha um paciente sob meus cuidados, ou descuidos, que seria mais honesto.

Jessé balbuciava. Aproximei-me, vi seu rosto vermelho, os olhos raiados de sangue, lábios ressequidos, rubros; ele estava com muita febre. Toquei-lhe a testa; a pele queimava.

— Água! — Clamava ele, com poucas forças.

Senti-me culpada, não devia ter dormido e abandonado a vigilância ao ferido. Por isso, com carinho, dei-lhe de beber e deixei sua cabeça recostada em minhas pernas, enquanto trocava as compressas frias. Ninguém poderia saber que eu dormira pesadamente enquanto deveria velar o enfermo, pensava preocupada. No entanto, logo outro pensamento acudia-me: tudo tem seu preço na natureza; o corpo cobrara o descanso, o trabalho fora exaustivo e o sono era a remuneração exigida.

— Acordaram, enfim! — Disse Corá, espiando na entrada da barraca. Ela estava calma, não havia repreensão em seu olhar quando me fitou.

— Eu estava muito cansada — justifiquei com o olhar baixo — nem vi que adormeci, mas deve ter sido pouco tempo, apenas um cochilo.

— Vocês dormiram toda madrugada — respondeu Corá —, mas acalme-se, mocinha. Dormir é natural. Você fez um bom trabalho para uma iniciante. Eu seria demente se exigisse de você o mesmo que das outras. Elas são experientes e sabem o que fazem, estão preparadas e se desgastam menos, por isso trabalham mais e melhor. Com o tempo você será igual, mas não por ora.

Fiquei cabisbaixa, envergonhada, e, ao mesmo tempo,

101

aliviada. Corá aproximou-se e, sentando-se no tapete ao meu lado, observou o enfermo.

— Precisamos ver como está o ferimento, trouxe água limpa para lavá-lo.

Aquiesci em silêncio e, carinhosamente, deslizei uma mão sob sua cabeça enquanto a outra sustentava as costas à altura dos ombros; com delicadeza, o devolvi às almofadas. Ele não deu sinais de notar a mudança.

Apanhei uma bacia, uma toalha e, sob o olhar atento de Corá, iniciei o banho do enfermo. Lavei-lhe a cabeça, o rosto e o pescoço. Não pude evitar o comentário ao contemplá-lo limpo:

— É um belo homem.

Corá riu. Com um punhal afiadíssimo cortou o improvisado curativo que eu havia enrolado em torno do tronco de Jessé no dia anterior.

— Sim, é. Conheço Jessé desde que era menino, é uma boa alma. Um homem inteligente, gosto muito dele.

— O ferimento é grande e profundo, mas não ultrapassou a carne. Ele tem músculos fortes e rijos. No entanto, deve ter perdido muito sangue.

Corá examinava o ferimento exposto; começou a limpá-lo. Vi quando olhou criticamente a sutura. Estava feia, constatei calada.

— Bem, isso ficará com uma cicatriz horrível — declarou Corá. — Mas, era o melhor e o possível ontem.

Outra vez, ela não me reprovava; estranhei e falei sem pensar:

— Você é muito compreensiva, Corá. Se fosse a sumo sacerdotisa teria me espezinhado e reprovado. Mas você sabe que dormi quando não devia, e que a sutura não está boa, e em nenhuma ocasião me repreendeu. Por quê?

— Confio na consciência humana, não preciso fazer o que você mesma está realizando. Mas vou corrigi-la: Helena não a espezinharia, não é da índole dela uma conduta dessas.

— É sim! Sempre fez isso comigo — retruquei com indisfarçada mágoa. — Ela é exigente demais, não tolera menos que a perfeição.

— Ela é uma grande mestra, é natural que exija muito de

seus tutelados. Quando quiser algo fácil, escolha um mestre medíocre. Helena é uma mulher extraordinária.

— Você a conhece? — Indaguei enxugando os cabelos de Jessé.

— Qual a mulher em Jerusalém que não conhece a sumo sacerdotisa de Astarto? É claro que a conheço, já precisei de seus conhecimentos muitas vezes, e ela sempre foi valiosa para todas nós.

A ideia de mulheres adorando os conhecimentos de Helena daquela forma, despida de sensualidade ou lascívia, mas repleta de necessidade e urgência vitais, nunca havia sequer me ocorrido. No templo, aos meus olhos, tudo o que havia era conforto, sexo, prazer, segurança e festas.

— Posso saber em que ela ajudou vocês?

— De mil formas, conforme o imperativo da hora. Abrigo, apoio político, cura de enfermidades, socorro em partos complexos. Naama tem verdadeira veneração por Helena.

— Nunca soube que se conhecessem.

— Sim, se conhecem. Naama a visita com frequência.

— Não recordo dela no templo.

Corá balançou a cabeça e respondeu:

— Também não me lembro de vê-la no Templo a serviço de Helena. Era outra jovem que a acompanhava nos atendimentos do tipo que buscávamos — falou enfatizando a última frase.

Entendi que veladamente ela me dizia que eu servia no templo apenas às atividades sexuais. Obriguei-me a ficar silenciosa; era a verdade. Sabia que havia outras tarefas no Templo e no serviço da deusa, mas nunca tinham despertado meu interesse.

— Entre a superfície e o fundo do lago existe um mundo inteiro, Dalilah — falou Corá, concluindo a limpeza do ferimento e cobrindo-o com um pano novo e limpo. — Termine de limpá-lo, dê-lhe mais água e depois vá nos encontrar na outra tenda. Temos muitos feridos e em estado mais grave do que Jessé. Ele sobreviverá para continuar sua tarefa junto desse povo. Bastará que venhamos vê-lo e dar-lhe água com certa frequência.

103

No dia seguinte, Jessé estava consciente. Então, mais uma mudança ocorreria em minha vida.

Os olhos irradiam uma energia muito forte. Eu ainda dormia — quando deveria estar cuidando do ferido, pelo qual Corá tinha grande admiração; tanta que lhe dispensava atendimento especial, designando-me para velar por ele com exclusividade, embora supervisionasse meus procedimentos de perto e desse as recomendações do tratamento — quando me senti incomodada e despertei. A primeira coisa que vi foi o olhar de Jessé pousado serenamente sobre mim. Avaliava-me com o rigor comedido e paciencioso de um experiente ourives.

Sorri para ele, estendi a mão e toquei-lhe a fronte. Ele não estava febril.

— Você está se sentindo bem? — Perguntei. — Quer água?

Ele negou com um gesto de cabeça, e, imediatamente, o crivei de questionamentos:

— Tem dor? Onde? Pela deusa, não me diga que está sangrando. O que sente? Enjoo? Fome...

— Calma, menina — disse ele com vagar, depois sorriu e explicou: — estou bem, fique tranquila. Disse não para a oferta de água.

— E o ferimento, não está sangrando? Deixe-me ver, por favor? Corá irá me matar, sem piedade, se algo lhe acontecer. E não sei por que fui a encarregada de cuidar do senhor.

— Ah! Então é Corá que está aqui, isso é bom. Uma grande mulher, uma alma maior ainda. Diga-me, o que aconteceu? Onde está o meu povo?

— Conto-lhe tudo que sei, mas depois que o senhor permitir que eu veja o ferimento — respondi com ousadia, enfrentando-lhe o olhar.

Naquele instante lembrei-me de Helena e da dura lição para não baixar a cabeça e os olhos. Não fora difícil enfrentar Jessé, fora quase natural, ainda que movida pelo medo da reação de Corá se algo acontecesse ao seu amigo. Aliás, por muito tempo, ao enfrentar alguém de cabeça erguida e olhos nos olhos, eu me lembraria da sumo sacerdotisa.

104

Jessé sorriu, incrédulo de que eu duvidasse de suas afirmações, mas afastou o lençol que cobria o torso expondo-se, passivamente, ao meu exame. Com rapidez retirei o curativo; a ferida cicatrizava. Aproveitei e a limpei. Ele gemia baixinho; penalizada, procurava tocá-lo com suavidade, como se fosse uma carícia ou os sutis movimentos de uma dança sensual que meus dedos realizavam sobre aquela pele e músculos machucados. Meu paciente respirou fundo e manteve-se calado, nem sequer um ai.

— Dalilah, você tem as mãos da deusa — elogiou-me ao término do curativo.

— Como o senhor sabe o meu nome? — Questionei sorrindo.

— Eu a conheci no templo, não se lembra? A sacerdotisa Rute me disse seu nome.

Baixei a cabeça envergonhada; eu não o reconhecia, ou melhor, tinha uma vaga impressão de conhecê-lo, mas não recordava seu nome e nem de onde. Meu instinto dizia que ele revelaria as lembranças que tinha de mim. E assim foi. Narrou-me sua visita ao templo, algumas semanas antes da festa dos Tabernáculos.

Ouvindo-o contar aqueles fatos senti uma profunda saudade do templo e das pessoas que viviam lá, até mesmo de Helena senti falta. Era como se ouvisse lembranças de outra vida. Porém, minhas recordações quanto a Jessé continuaram as mesmas, nubladas, confusas, fracionadas. Lembrava-me com maior nitidez das colegas do templo indagando-me como era atender e servir a um rei estrangeiro e rico, e da minha resposta de que se tratava de um homem como qualquer outro. Invejei a emoção que havia na voz de Jessé ao relembrar-me nossas experiências juntos. Para ele haviam sido significativas; para mim haviam sido... o quê? Nada, oportunidade de me exibir, prazer fugaz de seduzir, horas consumidas sem importância; eu não sabia responder, no entanto, senti o enorme vazio que havia em mim.

Sorri e fingi recordar cada um daqueles eventos, quando, na verdade, lembrava-me com maior clareza era de uma voz masculina, de sotaque estrangeiro, gritando meu nome às portas do templo, após o término dos rituais da festa da deusa.

105

— Então, foi você! É claro que lembro. Pelos deuses, eu estava horrível naquela manhã. Não gosto de lembrar — disse.

— O deserto não é menos belo quando açoitado pelas tempestades — retrucou Jessé, estendendo a mão para acariciar meu rosto. — Muitas vezes pensei em retornar ao templo para vê-la, mas somente na noite da festa a reencontrei. E agora o que faz aqui? Veio com as mulheres de Corá, entendi corretamente? Então, está morando com Naama. Saiu do templo, por quê?

— Não há muito a explicar; o senhor deduziu minha história com precisão. Tenho apenas que lhe dizer que a sumo sacerdotisa mandou-me viver longe do templo. Creio que está testando minha vontade, antes de permitir que eu me torne uma sacerdotisa. Quer que lhe conte o que sei sobre sua tribo? — Perguntei, na tentativa de desviar o assunto para outro foco que não fosse eu.

Obtive sucesso; de imediato sumiu o brilho do olhar de Jessé; apagou-se o sorriso; a preocupação ocupou-lhe a face.

— Por favor — pediu.

Narrei a experiência recente, informei-o sem muito tato de que todas as mulheres, crianças e alguns homens haviam sido encontrados mortos. Ele gemeu e disse imprecações em sua língua natal, que eu não entendi, porém identifiquei as notas de ira na voz.

— Preciso me levantar — falou por fim no meu idioma, como se houvesse se apercebido de que falara sozinho.

— O senhor não deve — retruquei. — Diga o que deseja e eu lhe trarei.

— Não há como, Dalilah. Eu quero ver, preciso ver com meus próprios olhos o que aconteceu.

— Mas o senhor não verá nada mais, apenas os homens feridos que já viu.

— Engano seu, eu verei a diferença — respondeu ele, esforçando-se por erguer o tronco. — Somente eu sou capaz de enxergar isto, ninguém mais. Você me informou a morte das mulheres e crianças, algumas me pertenciam; outras não, mas eram pessoas amigas; sentirei a ausência de todas. Preciso ver meu novo acampamento.

Pensei em lhe dizer que não veria isso, pois eu e as demais mulheres não lhe pertencíamos, mas calei e, retomando minha postura de obedecer sem questionar, prontamente fui ajudá-lo. A fraqueza, decorrente da perda de sangue, ocasionava-lhe tonturas, e precisei segurá-lo várias vezes.

Ao ver nossa aproximação, Corá lançou-me um olhar feroz. Mesmo a uma distância relativa, senti a força da sua indignação e murmurei:

— Corá ficou furiosa, irá me castigar.

— Não tema, Dalilah. Ela não tocará em um só fio dos seus cabelos — garantiu-me Jessé ofegante e completou: — eu sou o líder dessa tribo, nenhuma mulher, por mais que a respeite, mandará por aqui. Onde sepultaram os mortos?

Apontei-lhe o local. Era possível ver a terra revolvida. Ele observou calado, como se fizesse uma íntima evocação aos deuses. Um ato comum que eu havia visto se repetir com frequência perante os altares de Astarto, mas que eu nunca experimentara. Foi estranho. De repente, eu senti que segurava um corpo forte, pesado, mas toda a vida havia como que se deslocado dele ou se recolhido a um local profundo. Perdera o contato com os sentidos dele.

Sustentei-o com dificuldade e, assustada, notei a aproximação de Corá, que diminuiu o passo e moderou os gestos ao acercar-se de nós. Creio que ela identificou o estado de transe em que Jessé, aparentemente, se encontrava.

— O que ele tem? — Perguntei assustada, pensando em algo místico.

— Está olhando frente a frente para a dor que deverá aceitar — respondeu Corá baixinho.

Só isso? Pensei. Parecia que ele estava em transe, possuído e Corá aproximara-se tão solene e temerosa que tinha a certeza de que o espírito de algum deus pairava sobre Jessé.

— Hã? E precisa ficar assim, ele é pesado — resmunguei.

— E ficará ainda mais — disse Corá atenta às expressões do enfermo. — A dor pesa e oprime.

— Bem, então por que falamos baixinho? Vamos arrastá-lo daqui enquanto conseguimos. Por que você se comporta como se estivesse diante do altar de uma deusa?

— Porque estamos, você não vê? É a dor, uma das grandes expressões das deusas. Recorde a história das que conhece; em todas, a dor escreve muitas cenas. Se ela é a mestra das próprias deusas, não lhe devo maior respeito? Salvo o Supremo Criador, não existem outros seres no mundo fora do alcance dela, Dalilah.

— Nunca vi nenhuma imagem dessa deusa — retruquei murmurando e mudando o apoio do corpo sobre os pés. Jessé pesava, e Corá não fazia nada para me aliviar, apenas observava atenta o rosto dele.

— Você já viu uma imagem do vento? Já viu a areia se formando? — questionou Corá.

Minha paciência com o que então eu considerava ideias absurdas e excêntricas estava se esgotando. Tive vontade de dar um passo ao lado e deixar que Jessé desabasse no chão.

— Você é material demais — disse-me Corá.

— E você de menos — retruquei irritada. — E é muito fácil ficar falando quando não é sobre seus ombros que ele pesa.

— E quem disse que você deve carregar a dor alheia? — Questionou Corá — Ele lhe pediu que ficasse aí de pé, amparando-o?

— Não, mas, se não o fizer, ele desaba. E, de mais a mais, ele me fez trazê-lo aqui e agora está desse jeito.

— Alguém a proibiu de delicadamente sentá-lo? Por acaso você tentou?

— Nem pensei — respondi.

— Então não reclame nem dele, nem de mim. Você não usou a sua inteligência. Para ajudar alguém é preciso usar a inteligência. Carregar ou suportar a dor alheia não é inteligente.

Igual a Helena! Julguei em pensamento. Adora desfazer da minha inteligência.

— Observá-la deve ser de mais valia — ironizei.

Recebi como resposta um olhar severo e fulminante. Corá irritava-se comigo.

— Não posso auxiliar o que não conheço, e, se não observo, nunca vou conhecer ou reconhecer um processo. Aprenda! Será mais bem-empregado o seu tempo se você sentar Jessé e, em vez de reclamar do quanto ele pesa, deixá-lo a sós com o fardo que lhe pertence, ou permanecer ao seu lado disponível e atenta para ajudá-lo no que for possível e necessário.

Entendi que ela me autorizava a livrar-me do peso de Jessé e, com rapidez, fui flexionando os joelhos e abaixando-me. Surpresa, notei que Jessé, de maneira automática, imitava meus movimentos. Em segundos ele estava sentando, ainda envolto no mesmo estranho estado, que eu supunha místico, e Corá dizia ser de acatamento da dor.

A velha era esquisita, será que tinha alguma crença? Perguntava-me. Era tão fria, para tudo ela tinha uma explicação!

De repente, lágrimas escorreram silenciosamente pela face de Jessé. Por instinto, movimentei-me com o fito de abraçá-lo e confortá-lo. Porém, a mão firme de Corá impediu-me, e seu olhar severo calou meus pedidos para que ele não chorasse.

— Dalilah, pense! Jessé é um homem adulto, trate-o como tal. Use a razão, não os instintos protetores da fêmea — murmurou Corá.

Espantada a vi sentar-se no chão, ao lado dele, e, sem dizer nenhuma palavra, segurar-lhe a mão, fazendo uma rápida e leve pressão, assim que o tocou. Este gesto simples o fez sair daquele transe em que fitava a vala comum e a encarou. Em meio às lágrimas, Jessé ofereceu um pequeno sorriso de reconhecimento à Corá.

Passados alguns instantes, notei que ele tinha o olhar além da sepultura comum, passava por ela, e seguia a linha do horizonte. A expressão dele foi se modificando. Era como se ele acomodasse algo dentro de si que o obrigava a uma reorganização de espaços. Algo não pensado, não desejado, que considerava desnecessário, mas que não podia recusar; impunha ser recebido.

O choro asserenou, tornando-se um lamento sofrido, até que cessou. Ele permanecia quieto, calmo. Nesse momento, Corá estendeu o braço sobre os ombros dele e indagou em tom de voz baixo e suave:

— Como está, meu amigo?

109

Ele balançou a cabeça afirmativamente. Com as costas das mãos secou o rosto ainda molhado pelo pranto; respirou fundo e respondeu:

— Bem, como é possível estar nessa situação. Corá, tantas vezes eu vi isto acontecer que já não sei mais quantas foram, só sei que desde que era menino esta barbárie se mostra para mim. São tantas as pessoas que eu amei e que viraram cinzas por aí, pelo deserto, pelos arredores das grandes cidades, em vilarejos... são tantos que carrego em meu peito que sempre me surpreende ainda ser possível enterrar mais um.

— Mas é, meu filho e sempre será. Nós somos maiores que a morte, por isso ela sempre cabe dentro de nós.

— É, e um dia ela me tragará de uma só vez...

— E alguém o sepultará em seu coração com todos os que você amou, com todas as lutas que teve, com todas as suas paixões, com tudo o que você tiver deixado nele, e lá você viverá. O reino dos mortos é bem no meio dos vivos, meu querido. Não é longe nem distante. Viveremos para sempre como seres espirituais e como lembranças que ficaram com os que nos sucederem. É esta a marcha da vida, é preciso aceitá-la.

— Eu sei, obrigado por me recordar.

Corá afastou-se dele e ergueu-se. Estendendo-lhe a mão, convidou:

— Venha, vamos olhar os feridos.

Jessé gemeu ao mover-se, ficou pálido e, por instinto, o acudi, amparando-o. Ele colocou o braço sobre meus ombros e deixou que carregasse parte do seu peso. Corá caminhava ao nosso lado, olhando-nos pensativa.

Ele percorreu os improvisados leitos dos enfermos. Conversou com os homens que estavam lúcidos. Acredito que deviam recordar a luta e os mortos, mas não tinha como saber, pois falavam em idioma desconhecido. Porém, fiquei ao lado de Jessé, amparei-o de um lado a outro e, por fim, cambaleante, o reconduzi ao leito.

Nos dias seguintes, isso se tornou rotina. Jessé era um homem forte e sadio; recuperou-se plenamente. Na primeira vez suportei o seu peso, mas a cada passeio pelo acampamento ele se tornava mais leve e mudava também a necessidade com que me tocava. Tornamo-nos amigos. Jessé era meu primeiro amigo homem, um fato absolutamente novo e cheio de encantos e alegria. No último dia, antes do regresso das mulheres à propriedade de Naama, saímos abraçados da cabana, como sempre, porém não era mais porque ele precisava do meu amparo físico.

Corá estava satisfeita; somente um ferido falecera; outro, que tivera parte do braço amputada, ainda inspirava cuidados, mas os demais estavam recuperados.

— Trabalho feito — declarou a Jessé, ao cair da tarde. — Amanhã, ao amanhecer, partiremos. Devolvo-lhe seus homens e seu destino, meu amigo.

Jessé acatou com admirável humildade as palavras de Corá, aliás, isso me deixava curiosa. Como sendo ele o líder de um povo do deserto acatava as ideias, decisões e comportamentos dela, sem questionamento? Eu não conseguia entender. Sabia que ele era um homem bom, benevolente; a tolerância era uma se suas virtudes e estava bem-visível, entretanto, isto não fazia com que tivesse uma visão diferente a respeito das mulheres — éramos propriedades, coisas, objeto de desejo sexual, tínhamos várias utilidades. Corá não pedia, simplesmente tomava as atitudes necessárias, e, quando se fazia preciso, dava ordens e repreendia sem nem ao mesmo corar as faces ou tremer as mãos, e nenhum deles a destratou ou desacatou.

Agora ela, com a simplicidade de quem se dirigia a um desconhecido, dizia estar devolvendo-lhe seus homens e seu destino, deixando implícita a troca de comando daquele grupo, e que ele voltava a ocupar suas funções porque o autorizava.

Mas que velha ousada! Pensei estupefata, ao ouvir suas palavras, e a forma como ela falava com Jessé parecia faltar com respeito e acatamento.

— Seremos eternamente gratos a você e ao grupo de suas auxiliares. Eu as recompensarei...

— Não se vive sem recursos financeiros, Jessé — interveio

Corá. — Não fizemos este trabalho por dinheiro, mas aceitaremos a oferta que venha a nos fazer.

— Sei que não há no mundo bens materiais suficientes para pagar por uma vida humana. Longe de mim a pretensão de dar-lhe valor; assim também é impossível especificar quanto vale o afeto, o carinho, a dedicação de vocês. Deram-nos do seu tesouro; é justo que lhes dê também do meu, embora isto, eu insisto, signifique o mínimo diante do que reconheço dever. Conte sempre comigo, Corá.

— Bem, se eu necessitar do seu amparo ou apoio, creia, irei buscá-lo. Agora basta de elogios e juras; devemos temer as palavras e não usá-las de maneira impensada. Palavras são compromissos quando geram afetos, sejam bons ou não. Dalilah, esteja pronta amanhã, partiremos nas primeiras horas da madrugada — falou Corá, encarando a mim e a Jessé com sua face enrugada e transbordando firmeza e força interior.

— Ela não irá — declarou Jessé, sem ao menos me consultar. Olhei-o surpresa; ele sorriu, deslizando uma das mãos por meu braço. — Dalilah será minha e seguirá comigo; acertarei o preço com Natã e Naama quando retornarem.

— Você deseja acompanhá-lo, Dalilah? — inquiriu Corá olhando-me de frente e direto nos olhos.

A proposta pegou-me de surpresa, em verdade, relativa, pois ele jamais escondera o desejo que sentia por mim e eu sabia que fazia parte de suas fantasias. Ele as confessara, mas não imaginei que desejasse levar-me para junto de seu povo.

Mas decidi com rapidez. Jessé era rico, poderoso, e haviam perdido muitas mulheres na tribo; e, acima de tudo, era vontade dele. Ele me queria, e eu aceitei.

— Está resolvido, Corá — sacramentou Jessé, sorrindo com ironia. — Como você viu, a moça aceita e deseja acompanhar-me até minha terra e viver sob meus cuidados.

Corá olhou-me longamente, alheia às palavras e à presença de Jessé. Depois, abanou a cabeça e murmurou:

— Que seja! Cada qual traça o caminho da própria vida conforme pode e sabe, por isso é justo tudo quanto nele nos aconteça.

Dizendo isso, deu-nos as costas e voltou ao grupo de

mulheres que conversava enquanto preparavam o jantar em torno de panelas de cobre suspensas em tripés, sobre brasas, arranjados no centro do pátio do acampamento.

07
Repetindo escolhas e caminhos

Corá e o bando de mulheres se foram da minha vida da mesma forma como haviam entrado. Naama me entregara aos cuidados dela; Jessé me tomou. Não sei exatamente qual seria a diferença na minha existência; a única coisa que eu via com clareza era que partia da minha terra, me tornaria estrangeira, e viveria entre homens desconhecidos. Por que faço isso? Pensei em um momento de dúvida ao contemplar as mulheres partindo, desaparecendo no pó da estrada, às portas do deserto.

Sentada à entrada da tenda de Jessé, eu as via desaparecerem. Em minha mente, a pergunta repetia-se, como uma voz incômoda que eu não lograva calar: por que faço isso? Por que vou partir para terras estrangeiras com um homem que mal conheço?

O deserto é silencioso, talvez o lugar mais silencioso que alguém possa encontrar na terra. Nele, muitas vezes, só o que faz barulho é o bater ritmado do próprio coração, um convite a silenciar o exterior e ouvir a voz do interior. Entendi que era assim muito tempo depois. Naquela manhã, o silêncio do deserto irritou-me e tratei de abandonar aqueles pensamentos. Se não havia resposta, respondido estava. Ergui-me disposta a esquecer as dúvidas que me assaltavam.

Afinal, considerei, naquele momento, que diferença faria ser estrangeira ali; onde estava também não tinha laços com ninguém. Enganava-me tristemente; as raízes estão sempre no nosso passado, e eu tinha raízes naquela terra. Elas não eram pessoas, eram experiências vividas que me ligavam àquele povo. Compartilhávamos valores, crenças, língua, aparência física, eu era, sim, parte daquele lugar e daquele povo de uma forma mais ampla do que eu imaginava.

Procurei por Jessé; gostava de olhá-lo, era bonito, forte,

116

gostava de estar em seus braços; sentia-me valorizada, importante. Ele me dava uma identidade que por mim mesma eu não possuía: eu era a mulher de Jessé. Minha velha necessidade de segurança estava satisfeita; havia uma referência em que me apoiar. Ele substituía o templo; meu trabalho, pensava eu, continuaria o mesmo. Ledo engano!

Porém, ele avistou-me e acenou chamando-me para perto. Pronto, eu tinha o que fazer. A vida seguiria adiante, e, uma vez mais, apenas obedeci à decisão de outrem. Corri para Jessé; a voz que vinha do meu interior fora calada. O imediato e material chamava-me, e eu sabia que ele me recompensava com a passagem dos dias. Eu ansiava um amanhã melhor, por isso o passar dos dias era-me grato. Não me dava conta de que um futuro melhor estava em minhas mãos naquele exato momento que eu desejava ver esvaído, e que, da forma como agia, apenas acelerava o passo rumo ao desconhecido onde a única certeza era a morte.

Jessé abraçou-me, beijou-me o alto da cabeça, e eu ergui o rosto sorrindo.

— Vamos, minha linda, a viagem à minha terra é longa. Prepare tudo.

— Preparar o quê? — Indaguei.

— O que precisaremos na viagem — retrucou Jessé rindo. — Os tripés, as barracas, as roupas, o que tivermos de alimento...

Olhei assustada para o acampamento; era preciso desmontá-lo, e reclamei:

— É muito trabalho, Jessé. Por que não manda alguns dos homens fazerem isso?

— Não discuta comigo, Dalilah. Obedeça! Os homens têm outro trabalho a fazer. O seu é o que eu determinei. Não se demore — respondeu Jessé sério. Fitando-me com firmeza, completou: — é o que se espera das mulheres.

Recordei minha infância outra vez. Sim, eu sabia o que ele esperava, e o que todos os outros esperavam de mim. Eu era mulher, aquele trabalho me pertencia por uma espécie de "direito de nascimento".

117

Vislumbrei o que seria minha viagem com Jessé: ele não desejava apenas uma amante, uma mulher para entretê-lo, queria também uma escrava que cozinhasse e cuidasse do conforto não só dele, mas de todos os homens que haviam sobrevivido àquela luta, que eu até então não sabia por que havia sido travada e tivera tão terrível resultado.

Inconscientemente, meu olhar procurou sinais do grupo de Corá. Nada mais se avistava no horizonte; elas já tinham saído do deserto. Eu não prestara nenhuma atenção no caminho, não tinha como voltar à liberdade perdida, que só naquele instante reconheci.

O deserto é sorrateiro; pode ser um trecho apenas, mas, se não sabemos nos guiar com segurança, andamos em círculos infinitos, perdidos, e ele nos parecerá imenso, interminável. Por isso, o deserto é para mim uma metáfora do nosso interior, parece-nos enorme, sem fim, um eterno desafio. Porém, é limitado e circunscrito às experiências pessoais. Ele é ampliável, assim como o deserto.

Voltei meu olhar aos homens, ouvi-os falar. Pelos deuses, o que eu fiz! Pensei em desespero. Fixei Jessé, que me fitava com firmeza. Ele é um desconhecido! E agora dependo dele para tudo. Somente ele entende a minha língua, não posso falar com nenhum dos outros! Constatei. Recordei o ferimento no abdômen de Jessé, era a prova de que ele era um homem violento, um guerreiro. Poderia me matar usando apenas a força das mãos e deixar-me largada sobre a terra arenosa, seca e quente, para servir de alimento aos abutres. Tive medo do presente e do futuro; experimentei o remorso de não haver confiado em Corá.

Eu e minha insensatez éramos as únicas responsáveis. Quisera mostrar-me para as mulheres de Corá, dizer-lhes que era capaz de seduzir e ter um homem poderoso como Jessé. Danei-me com minha falta de inteligência. Agira por um instinto bestial de fêmea exibida; perdera feio para as experientes mulheres do harém e para a velha Corá. De novo reconhecia que elas agiam como rainhas, e eu como uma estúpida que desejava que o outro me desse e reconhecesse o poder

118

que eu não tinha. Por justiça, continuava tão subalterna como fora no templo; estava tão ou mais desamparada do que no período em que vivi nas ruas, e era a legítima escrava de um senhor — condição que ainda não tinha experimentado.

— Aqui é o deserto, Dalilah, não é o templo de Astarto, em Jerusalém — falou Jessé, tirando-me do devaneio.

— Eu sei.

— Não parece.

Baixei a cabeça; enorme tristeza me invadia a alma e tornava pesado meu corpo. Lentamente, comecei a executar as ordens. Esforçava-me para não pensar, mas a voz que eu calara, com minha tola vaidade e insensatez, martelava em minha mente: por que fiz isso? Por que confiei em um homem que mal conheço?

Arrependimento! Nos duros e difíceis dias que se seguiram, entendi com perfeição o que era esse sentimento. Vivi-o com a intensidade mental e moral que ele requer. E foi um ótimo mestre. A mulher que chegou às terras da antiga Pérsia sofrera transformações.

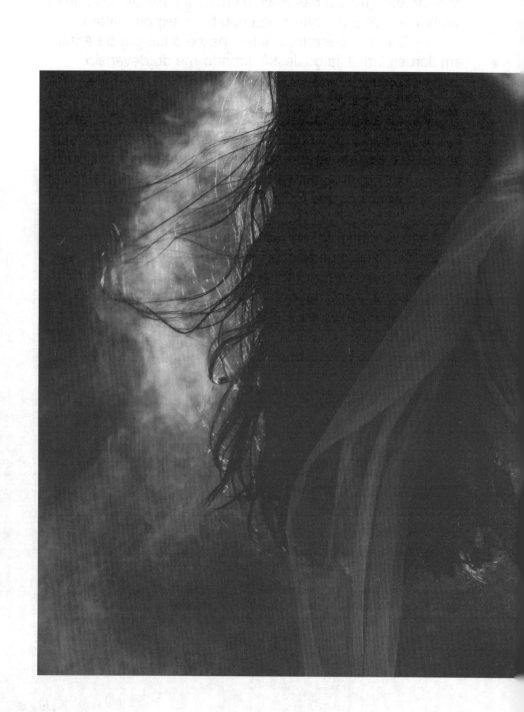

08
Tornei-me paciente

A viagem foi longa, desgastante e silenciosa na maioria do tempo. Os homens de Jessé tratavam-me com respeito e distância; eram mais próximos dos cavalos e camelos que os serviam. Eu era uma propriedade do líder, e isto regrava a conduta deles para comigo. Nenhum tentou aproximar-se de mim, falar-me, ensinar-me, nada. Era tratada com o respeito, não devido a mim como pessoa humana, mas devido aos bens de Jessé, nos quais estava inclusa. Coisa, objeto de pertença. Não há posição mais degradante ao ser humano do que esta.

O silêncio e a solidão da travessia do deserto serviram para que eu aprendesse a ouvir a voz do meu interior e a dialogar comigo mesma. Hoje chamo isso de diálogo da alma com o ego. Às portas do deserto, eu era um ego ambulante e surdo; do outro lado do deserto, transformava-me em um ego que estabelecia uma amizade com a alma, e isso me tornava capaz de pensar e refletir sobre fatos além do cotidiano trivial; permitia-me autoquestionamento e autodescoberta.

Óbvio, minha primeira descoberta foi que repetia caminhos e que fora eu, tão somente eu, quem construíra aquela estrada. Não havia do que ou de quem reclamar. Quando cheguei a essa constatação, tornei-me forte e paciente ao mesmo tempo, embora conscientemente não o soubesse. Mas mudei por dentro e por fora.

Eu não era coisa; eu era uma mulher e tinha valor. Lembrei-me das lições de Helena, tantas vezes repetidas no templo e que fora preciso muitos meses e enorme distância para que eu as entendesse: nunca deixe que o olhar do outro dirija a sua vida. Olhe a vida e faça seu caminho. O olhar do outro é fruto dos caminhos que ele trilha; não se perca. Deixe-o enxergá-la como pode; é um problema dele se a vista não é boa. Olhe-se e viva com o seu olhar e entenda que acima dele somente o olhar da deusa lhe segue em paz e esperançoso.

Eles me enxergavam como coisa. Problema deles, eu não era uma coisa. Viveria conforme as possibilidades do momento, mas, no íntimo, me reconhecia uma filha da deusa, pela primeira vez em minha vida.

Certa noite, ainda durante a travessia, senti enorme vontade de dançar para ela, de enxergar o altar, os incensos, a música e as demais iniciadas. No entanto, tudo que eu desejava estava tão distante...

Entreguei-me a um exercício de recordações e melancolia fitando as estrelas. As memórias ganharam tamanha força e intensidade que, de repente, me vi dançando no deserto, crente de que estava no templo de Astarto. Dancei diante de um altar imaginário para a deusa de minha crença, acendi incensos imaginários e depositei ofertas imaginárias, mas senti tão profundo bem-estar, tanto prazer, como jamais houvera sentido em contato com os objetos materiais e reais. Nem mesmo os trajes grosseiros foram empecilho.

Não notei que Jessé me observava.

— Pare! — Gritou ele irritadíssimo, interrompendo meu completo enlevo, sentimento que experimentava pela primeira vez, em um ritual religioso. — Não permito que seduza meus homens.

A acusação atingiu-me de surpresa. Era injusta, não poderia estar mais distante da verdade.

— Somente para mim você pode se exibir e, com certeza, não será na rua e ao público — continuou Jessé irado.

Eu o vi aproximar-se e estava petrificada; sentia como se houvesse despencado da morada da deusa e me despedaçado sobre o solo duro e arenoso do deserto. Violentamente ele puxou-me pelos braços, arrastando-me para dentro da barraca, surdo às minhas explicações.

— Deusa, religião, não me venha com essa conversa. A única coisa que as diferenciava das casas das demais prostitutas de Jerusalém era o luxo, a limpeza e a riqueza que possuem as mulheres do templo, nada mais. São tão ou mais vadias que aquelas que perambulam pelas ruas. Ah, eu esqueci, no templo esse serviço é bem mais caro.

Senti-me ofendida ao extremo. As lições de Helena sobre o respeito ao feminino sagrado, a função da mulher, o respeito à natureza que reproduz a capacidade de gerar e multiplicar a vida invadiram-me o pensamento. Naquele momento eu comecei a compreender-lhes a importância. Não me sentia ofendida pelo que vivera no templo, nem insultada em minha pessoa; senti a ofensa e o insulto a algo que transcendia a mim e do qual, ao mesmo tempo, eu era partícipe.

Não viva de cabeça baixa. Sim, senhora, não é resposta para tudo. Sim, pensei, a sumo sacerdotisa tinha razão. De que valera dizer sim a tudo e a todos, de que valera acatar-lhes as decisões; não haviam diminuído em nada meus padecimentos, ao contrário. Jessé tratava-me como escrava, condição que eu nunca tinha experimentado. Revoltei-me e deixei que a energia que as acusações injustas tinham feito brotar em meu ser viessem a tona.

— Bruto! Ignorante! Animal! — gritei a plenos pulmões e, sem temer, sentindo-me forte e ousada, puxei meus braços e comecei a chutá-lo buscando acertar-lhe a virilha, com todas as minhas forças e tive êxito. Ele soltou-me e berrou imprecações por alguns segundos depois, irado, voltou a me agredir e rolamos pelo solo coberto de peles e tapetes.

— Você é selvagem! — Acusou-me ele.

— E você, acaso é melhor do que eu? — Retruquei e cuspi-lhe no rosto. — Você é desumano. Eu não estava me exibindo para os seus homens. Olhe, estão dormindo. Nenhum sequer saiu das tendas para ver o motivo da gritaria. Diga-me, ó homem inteligente, chefe poderoso, para quem eu estava me exibindo com esses trapos que visto?

Ele caiu em si com minhas palavras e afastou-se. Pareceu envergonhado quando contemplou as marcas vermelhas e arroxeadas em meu corpo. Mas eu não sentia dor alguma, aquela luta fizera-me enorme bem. Entendi que eu era capaz de me defender e lutar e que me sentiria melhor se morresse dessa forma, do que se perecesse com a cabeça baixa, aniquilada sob o domínio da vontade alheia.

Jessé pôs-se de pé e de costas para mim e inquiriu:

— Por que então estava dançando daquele jeito? Nem quando eu a vi dançar no templo, você não dançou assim. Era muito parecido com aquela procissão, mas ainda mais hipnótico, mais enfeitiçador...

— Pois saiba que eu sinto falta de cultuar Astarto, sinto falta do templo, dos incensos, da música, das outras mulheres — no nosso mundo as coisas são muito diferentes. Eu dancei, sonhando que estava no templo e éramos somente eu e a deusa. Era a ela que eu me entregava e homenageava. E você estragou um dos momentos mais lindos que já vivi até hoje. Eu nunca tinha me sentindo tão próxima da grande mãe.

Dizendo isso, rompi num choro desconsolado e raivoso, ao mesmo tempo.

Não queria chorar, mas as lágrimas vertiam com força e não tinha como controlá-las.

Abracei meus joelhos e afundei a cabeça entre eles, soluçando meu desamparo e arrependimento.

Senti Jessé ao meu lado; sentou-se e abraçou-me os ombros. Com o olhar anuviado pelas lágrimas, o encarei. Havia vergonha, medo e orgulho medindo forças dentro dele; pude constatar. Jessé era um homem transparente; todos seus sentimentos se estampavam em seus olhos, sem disfarces; nem ao menos tentava escondê-los velando-os. Tive pena. Compreendi que lutáramos um contra o outro, mas que fora também uma expressão exterior das lutas que travávamos em nosso íntimo. E eu, em meu íntimo, não lutava nem com ele nem contra ele, mas comigo mesma. Se era assim comigo, por que seria diferente com ele?

— Eu tive ciúme, Dalilah. Não suporto a ideia de pensar em você dançando e sendo vista por outro homem. Insuportável imaginar que outro a possua, a veja rir ou receba seus cuidados. Você é minha! Isso desperta o pior em mim. Eu não gosto de bater em mulheres, mas eu quis matar você; é preciso que entenda isto. Nunca mais me provoque.

— Eu não o provoquei, nem provoquei nenhum outro homem. Eu não queria um homem, eu não homenageava

125

um homem, eu queria a deusa — resmunguei chorosa. — É só você que viu o que quis, não o que estava acontecendo. Helena sempre dizia que as pessoas acabam enxergando aquilo que lhes ocupa o pensamento ou que sentem com muita intensidade, seja isso bom ou ruim.

— Prometa que não irá dançar mais, a não ser para mim? — Exigiu Jessé.

Calei-me. Não poderia fazer tal juramento. Dançar era minha arte, minha forma de devoção e minha vida. O que ele pedia era o domínio sobre minha alma e meu coração, além do domínio do meu corpo. Não, aquela promessa eu não faria.

Ele interpretou meu silêncio como concordância e ficamos sentados, pensativos, lado a lado, sob a luz das estrelas, até que o sono nos venceu.

Nas terras da antiga Pérsia eu conheci as agruras de viver com alguém inseguro, dominado pelo ciúme, eternamente perseguido por seus demônios. Porém, se muito padeci, conforme contarei a você, também muito aprendi. Eu cheguei lá como alguém inconsciente e irrefletida, que começava a pensar, e, ao deixar aquelas terras, as primeiras bases da construção da minha espiritualidade se erguiam de forma sólida.

Viajamos por dias e noites, atravessando aldeias, cidades e povoados. Quando eu acreditava que retornava à tão abominada vida nômade, chegamos a cidade, às margens do rio Tigre. Jessé era reconhecido por seu povo e recebido com honras. Eu nunca lhe perguntara qual a posição que ocupava; todos o tratavam como a um rei; era o líder do grupo que eu conhecera e, no templo, haviam me dito que se tratava de um rei estrangeiro. Isso para mim era fato, mas, vendo a reação do povo, questionei essa minha certeza, tão abruptamente formada, aliás, como eu fazia com tudo.

Curiosa, apressei a marcha e coloquei-me um passo atrás dele e indaguei-lhe:

— Jessé, pensei que você fosse o rei do seu povo. Mas estas pessoas não o reverenciam como tal. Por quê?

— Simples, minha cara, eu não sou o rei. Sou um de seus filhos; exerço funções militares, às vezes comerciais

— respondeu ele, e, virando-se para encarar-me, completou:
— decepcionada?

— Não, acho que não. Eu tenho pensado muito desde que deixamos a minha cidade...

— É mesmo? — Indagou irônico. — E no que tem pensando esta linda cabecinha?

— Na minha vida e no que eu fiz ao decidir segui-lo — respondi séria, ignorando a zombaria no olhar de Jessé.

— O arrependimento é sempre tardio, minha linda. Mas você não tem com o que se preocupar, nada lhe faltará.

Dito isso, ele virou-se e acenou ao povo que transitava pela rua naquele entardecer. Não voltou a falar comigo e segui atrás dele questionando-me como poderia alguém saber que nada faltaria à outra pessoa. Seria eu tão medíocre que ele me comparava a um animal a quem se dá água e alimento em troca de trabalho e cremos que nada mais lhe seja necessário ou desejado?

Acariciei o pescoço de Falak, a égua que me servia. Tomei consciência de que éramos tratadas da mesma forma, então, talvez ela desejasse carinhos que eu ainda não lhe havia dado. Ri ao ouvi-la relinchar; será que eu tinha uma amiga? Um ser que me entendia, em meio aquele povo estrangeiro?

Inclinando-me sobre a cela, murmurei doces palavras de agradecimento nas orelhas do animal e, de novo, tive a impressão de que Falak entendia e respondia satisfeita à minha mudança de atitude; de uma passageira fria e distante, um fardo, para alguém desejado, que não lhe pesava tanto transportar. Senti-me cúmplice, e ali nasceu minha relação de afeto com os animais.

Chegamos ao palácio onde residia o pai de Jessé, uma construção imponente. É interessante como o luxo faz parte do espírito humano, liga-se ao amor ao belo e à ostentação como forma de poder, de intimidação e imposição de respeito. Vícios e virtudes confundem-se em todas as coisas neste nosso mundo.

Impressionou-me o luxo; senti-me minúscula. A mensagem sempre presente nessa linguagem é: veja quanto eu tenho e posso, enxergue-se em sua pequenez e submeta-se ou, se for igual, ande com cuidado.

Manifestação de orgulho, arrogância e medo. Sem dúvida, são mensagens bastante agressivas as da opulência e da ostentação; escondem o medo e a própria agressividade entre as cintilações do ouro e a maciez das sedas.

Foi em meio àquele ambiente que entendi a humildade como a virtude de reconhecer o próprio valor, de ter consciência de ser alguém, independente de ter ou não ter bens materiais. Aprendi que é difícil diferenciar orgulho e humildade, se não olharmos o cortejo de outras condutas que, invariavelmente, os acompanham.

A humildade vem acompanhada com a coragem, a firmeza, a paciência e a doçura, nascidas da compreensão; não frutos de afetação social. O orgulho acompanha-se de um séquito composto pela covardia, pelo egocentrismo, pelo medo, por isso é tão arrogante e duro.

Descobri que dureza e firmeza eram também diferentes. A firmeza aceita a compaixão e a ternura; a dureza, nunca.

Muito aprendi naquelas terras longínquas, onde era estrangeira.

O alvoroço foi grande, e Jessé, aparentemente, esqueceu-se de mim. O pátio interno, cercado por um belíssimo jardim com fontes por todos os lados, no qual o ar era perfumado pelas flores orientais, e o som da água corrente era música constante, assemelhava-se a um pequeno pedaço do paraíso. Eu nunca estivera em um ambiente tão requintado. Lembrei os dias que vivera perambulando, prostituindo-me e roubando pelas ruelas de Jerusalém; senti-me mais maltrapilha e mendiga. Esqueci-me de todo poder que a beleza me dava; esqueci-me dos requintes de sedução que eu conhecia. Sentia-me miserável, aliás, o que eu era? Escrava ou concubina? Não sabia. Minha situação era uma total incógnita, e eu via isso estampado em cada par de olhos que deitava a visão em mim. Em todos brilhava a pergunta, que eu lia com facilidade: quem é você, mulher? O que faz aqui?

128

Jessé, depois de falar com os homens bem-trajados que o recepcionavam, virou-se e ordenou:

— Desça, Dalilah!

Mal toquei os pés nas pedras que calçavam o jardim, ele agarrou-me pelo braço e deu ordens no idioma local a um homem negro, forte e alto. Rudemente, o tal homem imitou os gestos de Jessé. Entendi que devia segui-lo ou seria arrastada. Outra vez, obedeci.

Fui levada às acomodações de um harém. A beleza da construção e o luxo tiraram-me o fôlego. Mas não tive muito tempo para apreciar, pois o homem me arrastava pelos corredores como se eu fosse um trapo que deslizava sobre o piso de mármore. Entregou-me aos cuidados de uma mulher idosa e obesa, com uma voz esganiçada e irritante, que me olhou com franco desprezo.

Cuspiu-me algumas palavras ásperas e apontou para um cômodo no final de um corredor; vislumbrei paredes azulejadas, vapor, risos femininos. Senti fragrâncias amadeiradas impregnando suavemente o ar.

— Sala de banhos... — suspirei prazerosa.

Olhei para a mulher sem dar nenhuma importância aos seus modos grosseiros e sorri; falei alegremente, mesmo sabendo que ela, por certo, não me entenderia.

— Irei para lá imediatamente — e apontei a sala ao fim do corredor.

Ela entendeu e caminhou apressada ao meu lado. Puxei-lhe a manga da túnica para atrair-lhe a atenção e apontei para os trapos que vestia e, por gestos, a fiz entender que não tinha roupas. Ela balançou a cabeça, demonstrando compreender, e sinalizou com a mão que eu aguardasse.

As mulheres que estavam na piscina olharam-me curiosas, cochicharam e riram, como se já soubessem quem eu era. Sabia que fazia uma triste apresentação, estava suja, feia, cansada e temerosa, mas a atitude delas despertou velhas reações. Orgulhosa, ergui a cabeça e as encarei. Avaliei a aparência de cada uma delas. Havia algumas belas, porém todas eram muito parecidas, cabelos negros, olhos escuros, pele morena, altura mediana. Típicas mulheres orientais. Minha origem semita dava-me traços diferentes, e eu era a exótica.

— Riam! — Falei alto e séria. — Aproveitem, depois as coisas podem ser diferentes.

Elas não entenderam o que eu dizia, mas calaram-se surpresas.

Nunca fuja, Dalilah, aprenda a enfrentar as situações da vida, nem sempre elas são prazerosas, em geral, são desafiadoras e exigem coragem, especialmente para nós, mulheres. Jamais abaixe os olhos, nunca, entendeu? As palavras de Helena soaram em minha mente. Ouvia-as tão claras e nítidas, que julguei que a sumo sacerdotisa estivesse ao meu lado, repetindo aquela lição que tantas vezes me passara no templo.

Eu ainda não havia compreendido e nem ousava praticar aquele ensino em sua plenitude, mas naquele ambiente feminino, francamente hostil, eu pensava que sabia onde pisava.

O universo feminino tem maravilhosas virtudes, mas têm feios vícios morais — a inveja talvez seja o pior.

Altiva, silenciosa e irada porque tinham debochado e rido de mim, despi-me e desfilei a beleza nua das minhas formas, torneadas pela dança, diante do olhar de todas. Mergulhei na piscina, indo a um canto isolado. Ignorei-as e deliciei-me com a tepidez da água e o aroma dos perfumes.

Senti os olhares; ouvi o silêncio que lentamente tomou conta do ambiente. Estabelecera-se o meu palco. Pronto! Pensei, agora estão sob o domínio do meu fascínio e, a cada dia, ele haverá de triunfar. Não é somente a boca que expressa o que somos e pensamos, todo corpo fala, inclusive nossos órgãos internos falam e cantam a sinfonia da vida. Precisamos nos ouvir e deixar que nos ouçam. Helena falava muito do poder das atitudes e da postura. Ela dizia: Não pense que você é uma deusa ou uma rainha. Seja uma rainha em sua postura e em suas atitudes diante de tudo e de todos.

Eu, obviamente, entendi dessa lição a parte imediata que naquela tarde pus em prática — atitude de deusa: altiva, soberana.

Por Deus! Como eu era um ser humano pobre! Uma

casca insolente; por dentro havia medo e ignorância. Aquela postura, recém-conquistada, nascia destinada a virar cacos.

Eu não sabia que para ter uma atitude de deusa ou rainha da vida era preciso trilhar muitos desertos, áridos desertos em meu íntimo e enfrentar e acalmar minhas tempestades emocionais. Como as cobras — que adornavam as poderosas rainhas, sacerdotisas e deusas — era preciso perder mil peles e sempre voltar a viver.

Aguentar as escaramuças da experiência, deixar que elas arrancassem "minhas peles secas". Aprender a doá-las no altar do sacrifício de meus interesses, pagando o preço da dor e da exposição, da refrega, sabendo — igual às cobras — que a pedra perderia pouco, e que eu perderia meu couro, a minha proteção. Mas para prosseguir a vida, tinha que deixá-las pra trás e seguir mais frágil, mais sensível, porém renovada e bela.

Naqueles dias,aprendia que podia ter outra pele; mais adiante, descobriria que as trocas de pele eram cíclicas e compreenderia a simbologia que associa a cobra ao feminino, ao poder, à sabedoria e aos reinos da vida, da morte e do renascimento.

Acabei o banho sozinha. Incomodadas pela inveja e pela insegurança que sentiram, minhas novas companheiras de harém se retiraram, recalcando seus sentimentos.

— Ganhei! Falei exultante e apressada.

Viver na companhia da inveja e do ciúme é construir um inferno. Foi o que fiz.

09
Meus Hades

Meus primeiros dias no harém de Jessé foram marcados pela solidão e pelo silêncio. Lógico, eu falava e ouvia vozes, mas impera o silêncio ainda que em meio a balbúrdia quando há incompreensão. A barreira do idioma era um impedimento à compreensão, não havia diálogo.

Vaguei pelos corredores e jardins e descobri que aquela era uma bela prisão. Eu, que tanto ansiava por segurança desde que começara a entender a violência que ronda a vida nômade, deveria estar feliz por ver portões trancados e guardas eunucos. Mas, sentia-me presa. Sentia-me como Falak, a égua que me servira na viagem. Éramos iguais, também a pobre deveria estar numa cocheira, alimentada e fortemente amarrada. Quando seu senhor a desejasse, iria ter com ela ou mandaria que lhe colocassem os arreios, e ela deveria levá-lo onde ele quisesse ir, obedecendo, dócil, ao comando das rédeas.

Nossa condição era idêntica, apenas não sabia qual valia mais como patrimônio. O certo é que, por ora, não seríamos negociadas; éramos animais de estimação de nosso amo e senhor, Jessé, e ele estava satisfeito conosco.

Esse pensamento consumia minhas horas, mas não me fazia sofrer. Eu o percebia com o intelecto, não de forma emocional. Ainda desconhecia o quanto devasta a humilhação, meu orgulho estava intacto. Os sentimentos viriam com o avançar da inteligência, com a tomada de consciência, com a construção da minha individualidade. Ainda não havia descoberto quais eram as minhas vontades; ocupava-me em satisfazer as necessidades. Qualquer força me levava; era este meu pior e maior defeito.

Jessé visitou-me rapidamente naqueles dias; parecia muito ocupado. Disse-me que ficara ausente muito tempo e que a pilhagem sofrida pela tribo no deserto retardara ainda mais seu regresso.

Ele me tratava com um misto de indiferença e carinho. Abraçava-me, beijava-me e me acariciava com loucura, mas exigia completa passividade. Pedia-me que dançasse para ele, no entanto não permitia a presença dos músicos. Com o passar do tempo, concluí que ele não desejava que eu dançasse, desejava que eu movesse o corpo de forma sensual, lânguida, para que somente ele visse.

E, assim, transcorreu meu primeiro mês naquelas terras estrangeiras. As mulheres jovens ignoravam-me, quando não eram francamente hostis. Eu devolvia a atitude ofertando-lhes toda arrogância que possuía e que tinha desconhecido. Era minha máscara de defesa, minha armadura de guerra.

A velha que me recebera e cujo nome eu ainda desconhecia, entregara-me túnicas de seda e linho, sandálias de couro, joias, adereços e todos os pertences pessoais que uma mulher de harém pudesse sonhar. Cheguei a pensar que recebia uma deferência especial, afinal tinha salvado a vida de Jessé e ele não escondia a paixão que eu lhe despertava. Outro engano. Assim que comecei a caminhar pelas dependências do prédio, constatei que todas recebiam igual tratamento; eu não fora privilegiada.

Algumas, mais experientes, sorriam, mas mantinham-se a distância. Observavam minha conduta. Nos olhos de algumas percebia curiosidade e interesse, além de franca admiração de minhas formas. Compreendi que, mesmo não falando a mesma língua, era possível haver comunicação, e, acima de tudo, que não importava o quanto se andasse, o quão distante se fosse, nem mesmo o abismo cultural, nada disso era capaz de tornar diferente a condição humana. Todas as diferenças e barreiras eram apenas ilusões. O ser humano guarda forte identidade de conduta, não importa em que canto do mundo se encontre; suas virtudes ou seus vícios não diferem quando olhado em sua intimidade.

A elas respondi com timidez e reserva, mas não fui nem arrogante nem exibida. Sabia que naquele universo feminino poderia haver maior compreensão, mas era tudo muito novo, e eu não passava de uma estrangeira escravizada.

Minha vida era feita de tédio e recordações do passado. Durante as longas horas daquele "exílio", pude pensar nas escolhas que tinha feito. Somente na solidão das consequências enxerguei que nunca, em nenhum momento, havia me faltado escolhas, e em todos eu agira impulsivamente, querendo facilidades e prazeres, além de sempre, estúpida, desejar ostentar uma superioridade que não possuía.

Orgulho! Quanto mais ignorante e inconsciente, mais orgulhosa é a criatura. Isto é típico do pouco desenvolvimento do intelecto.

Eu ouvia sons, palavras desconexas, não sabia nomes. Foi prestando atenção a esses sons que fui nomeando algumas pessoas.

Warda era uma expressão que ouvia com frequência e a associei com a velha que administrava o harém e que me recebera. Deduzi que este era o seu nome, mas não ousei dirigir-me a ela de forma tão familiar. A resistência dela à minha pessoa era bastante clara e nada sutil. Eu sabia quando Jessé viria me visitar apenas pelo olhar aborrecido de Warda e pela expressão de desgosto estampada em sua face envelhecida quando me conduzia ao banho e ajudava-me a vestir as complicadas túnicas persas.

A outra mulher que, com o passar dos dias, descobri como se chamava, foi Noor. Ela devia contar trinta anos ou pouco mais; conservava invejável beleza. Rosto, cabelo, corpo, movimentos, tudo nela transmitia equilíbrio. Nunca a vi eufórica, tampouco afundada na tristeza ou isolada. Ela sorria para todas as coisas, boas ou não, com a mesma calma inalterada. Aquela atitude me intrigava. Conheci-a durante a segunda semana que habitava o harém.

Entre os jardins, internos e externos, que cercavam o prédio, encantei-me em especial por um. Ele tinha uma fonte de água que descia do alto de algumas pedras formando, embaixo, uma piscina irregular, onde era possível banhar-se. Muitas flores e altas palmeiras cercavam o local, tornando-o sombrio, fresco e dando uma impressão de isolamento no paraíso. Era um recanto repousante; assim que o encontrei, tornei-o meu refúgio preferido. Estava em geral vazio. Porém, em uma tarde muito quente, quando fui até lá me deparei com aquela mulher banhando-se.

Ao me ver, seus olhos expressaram a mais genuína curiosidade. Encarou-me e exatamente como fazem as crianças — examinou-me à vontade e sem esconder que o fazia. Igual aos pequenos, também sorria, interessada, ao proceder aquele minucioso exame.

Como ela agia com uma espontaneidade pura, eu não me senti invadida ou ameaçada, nem mesmo sob avaliação. Senti-me atraída para ela, da forma como atraem o olhar e o sorriso infantil. Despertou-me a vontade de me aproximar, de ser simpática e agradável, de ser amiga.

— Me chamo Dalilah — disse-lhe, falando devagar e tocando meu peito. — Não falo sua língua.

Ela ampliou o sorriso, balançou a cabeça e, imitando meus gestos, falou:

— Noor.

Em poucas braçadas, Noor atravessou a piscina parando próxima da borda onde eu estava de pé. Falou uma palavra em persa e, depois, com dificuldade, pronunciou no meu idioma:

— Venha — e brincava com as mãos na água.

A felicidade que senti ao ouvir aquela palavra foi inenarrável, talvez se compare à satisfação de um copo de água ao sedento. O isolamento começava a pesar muito.

Abri um amplo e caloroso sorriso. Noor poderia ser a mais abjeta das mulheres, não me interessaria. Naquele momento, ela seria para mim a mais abençoada criatura daquela terra, por ter me dirigido uma palavra que eu entendi. Por isso, não me fiz de rogada e, imitando-a, fiquei apenas com uma túnica leve de linho que usávamos por debaixo de complicadas arrumações de tecidos e véus, cujo efeito era bonito, porém, desconfortável ao extremo.

Deslizei pela borda até o interior da piscina, sempre sob as vistas curiosas de Noor.

— Boa? — indagou a mulher encarando-me.

Tomei a água nas mãos em concha e a mostrei a ela, para ilustrar minha compreensão, e indaguei devagar, pronunciando perfeitamente cada sílaba:

— A água?

Ela anuiu balançando a cabeça e repetiu a palavra aperfeiçoando a pronúncia, sorri. Encantei-me com o brilho de prazer no olhar de Noor.

— Sim — tornei a falar –, muito boa. Fala minha língua?

Ela balançou as mãos em resposta, sugerindo com esse ato que sabia pouco e respondeu:

— Algumas, quero mais, é bonito.

— Oh! Que bom! Fico feliz — e toquei os lados de meu rosto chamando atenção para o sorriso generoso que lhe ofertava. Esperava que ela entendesse, e Noor, outra vez, balançou a cabeça, em um gesto gracioso, fazendo-me compreender que fora entendida.

Então, ela me pegou pela mão e começou a apontar as flores, a água, as pedras, as árvores, partes do corpo, enfim, para tudo o que ela sabia falar em minha língua e depois repetia em persa.

Demorei a entender o que ela pretendia. Creio que me vendo aturdida por tanta informação, de súbito, Noor calou. Olhou-me, calma e séria. Afastou-se até a margem e, tocando uma flor, repetiu a palavra correspondente, depois sorriu do meu silêncio e convidou alegre e confiante:

— Fale! Aprender é boa.

— Aprender é bom — corrigi.

— Aprender é bom — repetiu ela firme. Tocou a flor, repetiu a palavra e insistiu — Fale.

Comecei a rir ao entender que ela pretendia me ensinar o idioma persa. Que ideia! Pensei, é muito difícil.

Noor pareceu ler meu pensamento, pois logo se aproximou, tocou meu ombro, olhou no fundo dos meus olhos e disse com firmeza:

— Aprender, precisa aprender. As duas aprender — apontou de si para mim e falou: — eu ensinar persa — gesticulando

138

em sentido contrário, completou: — você ensinar aramaico. Ahã, crescer, sim. Aprender... é bom. Precisa.

Ela tem razão, concluí em pensamento. Mas será que vou conseguir? É difícil, não vou lembrar como se chama cada coisa que ela me mostrar.

— Medo... não bom — tornou a falar Noor. — Dalilah ... medo... muito medo. Precisa aprender. Aprender... é bom.

Deu-me as costas, jogando-se suavemente na água tépida da piscina. Ela brincava ao mover-se, entregava-se inteira ao prazer da carícia da água em sua pele. Aquilo me encantava, tamanha era a simplicidade da cena.

Noor, gentilmente, tocou a flor, repetiu a expressão em persa e encarou-me.

Quando percebi, obedecia ao comando dela, sorrindo, feliz, ao repetir as palavras que ela ensinava. Noor escolheu poucas palavras para me ensinar, mas o fez com extrema eficiência. Rimos muito. As horas passaram rápidas, enquanto Noor me ensinava que aprender com prazer era algo muito estimulante.

Combinamos de nos encontrar todas as tardes, sempre que possível.

Noor pertencia ao rei, por isso não a encontrava no prédio do harém. Elas viviam em um harém ainda mais luxuoso que se comunicava com o nosso exatamente por aquele jardim, que ninguém usava.

— Tão lindo! Por que será que não gostam de vir aqui? Murmurei meus pensamentos sozinha em uma tarde enquanto esperava Noor. Mas não lhe perguntei o motivo.

De nenhuma forma demonstrei que aprendia a língua do país, nem para Jessé contei. Sentia-me sozinha; nossa relação piorava dia a dia, aliás, "nossa relação" não existia, havia a relação dele comigo — de posse e uso, e a minha com ele — de dependência e subserviência, sem pontes a ligar esses interesses. Não havia o que construir, era isso, pronto e estabelecido, até o fim de nossa vida. E essa espécie de destino biológico ou anatômico, para ser mais exata, não me fazia bem, mas tornei-me consciente do fato de forma lenta, depois de muito padecer intimamente. Era uma relação sem liberdade, sem escolha, que me impunha à aceitação.

139

Depois de alguns meses vivendo reclusa, revoltada, após uma relação sexual em que me sentira usada e abusada, como se fosse um lençol ou uma toalha em que ele se esfregasse e tendo que suportar sua presença física, perdi a calma e comecei a xingá-lo de tudo que sabia. Revoltada o empurrei, tirando-o de cima de mim; surpreso, ele rolou e caiu do leito. Olhou-me como se eu fosse uma estranha, depois ergueu-se e me esbofeteou violentamente, mas não me calei e segui brigando, xingando e chorando.

— Quem você pensa que eu sou? Aliás, o quê você pensa que eu sou? Uma égua? Eu não quero você, eu te detesto. Maldito! Mil vezes maldito! Eu odeio o teu cheiro, eu odeio que você me olhe, nunca mais vou mover o corpo para você ver. Você me tirou tudo o que eu amava, eu te odeio.

— Cadela! O que lhe falta aqui? Nada. Ingrata! O que você pensa que faz de diferente aqui do que fazia no templo? Nada, a única diferença é que lá vendiam você para qualquer um, para homens que só a queriam por momentos. Eu lhe dei tudo o que precisa e só tem que servir a mim. E o que ganho em troca? Isto: cenas degradantes como esta. Mulher desgraçada! Não sei por que te quero tanto, nenhuma outra faz isto comigo e ainda assim é a você que procuro, e a sua companhia que quero e o seu corpo que me persegue em sonhos, só ele me satisfaz...

— Eu não sou um corpo, Jessé. Eu sou gente! — Gritei. — Não fale do templo, você não entende minha crença nem o que eu representava lá. Mas saiba que eu era feliz e servia à deusa de boa vontade. Não importava com quem eu me deitava — homem ou mulher — era a serviço de Astarto, era sagrado e era de livre vontade. Eu dava prazer, mas eu tinha prazer também, tudo era sagrado. As pessoas me respeitavam. Com você não tenho nada, apenas o tédio, me sinto rebaixada, humilhada, sinto-me suja!

A fúria tomou conta de Jessé e senti o seu peso e a sua força nas mãos que me bateram na boca.

— Engula suas palavras — resmungou ele rilhando os dentes. — Você não sabe o que é ser suja, mas posso vendê-la a um mercador de escravas para que aprenda. Ah! Como você saberá valorizar o que desdenha.

A ameaça me fez estremecer; eu ouvira horrores sobre o comércio de mulheres. Aquietei-me; ele sorriu vitorioso em sua fúria. Jogou-me as roupas no rosto, vestiu-se e saiu batendo a porta com estrondo e pisando duro e pesado. Ouvi seus passos como se fossem o rufar dos tambores da execução.

Por vários dias fiquei reclusa, impedida de sair do quarto. Davam-me comida e água, mas eu não via senão o azul do céu e alguns raios de sol que invadiam meus aposentos pela abertura comprida e estreita, de tijolos vazados, quase junto ao teto que ventilava o cômodo.

Mais de cinco dias haviam se passado, quando, para minha surpresa, Noor, trazendo-me a refeição da tarde, ingressou em meu quarto, sempre sorrindo em sua eterna calma, e depositou a bandeja em uma mesa baixa, próxima do leito onde eu estava reclinada. Nessa ocasião meu domínio do idioma persa permitia dialogar sem muitas dificuldades, e Noor aprendera rapidamente a minha língua. Entendíamo-nos muito bem.

Sorri feliz ao vê-la. Ficara em silêncio por tempo demais, e a ira começava a sufocar-me. A punição em vez de abrandar meus sentimentos, somente fez exasperá-los.

— Como conseguiu chegar aqui? — Indaguei, segurando-lhe as mãos.

Ela afagou-me os cabelos, ergueu meu rosto e examinou-me em silêncio. Seu olhar expressava a dor que sentia ao ver as marcas da violência, mas nada comentou, limitando-se a responder:

— Eu nunca aceitei fronteiras, para mim elas não existem.

A resposta era típica de minha amiga — ambígua. Eu vivia há tempo suficiente naquele local para saber que as mulheres do harém real não se misturavam conosco. Noor usava o jardim das fontes, era dela e nenhuma das mulheres do harém dos príncipes o utilizava. Eu havia transgredido, sem saber, uma lei tácita que elas zelavam pelo rigoroso cumprimento. Noor impusera às demais um avanço, e elas recuaram,

141

cedendo o espaço que assim tornara-se um oásis solitário, particular, até a minha chegada.

— Mas como fez para chegar aqui? — Insisti.

— Ora, nada de mais, vim caminhando e anunciei em alto e bom som onde pretendia ir.

— E ninguém a impediu? Não creio, Noor.

— Tentaram, mas não impediram. Disse que fossem se queixar ao rei, isto bastou. É preciso saber agir, Dalilah. Se você souber o que deseja e agir como quem sabe e merece o que deseja, ninguém a impedirá. Mas, se você aceitar a ideia de que "eles, os outros" podem mandar, ditar normas e regras sobre o que você pode ou não fazer, bem, então, você obedecerá.

— Helena dizia coisas parecidas, mas eu não entendo. Ela dizia que os outros a tratavam como rainha porque ela agia como tal, que se deve ser e não pensar que se é. Acho isso complicado...

— Eu acho simples. Está na sua mente, nos seus valores e crenças o que você diz que os outros exigem. Em verdade, somos sempre nós agindo. A forma como eu penso sobre mim mesma e sobre o mundo, é a forma como tudo se revela exteriormente para minha própria apreciação. Se eu aceitar que "os outros" não permitem que eu vá a determinado lugar, não preciso nem tentar, eu já começo não aceitando nem acreditando que será possível realizar o que desejo. Sou fraca em meu querer, minha vontade é incerta, imprecisa, vaga, tênue como o vapor — eu sinto, mas não toco. Se eu quiser realmente, então agirei de acordo e conseguirei o que desejo.

— Sempre? — Questionei incrédula.

— Sim — respondeu-me Noor, categórica. — Sempre.

— Mas existem barreiras além da nossa vontade. Os outros existem de fato, basta abrir a porta e ver.

— Dalilah, olhe bem dentro dos meus olhos. Diga-me o que está refletido neles?

— Eu, o dossel da cama e as tapeçarias da parede — respondi, após alguns segundos.

— Olhando nos seus olhos eu vejo a mim e a parede as minhas costas — informou Noor.

142

— E o que quer dizer com isto?

— Que em qualquer lugar ou pessoa, eu vejo sempre um reflexo de mim mesma. Nós estamos no interior uns dos outros, temos uma relativa igualdade. Isso me torna capaz de compreendê-los, assim posso escolher entre acatar a vontade deles, negociar ou impor a minha. Tudo volta a ser uma questão de vontades, ou que se harmonizam, ou o contrário. Em geral, a vontade é fraca nas pessoas. Por isso, se você agir como rainha será reconhecida e tratada como tal. Não precisa usar a força, a vontade lhe dá essa autoridade de forma natural. Ela a faz senhora, ainda que você seja, para efeitos legais e sociais, uma escrava de harém, como eu.

Essa era uma lição que se repetiu muitas vezes em meu caminho naquela existência. Lembrei-me do dia de minha chegada, do riso e da hostilidade das outras mulheres; meses haviam se passado e nada mudara. Com ódio, reconheci que elas deviam rir muito da estrangeira castigada rudemente e enclausurada por Jessé.

Lembrei da arrogância com que desfilei minha beleza para silenciá-las, do que valeu? Lá estava eu novamente suja, desgrenhada, com o rosto e o corpo machucados. Estava horrível. A beleza era caprichosa demais para ser uma armadura segura com a qual se atravessa as dificuldades da vida. Era fugaz demais. Seria a vontade algo mais estável?

— Nenhum homem nunca a agrediu?

— Fui agredida quando era muito jovem, mais jovem do que você, e não sabia a melhor forma de agir. Eu reagia aos fatos e às pessoas, tal qual você tem feito. Desde que mudei minhas atitudes, nunca mais ninguém ousou erguer a mão para mim — declarou Noor.

— Ninguém tentou?

— É óbvio que sim. Eu não vivo em nenhuma redoma. Apesar do aparente isolamento do harém, a vida, em todos os seus movimentos, passa por e através dele.

— E o que fez? Ou faz?

— Em primeiro lugar observo, com muita atenção, tudo e todos. Não importa o que me digam, minha atenção está

143

na forma como agem. Aprendi que eu não sou exceção, e, o mesmo se dá com eles, assim nunca espere que alguém tenha com você uma atitude que não seja bem típica dele, tratamentos de exceção, simplesmente não existem, em nenhuma forma de relacionamento humano. Se um homem é violento, não creia que porque ele diz adorá-la não virá a ser violento com você. Ou, se alguém é desonesto com outras pessoas, que será honesto com você. Cada um de nós possui uma natureza e somente pode agir de acordo com ela, é simples. Portanto, não espere nada que não seja possível à natureza daquela pessoa. Isso é básico. Em segundo lugar, aja de forma superior à natureza de quem se contrapõe a você; e sendo a natureza do outro superior a sua, trate de aprender. Isso reduz minhas possibilidades de escolha à negociação e à imposição. Considero que aprender é uma atitude de negociação, é sabedoria ativa.

— Por que você não admite acatar uma vontade alheia? Qual a diferença entre acatar e negociar quando for superior? — Parece-me a mesma coisa, um jogo de palavras — retruquei ainda incrédula.

— Acatar evita a atividade de pensar, eu cedo. Escolho o mais fácil, que é deixar que decidam por mim. É comum o medo de decidir, mas é irracional, pois o pior da escolha é a responsabilidade pelo erro, e esta é uma consequência natural que não pergunta quem decidiu, mas quem fez. Para que eu reconheça a superioridade, eu preciso cumprir a primeira etapa, e eu não tenho como formar esse juízo sem pensar, sem analisar e sem empregar minha inteligência; sem ser racional. Quem negocia, em primeiro lugar informa-se com quem está negociando, há um interesse envolvido e existe respeito. Se não houver estes elementos, não posso chamar de negociação.

— No comércio alguém sempre lucra — comentei.

— Ambas as partes ganham, existe uma troca. Quando se negociam caminhos em meio a relacionamentos humanos, existem trocas, consenso de vontades. Eis a palavrinha mágica de volta a discussão. Acatar é obedecer sem refletir; é agir sem pensar; é assumir responder por consequências que eu não previ. Você alguma vez previu que passaria pelo que passa hoje?

— Não, eu fazia outra ideia de Jessé, muito diferente — respondi, baixando a cabeça.

— Não faça isto — advertiu Noor. — Não abaixe a cabeça.

— Pela deusa, até quando eu ouvirei os ecos de Helena me perseguindo? Noor, você fala como se fosse a sumo sacerdotisa.

— As verdades da vida nos perseguem por toda parte. São universais, não dependem das barreiras de uma cidade ou de um povo, minha querida. A sumo sacerdotisa lhe dizia para não baixar a cabeça?

— Frequentemente — e narrei-lhe algumas lembranças daquela advertência.

— Mude, Dalilah. É a única forma de não ouvir sempre a mesma coisa pelas bocas da vida. Mude. Busque a sua força, a sua vontade, a sua inteligência e desenvolva-as. Você é capaz, precisa vencer as barreiras do medo e da preguiça, mas eu sei que conseguirá. Jessé é o que é. Você é que não viu, deixou-se iludir por um olhar superficial, enganou-se pensando que com você seria diferente. Ora, se ele guerreia e vive cercado de violência, o que você poderia esperar? Um oásis de paixão e ternura; ser uma rainha em terra estrangeira? Sonhos vãos!

— Então sua teoria é falha — retruquei. — Você afirmou que posso tudo o que quiser.

— Pode em relação a você mesma. Na relação com os outros, lembre-se de que lhe disse que é fundamental conhecer a natureza do outro e não esperar nada além do óbvio. Você conseguirá tudo o que deseja se tiver vontade firme, pois isso lhe dará uma superioridade natural frente à imensa maioria dos seres humanos que deseja o mais fácil — obedecer, acatar, não pensar. Foi assim que entrei aqui. Worda odeia pensar, tem medo até da sombra dos homens, jamais ousaria erguer a cabeça, quanto mais falar ao rei. Usei da fraqueza dela que se acredita incapaz. Eu apenas precisei lembrá-la disso. Bastou para que dissesse a todos os guardas que eu tinha permissão para entrar e lhe falar. Entendeu?

Encarei-a e sorri. Noor dava-me tranquilidade; ela era

paciente. Eu me perguntava o que ela desejava de mim. Como nunca vislumbrara nenhum interesse sexual na sua conduta — o que me intrigava — não sabia o que pensar. Mas, depois de tantos dias, trancafiada, sem ter com quem falar, decidi que aquele não era o momento de desvendar o "mistério" e aceitei a agradável companhia. Como nunca tínhamos estado juntas no interior de um prédio, retomei nossa brincadeira de aprender novas palavras. Noor aderiu e, rindo, descontraídas, compartilhamos a refeição. Esqueci-me do castigo.

O prazer construtivo não conhece barreiras, nada exige, brota naturalmente de tudo o que seja sadio.

As poucas horas de prazer e esquecimento fluíram céleres; após, abriu-se novamente a sucessão das horas amargas. Violência, ciúme, o despertar da fúria. Jessé, ao longo daquela existência, irritou-me, literalmente, até as entranhas da alma e desencadeou forças que julgava não possuir.

10
Cerbelo, o cão de guarda

Suportei por meses a prisão à qual fora condenada sem que nenhum crime maculasse minhas mãos, afora a inegável preguiça de comandar minha própria vida.

Mas foi uma espécie de caldo de cultura. Ali germinaram necessidades que impulsionaram o florescer das minhas faculdades. Noor mostrava-me o prazer de aprender; ela iluminava pacientemente a escuridão da minha mente, ressaltando que em lugares sombrios jaziam semente que sob a luz de seu olhar e o calor de sua compreensão fazia germinar.

No entanto, Jessé esmerava-se em polir outras partes do meu ser — minhas paixões.

Sua violenta possessividade me atordoava. Em meio aos horrores que vivi entre as paredes do seu harém, um dia amanheci fraca, tonta e enjoada. Julguei estar doente, porém com o passar das horas o mal-estar cedeu para voltar a repetir-se nos dias seguintes.

— Pela deusa! Estou grávida! — gritei desesperada, dobrando-me sobre o leito, caindo num pranto que extravasava a dor que sentia na alma, da mais pura impotência.

Não era minha primeira gestação. Obviamente, na minha idade e vivendo num templo dedicado à fertilidade, eu já tivera um filho, que era criado no complexo dirigido por Helena, um menino. O destino dele era certo — o exército do rei de Jerusalém. Muito jovens eles começavam o treinamento. Essa era uma das funções das servidoras da deusa, parirem filhos para garantir a perpetuação da raça naqueles dias violentos, em que a vida de um ser humano valia menos que a de alguns animais raros.

Eu sabia o que me esperava, e não era uma experiência que vivera com prazer; fora uma imposição da natureza.

— Somos terra — dissera-me Helena quando, suspeitando da primeira gestação, havia me examinado e confirmado o fato

–, é justo que na época certa se dê frutos. Faça seus sacrifícios à deusa, pedindo-lhe amparo e proteção. Jamais se esqueça de que nosso sangue também fertiliza a terra-mãe, portanto, pelo sangue que se vive, igualmente se morre. Cuide-se!

O pai pouco importava, não era possível afirmar quem era. O certo é que éramos mães, e a educação das crianças do templo era coletiva. As mulheres velhas ficavam mais próximas dos pequenos e os educavam. Eu convivera muito pouco com meu filho, não posso dizer que naquela época laços de afeto unissem mães e filhos. Talvez algumas poucas felizardas. A maioria não passava da condição de uma parideira e morria muito cedo cumprindo este dever.

— Como será? — Murmurei depois de esgotar minhas forças chorando. — Quem irá me ajudar nesta terra distante?

A imagem doce e serena de Noor formou-se em minha mente.

— Ela nunca falou sobre filhos, sobre sua vida como concubina real. Mas é lógico que ela deve ter filhos, com certeza sabe o que fazem com as crianças. Aqui eu nunca vi nenhuma, tampouco ouvi barulho...

Entre as muitas coisas que aprendi naquele harém está o hábito de falar sozinha, de pensar alto, pela necessidade de ouvir minha própria voz e pela certeza de que o ser humano precisa bastar a si mesmo para poder viver em sociedade, embora isso pareça contraditório.

Na primeira visita de Noor, após minha descoberta, contei-lhe o fato. Ela sorriu, mas seu olhar tornou-se sombrio, como se uma nuvem de tristes recordações se abatesse sobre seu ser. Não pude conter-me e indaguei:

— O que houve? Por que você ficou assim?

— Assim, como? — Inquiriu Noor, sorridente.

— Triste, pensativa. Helena sempre dizia que nesta aventura feminina vida e morte andam lado a lado, juntas a cada passo, espreitando-se.

— Gostaria de conhecer Helena. Pelo que ensinou a você, vejo que se trata de uma mulher sábia. Mas, talvez ela devesse aumentar o cortejo de acompanhantes da mulher nessa jornada de renovação da vida.

— Como assim? Vida e morte não são suficientemente fortes? — Perguntei incrédula e surpresa com a tristeza no olhar de minha amiga.

— Não, não são. Pior de tudo é a morte em vida, constante e renovada a cada dia — respondeu Noor.

— Não entendo, pode ser mais clara? — Pedi-lhe.

— Pelo que compreendi da forma como vivem as mulheres do templo de onde você veio, deduzo que elas têm liberdade. Elas são as mães; os pais são desconhecidos e, portanto, homem algum reclama direitos sobre a criança. Vocês as educam e as entregam ao exército, se forem homens e, sendo mulheres, seguem no templo ou se casam. Seus filhos quando partem têm o direito de retornar e visitá-las e são festejados pelo que me contou.

— Sim, é desse modo que vivemos. O que acontece com os filhos das mulheres do harém?

— Ficam conosco até os seis anos, depois são entregues ao exército — lamentou Noor.

— E as meninas?

— Serão casadas ou vendidas. O destino dependerá da beleza com que a natureza as dotar.

— Com que idade? — Indaguei assustada. Apavorou-me a ideia de dar vida a alguém para cumprir um tão trágico destino, caso fosse uma mulher. Instintivamente protegi o ventre com as duas mãos, como se pressentisse que teria uma filha.

— Seis anos.

— Mas quem decide um absurdo deste tamanho?

— O pai. Não se esqueça, aqui você pertence a um homem, ele é seu amo, dono e senhor e de tudo que venha de você.

— Como se fosse um rebanho?

Noor apenas balançou a cabeça afirmativamente.

— Quer dizer que Jessé decidirá o futuro da criança que eu estou gerando, não eu que lhe dou a vida?

De novo ela apenas moveu a cabeça confirmando.

Sentei-me pesadamente sobre a cama e, com mais consciência do que antes, lamentei minha imprudente escolha de abandonar a condição de liberdade e serviço divino que eu usufruíra no templo e não reconhecera, para degradar-me em uma vida de escravidão e serviço animal.

— Realmente, entre mim e Falak, não há nenhuma diferença. Os potros que ela parir seguirão destinos idênticos aos meus filhos — comentei referindo-me à égua que me servira de montaria e que, por uma necessidade vital de crer que algo me pertencia naquele lugar, eu a chamava de minha.

— Há uma grande diferença, amiga — rebateu Noor prontamente — Falak não é racional, não pensa, não sente; ao menos, não de forma idêntica aos seres humanos. Para ela naturalmente a cria deve ser independente tão logo possa manter-se sozinha. Porém, uma menina com seis anos o que pode? O que sabe?

Lembrei-me de que com essa idade vivia agarrada às mulheres da tribo onde nasci, acompanhava os passos de minha mãe e minha avó como se fora uma sombra. Elas me ensinavam o que sabiam e consideravam necessário que eu aprendesse. Mas não cogitavam vender ou casar uma menina com essa idade.

— Na minha terra, antes que a menina sangre pela primeira vez, ninguém cogita casá-la. Pode até ser prometida, ter um casamento arranjado, mas que não se concretizará antes que a natureza assinale a maturidade do corpo. Helena segue as mesmas regras, nenhuma menina é admitida ao serviço da deusa antes dessa iniciação, mesmo as nascidas no templo.

— Aqui as leis são outras, Dalilah. Acostume-se. A criatura que você carrega no ventre tem o destino nas mãos de Jessé. Implore a sua deusa que lhe dê um filho homem; o destino dos meninos é mais brando. Para eles existe liberdade.

— Noor, como você veio parar aqui? — Indaguei suspeitando poder deduzir das informações dela o que fora sua vida.

— Minha história é um exemplo do que lhe disse. Minha mãe era escrava no harém de um aliado do rei. Ainda na infância, fui comprada pelo rei. O senhor de minha mãe enfrentava dificuldades financeiras, perdera os bens em uma batalha infeliz e depois sobreveio uma estiagem prolongada que comprometeu seu rebanho e plantações. A negociação que envolvia a mim e outras meninas foi uma forma honrosa de o rei auxiliar o líder aliado. Fui trazida para este palácio e aqui cresci. Fui treinada, juntamente com as outras, para a vida que levamos; recebi instruções de dança, canto. Eu, particularmente, estudei com um velho sábio — a quem amo com devoção — meu pai. Tornou-se filósofo do reino por algum tempo; isso amenizou a solidão da minha infância, mas desentendeu-se com os líderes e foi banido há muitos anos. Todo este treinamento é para agradar ao senhor a quem servimos. As outras meninas foram presenteadas a súditos leais. Eu acabei ficando, e um dia o olhar do rei me atingiu. Iniciou-se aí minha vida como concubina real...

— E filhos, Noor? Você é jovem, saudável...

— Sim, eu os tenho e queria não tê-los. São filhos do rei, servem a interesses políticos. Eu desejava uma vida muito diferente para elas, mas...

— Elas, você disse. São todas mulheres?

— Tenho quatro filhos: dois homens e duas meninas. Meu primogênito é homem; a segunda e a terceira já estão prometidas numa aliança política; o quarto era menino e morreu quando tinha 3 anos. Cada dia com minhas filhas não é uma renovação de esperança, um acréscimo de afeto; é a certeza de que a separação está mais próxima.

— É horrível! Desumano — murmurei cheia de piedade, não sei se de Noor, de mim mesma ou do ser que gerava em minhas entranhas.

— Pode ser, mas é assim.

— Como você pode dizer isso com esta calma?! — Questionei novamente, invadida pela incredulidade naquela conversa.

Por momentos parecia-me que nada daquilo era real, que eu estava vivendo um pesadelo e a qualquer momento acordaria entre as almofadas de meu antigo leito no templo de Astarto. Ah! Que infinito arrependimento enchia-me a alma. Lembrava-me e comparava a vivência sob a mão segura e serena de Helena, a liberdade que desfrutava, o prazer, a segurança, a alegria, a despreocupação. Tudo eu jogara fora por bobagens, por preguiça, por presunção. Sentia-me uma tola.

— O que espera que eu faça? Nada posso além do

possível. Crê que tomar a pequena nos braços, roubar um cavalo e fugir daqui seja uma solução melhor. É pura emoção e ilusão; nada mais. Se eu fizesse isso, quanto tempo seria preciso para que o rei percebesse a fuga? Um dia, no máximo dois. Até onde eu chegaria? Você veio de outras terras, sabe a distância que há entre uma cidade e outra; eu vagaria dias pelo deserto árido. E se nele houvesse apenas terra árida... Ah, que bom seria! O perigo nele são os homens áridos. Não, esse devaneio não é solução, é precipitação da morte.

— Tenho me perguntado se não é melhor morrer a prosseguir vivendo assim — lamentei, reconhecendo que Noor, em seu triste e forte equilíbrio emocional, destruíra meus anseios secretos, revelando-me de antemão o destino da fugitiva.

— A vida sempre vence a morte, Dalilah. Se eu não viver e não suportar o que está no meu caminho, como posso esperar que minhas filhas tenham um destino melhor? Eu sofro, admito, porém, aprendo a amar com olhos de lua.

— Não entendo, o quer dizer? — Indaguei, pois não entendera nem o sentido oculto, nem as palavras do idioma.

Noor sorriu, aproximou-se da parede vazada e com o indicador da mão direita apontou o céu e disse:

— A lua brilha à noite. Deusa, não é?

— Ah, entendi. Sim, é. Você quer dizer que está aprendendo a amar como uma deusa?

— Sim e não. Não sei se as deusas amam como eu tenho aprendido, talvez sim, talvez não. Quis dizer que tenho aprendido a amar sem desejar, sem querer, sem possuir. Acho que é assim, com estes olhos que a lua ama a terra e o sol, tudo vê, admira, respeita, coopera, mas de nada, nem de ninguém se faz senhora, apenas de si e da sua solidão no mundo. Engraçado, não é mesmo? Todos nos encantamos com ela, com sua fria e terna beleza, ela nos afeta, mas ela nos vê impassível e perene. Amar com olhos de lua é o que tenho aprendido; não me permito aprisionar nada que eu amo. Tudo e todos têm um papel a desempenhar neste mundo, cada um dá uma contribuição. Se eu escolhesse morrer e matar, afinal é o que aconteceria, se pegasse a menina e fugisse, estaria condenando o mundo a ser sempre igual, a não mudar.

— Mas... Você disse há pouco que não havia o que fazer, era assim e era preciso aceitar — retruquei.

— Dalilah, você já viu vários jogos e disputas, não é verdade? — questionou Noor.

— Sim, é verdade.

— Também participou de alguma disputa, com toda certeza.

Lembrei-me da festa dos Tabernáculos, da procissão e de minha contenda com Helena.

— Sim — tornei a responder.

— Ganhou ou perdeu?

— Perdi.

— Já se perguntou o motivo da derrota?

— Ainda não encontrei a resposta — disse com sinceridade.

— Você sabia que estava jogando ou não tinha consciência?

— Não, era boba demais, vaidosa demais. Não percebi o que se passava, mas no momento crucial eu fui avisada.

— Então, quem jogou com você foi honesto. E as regras você conseguiu enxergar?

— Não, eu simplesmente joguei, sem pensar, sem analisar...

— Agiu somente atendendo ao que estava sentindo?

— É, completamente.

— Primeiro erro. O sentimento é um excelente guia quando você está em equilíbrio, mas péssimo quando ele domina e cega. O excesso de qualquer espécie de sentimento é direção para o caos. Aprendi a nunca agir tomada por emoção. Procuro sempre viver minhas emoções e deixar que elas passem ou fiquem sob controle para tomar qualquer decisão.

— Foi o que fiz. Agora, falando com você, eu vejo as regras e vejo que interpretei e escolhi errado. Na verdade, não precisava ter sido uma disputa, eu não fui desafiada a isso, a intenção de Helena era fazer com que eu aceitasse um aspecto trágico do querer e da vida e aprendesse a fazer o que era necessário.

— E o que você fez dominada pela paixão? Um espetáculo, um exagero... Entendeu tudo errado e pagou o preço da escolha, que você não sabia em quanto importava.

— Foi.

— Veja bem, Dalilah, eu não sei dos fatos sobre os quais estamos falando, mas a criatura humana é tão previsível que, mesmo sem saber, posso entender o que os motivou. Conhecer as regras reais do jogo da vida é importante para saber que podemos mudar a nós mesmas e acomodar nosso modo de ser, pensar e agir em conformidade com elas. É aí que estão as chances de vitórias e de mudanças, mas para mudar qualquer jogo eu preciso jogar, não fugir. Entende por que falei que a escolha da morte não modificaria em nada? Seria um sacrifício inútil, um desperdício.

— Mas viver sem felicidade, sem prazer... não é vida — rebati.

— Que sabe você da vida, Dalilah? Felicidade, será que você não está confundindo com alegria e com euforia? Seus olhos me contam que você me julga alguém infeliz, mas de onde lhe vem a ideia de que a existência do sofrimento anula a felicidade? Não anula, eles coexistem, aliás tudo coexiste no mundo dos sentimentos e das sensações. Creio que por isso o equilíbrio seja algo tão difícil de ser alcançado e exige luta constante para ser mantido. Nesse reino de sentimento e sensação nada é imutável, até que se aprenda a amar com olhos de lua, a meu ver.

— Mas qual é o prazer de amar sem querer, sem desejar, sem possuir?

— É o prazer de amar por amar, por você, não pelo outro. É assim que busco amar meus filhos e filhas, sem a posse deles, ciente de que irão partir, mas que o amor que tenho por eles ficará comigo sempre. Só isso pode me pertencer nesta relação. Minha mãe tentava me amar assim, hoje eu sei.

— É tão solitária essa sua ideia de amor. Tão fria!

— Dalilah, Dalilah! Você é só paixão, instinto e emoção à flor da pele — constatou Noor, olhando-me com ternura.

A tristeza desaparecera de seus olhos; refugiara-se nalgum canto profundo de seu coração. Estava diante de mim, outra vez, a mulher sorriso que dia a dia eu aprendia a admirar.

— Vou embora, é tarde. Amanhã retornarei. Pense no que conversamos. Será que você não está repetindo atitudes e pensamentos nesta relação com Jessé? Não sei se o modo como vem procedendo é inteligente ou sábio. Parece-me que não. O desgoverno emocional é de ambos. Pense, Dalilah. Seja senhora de si mesma e das suas escolhas no jogo da vida, nos limites dele; é tudo que podemos ser. Nenhuma de nós nasceu para ser mais ou menos do que isto — senhora de si mesma. Aja como tal, ainda que para o mundo alheio você tenha o nome de escrava. Isto não importa, não é com os olhos dos outros que se vive a vida. Até amanhã, amiga.

Que estranhas sensações causou-me aquela gestação! De início senti-me muito só. A solidão de ser estrangeira sufocava-me; meus sonhos de proteção, reconhecimento e afeto na relação com Jessé naufragaram dolorosamente em meio às ondas de areia do deserto que cercava a cidade. Senti-me frágil. Havia paredes à minha volta; eu não era nômade, mas o bom e velho medo com seu cortejo cercou-me com toda a sua força. Recordava a todo instante — este elemento de fugaz eternidade — meu outro filho, a gestação e o parto cercados de atenção das mulheres do templo. As recomendações de Jael quanto à alimentação e ao repouso, para minha tortura, restavam em pedaços esparsos da memória. Que aflição! Lembrava-me por metade. Completava a insegurança e dominava a ansiedade.

Decidi nada dizer sobre a criança que viria ao mundo. Mais uma estupidez! Worda, além de ser uma mulher experiente, dirigia o harém, óbvio não demorou a perceber os sinais que a natureza imprimia em meu corpo.

Semanas depois de minha conversa com Noor, que se opusera à minha decisão de silenciar, Worda acompanhou Jessé aos meus aposentos. Nesta ocasião, meu castigo já fora levantado, e eu voltara a ter liberdade de andar nos pátios e banhar-me no jardim de minha única amiga. Estava vestida com uma túnica diáfana e branca e as joias com que ele desejava enfeitar meu corpo; tinha os cabelos molhados, colados às costas. Estava exposta ao olhar de ambos, e ela gesticulava apontando meus seios e dizia a Jessé:

— Cresceram, estão cheios, redondos. Veja! Observe a cintura e o quadril, também estão arredondados, estão mais suaves

158

e o ventre levemente pronunciado. Olhe o rosto dela, está mais suave e arredondado, a pele brilha... vai ter uma criança, tenho certeza! Não a vi procurar a tenda, falta-lhe o sangramento.

Eu fingia não compreender a conversa. Temendo revelar minha ansiedade, baixei os olhos e dei as costas aos dois, andando em direção a uma mesa onde uma serva depositara vinho, queijo, pães e frutas. Bebia e engasguei-me ao ouvir a ordem de Jessé:

— Worda, cuide muito bem dela. Que nada lhe falte nem seja recusado. Quero um filho saudável. Você sabe que mataram meus filhos varões no deserto. Quero Dalilah muito bem-cuidada.

— Mas ela pertence ao harém, não é sua esposa — retrucou Worda, tão surpresa quanto eu com aquela atitude.

— Isto não é da sua competência. Trate de cumprir as ordens que lhe dei, este é o seu dever — ralhou Jessé com firmeza e ordenou secamente: — saia!

Vi Worda perder, por completo, o costumeiro ar de superioridade com que me encarava. Olhou-me com tal submissão que com grande esforço não me entreguei ao riso. No mesmo instante, a conversa com Noor voltou-me a mente. Sim, como eu não vira antes as crenças limitadas da governanta do harém. Como não vi com quanta facilidade ela cedia!

Faltavam-me olhos de ver. Tudo em mim era superficial, mas minha compreensão começava a se expandir.

O poder da fecundidade, tão comentado pelas sacerdotisas, atrás do qual tantos homens e mulheres peregrinavam ao templo; fonte de poder na qual, pela primeira vez, eu bebia, em interesse próprio. Não posso ter vergonha de admitir os erros passados e, sim, ao enxergar a cega obediência e automática transformação de Worda, entendi que meu ventre fecundado me tornava senhora da vontade de Jessé e que me assegurava uma existência mais tranquila ao seu lado. Pude ver esta transformação na forma como ele me olhou, em seu toque, em seu tom de voz. Havia veneração; o sagrado se manifestava em meu corpo, e ele o respeitava. Além disso, imperava o interesse humano, a perpetuidade, a prova da masculinidade, da força, tudo a se materializar em um bebê do sexo masculino. Alianças políticas decorrentes de casamento de filhas era uma espécie de prêmio de consolação.

Cessaram as agressões; restituiu-me a liberdade vigiada de perambular pelos jardins e de estar com Noor livremente.

Respirei aliviada, ainda que sabedora do futuro que me aguardava permanecendo naquelas terras. Pensava que teria tempo para decidir o futuro com mais tranquilidade — mais uma infeliz justificativa inconsciente de uma mentalidade arraigada. Eu obedecia à minha própria preguiça, aos meus medos, à minha busca por segurança e estabilidade. A situação acomodou-se e eu prostrei-me.

Noor me observava calada, às vezes, parecia-me que ela desejava questionar-me, averiguar os resultados da conversa que narrei, mas, misteriosamente, não o fez. Limitou-se a acompanhar-me, dia a dia, como solícita amiga.

Não havia se passado uma lua desde que Jessé soubera da gravidez, quando, certa tarde, Noor surpreendeu-me com inesperada visita aos meus aposentos acompanhada de várias escravas do harém real.

Sorri, feliz, ao vê-la e, após as saudações, perguntei:

— O que é isto? Por que este cortejo?

Noor ergueu as mãos e fez um gesto suave, sinalizando que as escravas deveriam aguardar na entrada. Caminhou até o leito onde eu estava reclinada e, meneando a cabeça em direção ao cortejo, comentou:

— Dóceis, não é mesmo? Muito obedientes, temem perder a comida e o abrigo. Em troca disso, deixam de pensar e até de sentir.

— São boas escravas — respondi sem pensar, agindo com base apenas em preconceitos.

— É isso que todos dizem. Deve ser a razão pela qual o homem escraviza outro homem; nenhuma outra espécie chega a tal ponto de renúncia — disse Noor, como quem constata, com indiferença, a cor de um tecido. — O rei a isso chama de virtude.

— E não é? — Questionei.

— Não creio que ser o melhor animal doméstico de um homem seja uma virtude. Considero-as não humanas, criaturas que se rebaixaram além de qualquer limite. Têm dedos, mas não têm unhas nem punhos; têm bocas, mas não têm dentes; têm pés, mas falta-lhes força nas pernas; têm cabeça, mas não pensam. Não usam nada do que a natureza as dotou para lutarem por si mesmas. Chamam-nas prudentes, virtuosas; a meu ver, são covardes e medíocres. Trocam tudo, por nada.

— Você está muito difícil, Noor — gracejei. — Por que tamanha severidade de julgamento com estas criaturas?

— Porque tenho pressa que haja mudanças e sujeitar-se a esta condição de renúncia, de luta, servir à acomodação, é emperrar o progresso. Já acho que melhorei muito por não me irritar. Consigo empregar nesta situação um olhar de lua sem encantamento, um olhar de lua piedosa. Nunca admitirei renunciar à minha vontade pela do outro, pura e simplesmente.

— Você me confunde, Noor. Mas, não as trouxe aqui para uma demonstração de cega obediência para ilustrar o seu discurso, o que deseja?

— Confeccionar novas roupas para você. O rei incumbiu--me de prepará-la.

— Para o quê? — Perguntei sem mover-me, apenas aceitando tudo que era dito sem curiosidade, sem nada.

— Jessé deseja tomá-la como esposa. Você subirá, teoricamente, de nível hierárquico entre as mulheres dele. O rei, por isso, deseja conhecê-la.

Aceitei a notícia com a mesma parvoíce de espírito que me caracterizava e comentei:

— Como a vida é estranha,de um instante para o outro muda completamente. Deixarei de ser escrava...

— Não se iluda — interveio Noor, muito segura. — Nem você deixará de ser escrava, nem os fatos mudam completamente a cada instante.

— Como não? Você mesma disse que serei esposa, então não serei escrava. Houve mudança, e grande — insisti, e faceira olhei as tecelãs e costureiras que a acompanhavam.

— Que roupas faremos? Adoro cores fortes, púrpura, índigo...

— Pensa que é rainha? Cresça, Dalilah, saia deste seu mundo de ilusão e facilidades — advertiu Noor.

Interpretei que havia amargura em Noor e pensei: ela está enciumada, talvez pensasse que esqueceria sua amizade. Ela é muito forte, muito inteligente, mas é solitária, pensei. Tomada de piedade, por quem não precisava, acerquei-me de Noor e a abracei, reafirmando minha amizade e carinho por ela, que nenhuma mudança poderia alterar meus sentimentos.

Ela riu, abraçou-me gentil, e disse:

— Eu sei e agradeço seu afeto. Mas está errada em crer que temo por mim. É novamente sua imprudência a razão do meu temor. Você cede a facilidades e é crédula demais, confiante demais. Não pode ser assim ou continuará sofrendo desilusões e decepções.

— E eu posso recusar-me a aceitar esse casamento? — Indaguei ciente da resposta.

— Não.

— Então? Só me resta ficar feliz com as mudanças. Adeus escravidão!

— Não se iluda, Dalilah, nada mudará a não ser um nome, uma palavra, um título. A condição é a mesma, talvez como esposa sua servidão seja ainda mais cruel. A liberdade não é uma dádiva, é uma conquista interior. Se você não for intimamente livre, nunca será senhora de si mesma, ainda que seja uma rainha. Seu pensamento, sua vontade, seus sentimentos, seus atos, até mesmo sua roupa, a hora em que vai dormir e sua comida serão ditadas pela vontade dos outros. E quanto à radical mudança operada por este instante, bem... ela não existe. Um instante é apenas um ponto onde você se encontra na longa estrada do tempo e da vida, portanto, carrega em si a eternidade do que já foi e a do que há de vir.

— Há dias que você se esmera por complicar as coisas — retruquei. — Não sei como consegue complicar algo tão simples como o tempo. Ele passa, não para, é só isso.

— O tempo pode ser, mas ele só existe na forma como o ser humano o percebe. O instante é uma espécie de portal, entre o caminho do passado e o do futuro. É um caminho único e desconhecido. Você não conhece todo seu passado, ninguém conhece. Assim como também não conhecemos o futuro. Neste instante, temos um conhecimento limitado para diante e para trás. É nesse espaço que nosso querer se move, porém, para trás não volta, apenas arrepende-se, lamenta; se não aprendeu, no entanto, não muda. Ainda assim, gerará efeitos para frente, uma vez que influencia o seu querer deste instante. É por isso que os sábios do deserto nos ensinam a querer na vida desenvolver três coisas essenciais: reto pensar, reto sentir e reto proceder. Somente com eles usamos bem a liberdade de trilhar os instantes.

— Para que este discurso, se liberdade é algo que não temos nem como esposas nem como escravas? — inquiri desinteressada das palavras e alertas que não compreendia ou negava-me a compreender por comodidade.

— Não adianta — murmurou Noor e, contemplando o céu através da abertura da parede vazada, sorriu e disse: — a lua não nasce antes que o sol se ponha, nem as flores depois dos frutos.

E passou a dar ordens às escravas do que deveriam fazer. Perguntava-me o que desejava que fosse confeccionado, mas a incerteza tomou-me de assalto: como devia se vestir e se portar uma esposa? Eu não sabia, ainda mais naquela terra estrangeira, da qual sabia tão pouco.

— O que você acha mais apropriado? Por favor, ajude-me. Se o rei a enviou é porque confia em você.

Noor olhou-me; seus olhos turvaram-se, manifestando uma emoção que eu não consegui identificar: tolerância, isso a fazia senhora da minha alma e eu aceitava sua orientação e a ouvia, ainda que não a compreendesse. Ela semeou em minha mente e em meu coração. Na infinita linha do tempo, em um dado instante, elas germinam, florescem e dão frutos.

11
A FESTA

Trajada com luxuosos e pesados tecidos, os cabelos enfeitados com moedas de ouro, exalando um exótico perfume, fui conduzida do harém ao palácio real por Worda e duas escravas domésticas; um eunuco acompanhava o cortejo.

Deixaram-me sozinha às portas do palácio. Worda aproximou-se, e, ainda acreditando que não a entendia, abraçou-me e murmurou:

— Seja abençoada, estrangeira! E afastou-se apressada, seguida pelas moças. O eunuco adiantou-se batendo à porta. Prontamente atendido, mandou anunciar a noiva de Jessé, o filho de Abdulah, rei daquelas terras e povo.

Apressado, empurrou-me à frente, deixando-me sozinha, parada, à entrada de um vasto salão, onde se reunia um minguado número de pessoas.

Isso é o casamento do filho de um rei? Questionei intimamente, insatisfeita e insegura. Não fazia a menor ideia de que atitudes deveria tomar.

Jessé levantou-se de uma cadeira à direita de seu pai, entre os conselheiros militares, e estendeu-me a mão.

Andei, cega, até onde ele estava. Ninguém se ergueu para receber-me; olhavam-me com indisfarçada hostilidade.

Abdulah era um homem de boa aparência; aparentava estar próximo dos 50 anos. Jessé era uma cópia fiel dele que, por certo, se tornara pai muito cedo.

— Jessé, traga esta jovem até mim — ordenou o rei. — Quero vê-la. Espero que, ao menos, seja bela.

— É a expressão da própria beleza, meu rei — respondeu Jessé, olhando-me nos olhos.

Sorri, encantada com o elogio. A forma como ele me olhava, o carinho em seu toque e a ternura, lembrava o homem que eu cuidara naquele acampamento devastado no deserto. Ele é bom e gosta de mim, pensei, e isso me deu segurança.

Não recordei a agressividade, o ciúme, a obsessão pelo meu corpo, pois com facilidade eu jogava essas memórias para um canto escuro do meu ser. Elas não estavam esquecidas nem perdoadas, estavam jogadas para mais além daquele instante. Sem perceber, eu jogava pedras nos caminhos do futuro.

Fui colocada frente a frente com o rei. Só então notei, atrás dele, semiescondida pelos conselheiros e servidores, Noor, lindamente vestida, com a cabeça erguida, o olhar altivo e a expressão serena, na qual a sombra de um sorriso sempre pairava. Creio que a surpresa estampou-se em meu rosto, mas ela apenas balançou, levemente, a cabeça em muda saudação. Não pude retribuir; Jessé apresentava-me ao pai.

— Realmente linda. Você tem bom gosto para mulheres. Onde a encontrou mesmo?

— Ela é protegida de nosso amigo Natã, em Jerusalém. Foi lá que a encontrei, depois ela salvou-me da morte, quando voltamos da batalha com os ladrões do deserto — respondeu prontamente.

Aquela não era a verdade. Espantei-me, porém, mantive-me calada e obediente a Jessé.

Senti o olhar de Noor queimar minha pele; não tive coragem de fitá-la; em minha mente ecoavam as advertências que me fizera. Repetia-se o fenômeno que me era tão comum de ouvir as vozes de pessoas distantes, ecos do meu passado recente.

Eu as ouvia, mas não obedecia. Repetia sempre e sempre a mesma conduta, embora me parecesse diferente, embora eu dissesse que eram outras decisões, outras circunstâncias, a realidade é que era, em essência, a mesma grande lição e a mesma grande falha: preguiça, medo e comodismo. Obedecer era tão mais simples... porém, tinha um preço tão alto!

Abdulah falou rapidamente com Jessé, e não consegui compreender tudo o que diziam. Entendi o essencial: muitas esposas e filhos de Jessé haviam morrido no ataque ao acampamento do deserto. Era justo que tivesse novas esposas, e ainda que a situação fosse ímpar, pois não havia dote a ser pago ou nenhuma aliança política envolvida, o rei entendia que o filho sentisse um forte encantamento por minha beleza exótica se comparada às morenas mulheres de seu povo. Quase sorri quando ele comparou minha pele e cabelos com as penas claras de uma ave e as das demais com os abutres negros do deserto.

Coitadas! Pensei, nenhuma mulher merece ouvir isso.

Lancei um olhar a Noor. Ela sorria, imperturbável, e dava ordens às servas, como se fosse a rainha e não uma concubina real. Não parecia afetada pela grosseria com que os homens comentaram a aparência das mulheres.

Por fim, Abdulah abençoou a decisão do filho, desejou-lhe que eu tivesse saúde para conceber muitos descendentes e dispensou-nos.

Jessé agarrou-me pelo braço e entregou-me aos cuidados de uma mulher idosa, que tinha o rosto envelhecido, a pele castigada pelo sol inclemente e os cabelos grisalhos, presos num esmerado penteado, cobertos por um lenço negro transparente.

Ela me fez permanecer ao seu lado, de pé e atrás de Jessé e de outras seis mulheres, que mantinham a cabeça baixa.

Estava à direita de Noor, distante vários metros. Por isso, tive coragem de observá-la. Minha amiga permanecia de pé, atrás do rei, como convinha à sua condição de concubina, porém, a todo instante, durante a sessão pública que se seguiu à minha apresentação, o rei Abdulah erguia a mão direita pouco acima do espaldar de sua majestosa cadeira, e Noor se aproximava ouvindo-o e falando com ele, sem vacilações.

Notei que essa conduta incomodava muitos homens presentes, que deduzi deviam ser conselheiros do reino, porém, ela sorria e dirigia-se apenas ao rei; sequer olhava os demais conselheiros.

Jessé conversava com um homem que se sentava a seu lado e ouvi quando ele indagou:

— O rei Abdulah é um homem sábio, mas a cada dia torna-se mais dependente dessa mulher. Sem dúvida, uma das maiores belezas que esta terra já conhece, no entanto, temo que nosso soberano exagere na confiança que lhe dá...

168

— Noor é vidente. Sabemos o quanto o rei confia em suas previsões. Diga-se, confiança merecida, ela não erra — argumentou Jessé.

Noor, uma vidente?! A informação deixou-me zonza; ela nunca me falara deste dom. Tão logo tivesse outro encontro com ela lhe pediria que fizesse previsões sobre meu futuro, decidi.

Minha oportunidade não se fez aguardar. Na tarde seguinte, encontrei-a, como de costume, no jardim da piscina, banhando-se lânguida e relaxada.

— Olá, Noor! — Saudei-a contente, despindo a túnica para mergulhar o corpo na água tépida.

— Então, como vai a vida de esposa? — Indagou Noor com irônica expressão.

— Boa. A única diferença até agora foi o aposento e o leito em que dormi, embora guardem alguma semelhança de decoração e arquitetura.

Ela riu gostosamente da minha resposta, como se eu houvesse contado algo hilariante.

— Bem típico — disse-me, assim que controlou o riso. — Nada muda para quem não modifica as coisas por si mesmo. Ah, Dalilah! Quanta hipocrisia há neste mundo!

— É bastante, tenho certeza. Quando eu vivia no templo, muitos homens de Jerusalém, adoradores do Deus único, chegavam abrigados pela escuridão da noite e nela regressavam à cidade. Enquanto estavam entre nós, tratavam-nos como preciosidades sagradas, viviam, divertiam-se, gozavam todos os prazeres ao seu alcance, sem moderação; o único limite era o das próprias forças. Mas à luz do sol, diante de outras pessoas e longe do templo de Astarto, negavam-nos até o que beber; cuspiam à nossa passagem e voltavam-nos o rosto, quando não nos enchiam de maldições, apontando--nos os dedos.

— Pelos deuses! Isso é tão suave. Neste palácio, onde agora você vive, verá coisas bem piores e mais graves — falou Noor, fitando-me muito séria. — É um lugar em que você não deve confiar na sua sombra nas paredes, você me entende?

Assustei-me com a força das palavras e a seriedade de

seu olhar; de imediato lembrei da descoberta da véspera e um arrepio percorreu-me o corpo. Levei as mãos ao rosto assustada e implorei a Noor:

— Por seus filhos, pelo que você ama como mais sagrado, diga-me o que vê no meu futuro e não me esconda nada, nem faça rodeios, por favor...

Ela juntou as sobrancelhas e intensificou ainda mais a forma como me encarava.

— Por que julga que o que disse tenha a ver com visões sobre o futuro? Então, já usa o que lhe ensinei contra mim?

— Não, Noor, longe de mim tal ideia. Foi na festa, ontem, ouvi Jessé dizer que você é a vidente do rei, e por isso ele a consulta para tudo. Eu apenas ouvi e desejei...

— Saber o futuro — completou Noor. — É o que todos querem. Estúpidos! Irritam-me com suas eternas súplicas por saberem as asneiras que farão. É tudo tão simples: de mil nadas se compõem todas as coisas, as grandes como as pequenas; as vitórias como as derrotas; tudo se constrói e se destrói da mesma forma, com mil pequenas atitudes que se somam. Imperceptíveis aos olhos dos desavisados.

— Como assim? Existem grandes eventos — retruquei; apenas não completei que havia sonhado que o meu casamento fosse um grande evento e não uma mera apresentação.

— Somente existem pequenas coisas, Dalilah. É a soma de mil nadas que criam o que você chama "grandes eventos". Não me presto a adivinhações bobas, não preciso desperdiçar meu dom com isto, nem cansar-me à toa. Para tanto, a natureza deu-me a inteligência e o olhar atento. Quer saber seu futuro?

Balancei a cabeça afirmativamente, ainda que percebesse que Noor não me concederia uma consulta aos seus talentos.

— Conheça-se agora, descubra o que quer e a força que possui para conquistar e construir o que deseja: isto é o seu futuro. Você fará aquilo que for capaz, nem mais nem menos.

— Acho que em outras palavras você já me disse isto — murmurei, porém insisti: — no entanto, adoraria saber o que me reserva o futuro, o que está oculto...

— Nada está oculto. No futuro existe a sucessão dos dias e das noites, das estações, o tempo e tudo aquilo que ele realiza para toda e qualquer pessoa, sem distinção.

— A velhice e a morte, isso qualquer um sabe. Refiro-me ao que os videntes veem, os fatos, as previsões...

— Também isso segue a mesma lei da possibilidade natural. Um camelo é um camelo, agirá sempre como um camelo. Conheça-os e saberá profetizar a respeito deles; o mesmo se dá com os homens e os fatos. Enxergue os mil nadas, as partículas minúsculas e invisíveis e conseguirá ver o que se lança no tempo além do momento presente.

— Tenho dificuldade de entendê-la, de compreender o que quer dizer — expliquei.

Era um pedido, mais um, para que me esclarecesse. Não sei quantas vezes ouvi a mesma mensagem até que ela me penetrou o entendimento.

— Preste atenção, menina. Se você insistir em ser pequena, enquanto gente, ficará cada vez menor; mas, ao contrário, se você descobrir sua força e liberdade, se você encontrar sua vontade e o quanto pode o querer firme, aí, então, você será grande, tão grande quanto deseje ser. Insistindo em pequenas virtudes, em pequenas omissões, em pequenos confortos, em pequenas seguranças, em pequenas resignações, você será sempre e cada vez mais... pequena, me entende? O solo da sua alma é vil, é arenoso, é fofo demais; não serve para deitar as raízes de algo grande. Olhe a natureza! Grandes árvores não nascem no solo do deserto, você andou por lá, você viu. Por quê? Porque é de areia, move-se ao sabor do vento. Sim, é duro e seco, mas não é firme. Ser duro e ser sólido não são sinônimos. Grandes árvores possuem grandes raízes que se alimentam na profundidade e dão sustentação ao que aparece a vista. Pequenas virtudes, pequeno querer, pequenos defeitos, tudo pequeno; raízes pequenas, árvore pequena. Pequena é a trama do seu futuro próximo.

Noor foi a primeira pessoa que eu tive consciência de amar, mas justo ela tinha igual poder de irritar-me quando me dizia verdades que eu não queria ouvir e recalcava no fundo da mente, aparentando uma incompreensão na qual eu mesma acreditava. No entanto, Noor nem em sonho se iludia sobre o que se dava comigo.

Pequena! Pois sim, agora sou esposa de Jessé. Com certeza, isso é mais do que ser concubina do rei. Para uma estrangeira, solitária e pobre, consegui muito. Pensei, erguendo instintiva e orgulhosamente a cabeça.

Surpreendi-me com a risada de Noor, que balançava a cabeça encarando-me.

— Está rindo do quê? — Indaguei irritada.

— De você, do que mais seria? Dalilah, não brinque com o sagrado. A vida é muito maior do que o pouco que você concebe e enxerga. Não se pede impunemente revelações por curiosidade. Não se busca os imortais por questões frívolas. Eu jamais levantaria o véu que a vida lançou deliberadamente sobre seu passado e futuro apenas para atender um capricho. E o que lhe disse é uma grande verdade. Medite sobre ela e acabará enxergando, por si mesma, os caminhos do amanhã. Regrando a vida há uma Inteligência maior, seja um deus ou uma deusa, ou vários deles misturados, isso pouco importa. O fato é que a vida nos fez criaturas livres, com poder de escolha. Sei que você dirá que me ouve falar do quanto castram a liberdade das mulheres e dos escravos, é verdade e isso não muda em nada o fato de que a vida ou Deus ou os deuses, como queira, nos fizeram criaturas livres em essência. Somos nós, Dalilah, que regateamos e negociamos, às vezes, de forma vil, a nossa liberdade. Somos nós que a trocamos por quase nada. Liberdade é viver plenamente, e é comum se trocar vida por sobrevivência física. Para mim, que sou vidente, os mistérios depois da morte se mostram menos ocultos, e eu lhe digo: a vida ultrapassa as fronteiras da morte física. Existe em nós outra forma de vida que eu deduzo seja anterior ao corpo e que, tenho plena convicção, sobrevive a ele, e é inteligente.

— Você já viu alguém que morreu? — Perguntei sentindo arrepiar os pelos dos braços.

Noor parou de rir. Olhou como se visse através de mim e começou a descrever minuciosamente a fisionomia de Adonias e disse-me que ele estava ao meu lado. Demorei a compreender o que ela me dizia e duvidei, ainda que ela me descrevesse as vestes usuais que os homens do templo envergavam em Jerusalém. Como ela podia saber aqueles detalhes? Busquei na memória se alguma vez lhe falara dos costumes dos homens do templo de Astarto. Nada recordei. Ainda assim, duvidava.

— Pergunte-me algo que você tenha a certeza de que somente ele poderia saber a resposta — sugeriu Noor, mostrando-me que tinha ciência da dúvida que me assaltava, no entanto não havia nenhuma revolta ou zanga em sua voz ou expressão, por eu duvidar de seus dons.

Alheia ao pedido de Noor, não conseguia pensar em algo que somente Adonias poderia me responder; o medo governava meu ser e bloqueava minha capacidade de raciocinar.

— O que ele faz aqui? — Balbuciei, esfregando os braços em uma tentativa ridícula de dominar as ondas de arrepios e a sensação dos pelos eriçados. Um nó se formara em meu estômago; o coração batia muito rápido, eu sentia as veias da fronte latejarem.

— Diz que veio atraído por seu pensamento. Que você o chamou com a evocação de suas lembranças.

Tapei a boca com a mão para conter o grito que acreditava iria soltar. Disso eu não falara a Noor; ninguém sabia que Adonias povoava minha mente e meus sonhos. Neguei com um gesto de cabeça e murmurei:

— Não, eu quero que ele esteja em paz no mundo dos espíritos...

— Ele diz: esse mundo é muito próximo, muito mais do que se imagina e que os pensamentos, sentimentos e vontades daqueles que ficaram na vida da matéria o invade e penetra. Que é tão próximo que lhe permitiu encontrá-la aqui em um local tão estranho — recitou Noor, com voz impessoal e o mesmo olhar e expressão na face, como se fosse uma estranha, indiferente a tudo e a todos.

— Peço perdão — falei baixinho, apertando as mãos nervosamente. — Não queria e nem pensava que era possível incomodá-lo. Peço que me perdoe também pelo que aconteceu na noite da festa dos Tabernáculos...

— Perdoe a si mesma, — falou Noor, reproduzindo o pensamento do espírito de Adonias. — Todos sabiam que o escravo-rei depois de banquetear-se das forças da deusa deveria dar seu sangue em agradecimento e sacrifício. Diz que morreu em paz, feliz, no cumprimento de um dever para ele sagrado.

— Mas...

— Alguém sempre morrerá no ritual — prossegui Noor, dando voz ao pensamento do espírito. — Vida e morte em uma mesma celebração de fertilidade. É assim a vida. Diz que todos os cultuadores da deusa conhecem essa grande verdade: viver, morrer e voltar à vida.

Eu ouvira centenas, talvez milhares de vezes, comentários e explicações sobre a ideia do viver, morrer e retornar à vida. Mas apenas ouvira, sem atenção nem reflexão. Que me importava naqueles dias pensar a vida, o destino das pessoas ou a paga justa ou injusta das atitudes adotadas em uma existência. As coisas eram o que eram e ponto final, assim eu acreditava.

— Ele pede que você reflita mais, seja menos impulsiva e, reconhecendo suas deficiências de caráter e conduta, abandone esta personalidade nômade e ao mesmo tempo pacata.

— Ele está muito diferente, agora que habita a terra dos mortos — murmurei — parece mais um sábio do que um servidor do tempo de Astarto.

— A finalidade de viver no templo da deusa é tornar-se sábio — retrucou de pronto o espírito pela voz de Noor. — Qualquer outro propósito é indigno da grande mãe. Adeus, Dalilah. O que me trouxe foram seus constantes chamados. Eu gosto de você, mas é preciso que busque conquistar mais, que busque a companhia de pessoas que possam orientá-la no caminho do reto proceder. A vida tem sido cheia de bonança com você, nunca lhe falta uma alma capaz de ajudá-la a se melhorar, de servir-lhe de guia, por meio da qual você possa reconhecer e reformar esta personalidade nômade. Aproveite o tempo, ele é fugaz como areia entre os dedos; use-o bem, nenhum segundo passado voltará, não importa quão grande seja o prazer, a dor, a satisfação ou o arrependimento que lhe invada a alma. Ele não voltará, jamais. Ainda que seja necessário repetir lições, elas serão renovadas no futuro, em outro instante. O que passou é obra acabada e repositório de sabedoria. Se estou mais sábio do que lhe parecia quando estivemos juntos nesse mundo corporal foi porque aqui — na terra dos mortos — eu precisei estudar os meus atos significativos como forma de conhecer mais a mim mesmo. Assim aprendi para o que serve o passado: extrair lições, não para rememorar lembranças e ruminar sentimentos. Fique na paz e na luz, amiga.

Noor piscou os olhos, moveu a cabeça devagar e acabou fitando-me com expressão doce e firme. Seu silêncio forçava-me a pensar na experiência que acabara de ocorrer. O diálogo imediato, em geral, é superficial, é como se fosse um regurgitamento. Não há tempo para que as ideias expressas sejam assimiladas, interpretadas, refletidas e entendidas.

Minha amiga sabia que momentos de solidão são imprescindíveis ao cultivo do pensamento aprofundado, por isso afastou-se. Acomodou-se em um divã à sombra próxima e deixou-se ficar contemplando a natureza. Para além, na linha do horizonte, vislumbrava-se os altos muros de adobe e pedra que separavam a cidade da vastidão do deserto. O passar dos dias provou que Noor estava com a razão: tudo que ocorrera em minha vida não passara da simples mudança de um título.

Eu ainda era tanto quanto a égua que me conduzira àquela cidade.

O relacionamento com Jessé tinha como única alteração a diminuição da violência. No entanto, demorei a admitir e enxergar este fato.

Durante a gestação, ele cercou-me de cuidados e atenção. Passamos boas horas juntos. Ele mostrou-me a cidade; foi a primeira vez que saí do palácio.

— A cidade é linda! — Disse-lhe enquanto passeávamos

numa liteira, cercados de luxo e conforto. — Como é agitada! Podemos ir ao mercado?

Ele sorriu complacente. Segurou-me a mão e disse:

— Faço tudo para vê-la feliz e saudável.

A liteira mudou o rumo e ele começou a falar:

— O mercado é muito agitado, ocupa um espaço grande. Como sabe, nossa cidade é uma das mais ricas e devemos isso ao comércio. Aqui encontramos mercadores de todo deserto, vindos mesmo de lugares muito distantes: egípcios, hebreus, africanos, bárba... — Jessé calou-se, sua atenção fora desviada para uma cena na rua, e ele ordenou aos escravos — Parem!

Lancei um olhar através do véu que ocultava o interior da liteira. Havia tumulto; ouvi o brandir de facas e espadas, gritos, choro.

Jessé desceu, andando garboso, alto e forte; ouvi sua voz erguer-se autoritária. Senti-me orgulhosa de ser sua esposa. Vivia uma relação emocional dúbia e inconstante com ele, como não poderia deixar de ser, eis que assim era minha própria personalidade. Ora odiava-o com todas as fibras de meu ser, ora encantava-me com seu físico, com sua presença forte, até o aspecto violento de sua personalidade me fascinava, quando se voltava contra outras pessoas, e a detestava quando se voltava a mim.

Enquanto ele, junto com alguns guerreiros, se envolvia na desordem pública, eu olhava as mercadorias expostas nas bancas mais próximas. O odor de perfumes chegou aos meus sentidos e procurei ávida pelo comércio de óleos e essências. Sentia o cheiro do sândalo, do jasmim e de outras flores com facilidade.

Preciso ir até lá, escolher óleos e incensos. Será que tem pétalas de flores ou ervas para banho... — pensava, sem preocupar-me com a violência que grassava a poucos metros de onde me encontrava. Estava segura, protegida pelos escravos e por guerreiros que Jessé deixara especialmente para zelarem por mim.

Uma mulher passou correndo; trazia um corte feio no

rosto; sangrava muito. Ela fugia em desespero, e era perseguida de perto por alguns homens. Vi quando a alcançaram, fizeram-na ajoelhar-se e cortaram-lhe o pescoço.

Uma cena dantesca, em que eu jurei ouvir lamentos escaparem da boca da infeliz criatura quando sua cabeça pendia, acompanhando a direção da lâmina, fria e manchada de sangue, que lhe tirara a vida.

— Que coisa horrível! Jessé, Jessé — gritei assustada, olhando diretamente a rua e lançando a cabeça centímetros para fora. — É uma mulher! Não podem matá-la assim... Astart...

— Cale-se — ordenou-me um dos guerreiros, empurrando-me a cabeça para o interior da liteira.

— Avise Jessé desse assassinato brutal — pedi.

— Era apenas uma mulher, a vida dela pertencia ao seu senhor — respondeu-me ele.

Entendi que aquela resposta encerrava a questão. Senti-me tão pequena; desaparecia toda sensação de segurança que antes experimentara. Lembrei-me da deusa, das mulheres do templo. Recordei do parto de meu filho; recordei de Adonias; recordei das vezes em que os homens deitavam sua cabeça em meu peito felizes e satisfeitos, confiantes. Depois olhei o horrendo cadáver largado na via pública. O corpo ainda se arrastava como se pedisse ajuda e socorro aos que por ali passavam. Porém, no tumulto do confronto, somente eu presenciara a sua morte e o esgotar de suas últimas energias.

Senti um enjoo muito forte, minha cabeça rodava, um suor frio cobriu-me a pele, o coração batia como louco no peito. Com muito esforço, chamei o guerreiro e implorei:

— Não me sinto bem — protetoramente levei as mãos ao ventre, então pronunciado. — Leve-me de volta ao palácio.

Vi que o guerreiro assustou-se com minha aparência e não questionou o pedido, deu ordens aos escravos e foi juntar-se a Jessé e aos outros.

A agonia da morte era mil vezes mais suave do que a experiência que passei a viver a partir daquele instante. A mulher barbaramente assassinada sob minha vista padeceu

177

bem menos. Cheguei ao palácio convencida que em breve morreria, pois era certo que grave doença se abatera sobre mim. Não conseguia apagar da mente a lembrança da cena dantesca, e o mal-estar se agravava, atingindo os limites do insuportável para ali deixar-me viver em suspenso. O coração acalmava-se, mas logo voltava a agitar-se; o peito oprimido exauria-me, exigindo esforços para respirar.

Sentia a criança em meu ventre movimentar-se tão aflita quanto eu, e seus movimentos acelerados machucavam-me, aumentando meu desespero.

— Ande depressa! Senão morro nessa rua e levo comigo o filho de seu senhor — falei irritada com o passo lento dos escravos ao responsável pela condução da liteira.

Ouvi quando ele ordenou marcha acelerada. Minha situação piorou; o sacolejar da liteira aumentava a tontura e o enjoo.

Enfim, chegamos à residência. Aliviada, ouvi o chefe dos escravos ordenar que chamassem Worda.

Assim que parou a liteira, ele abriu a portinhola e, apressado, tomou-me nos braços, levou-me aos meus aposentos guiado pela escrava que me servia.

Suspirei quando ele me depôs no leito.

— Noor — chamei assustada. — Noor, Noor...

— Sagrados deuses! — Exclamou Worda ao aproximar-se do leito, alarmando-se com minha aparência. — O que houve? O que está sentindo, estrangeira?

— Acho que vou morrer — falei assustada, com a respiração entrecortada. — Chame Noor, por favor...

— Acalma-se, estrangeira. Primeiro deixe-me ver se a criança vive.

— Vive — garanti-lhe, levando as mãos ao pescoço como se assim eu conseguisse diminuir a aceleração cardíaca. – chuta-me as costelas e o fígado com tanta força que me dói até a alma. É o coração, sinta.

Tomei a mão de Worda e a coloquei sobre o meu peito.

— Sentiu?

Worda, mantendo a mão sobre meu peito, pressionou para que eu me recostasse contra as almofadas do leito e assim permanecesse.

178

— Calma — ordenou, fitando-me com firmeza.

Com a mão livre passou a tocar meu ventre sentindo os movimentos agitados do bebê.

— É preciso fazê-lo parar — falou Worda. — Não é bom que a criança se agite tanto. Acalme-se, respire fundo.

Obedeci e o mal-estar se acentuou; a tontura foi imediata, e o coração saltou como se fosse sair pela garganta, sufoquei.

Worda assustou-se e gritou à escrava que, muda e pálida, assistia a tudo, parada ao pé do leito.

— Chame Noor!

Não vi a jovem desaparecer, mas pareceu-me que ela demorou séculos a retornar acompanhada por Noor.

— O que aconteceu? — Indagou Noor, adentrando o quarto.

Worda relatou as poucas informações recebidas do chefe dos escravos e o que ela mesma presenciara.

Noor abriu um saco de linho, muito alvo, retirou algumas folhas secas, cascas e raízes e entregou-as à escrava, determinando que fosse feita uma infusão. Depois se acercou da cama, sentou-se ao meu lado, correndo as mãos do alto da minha cabeça até a altura dos seios, de forma lenta e tão suave que os dedos mal tocavam minha pele. Era como uma brisa do cair da tarde.

— Calma, Dalilah. Tudo está bem. Tranquilize-se, respire devagar, lentamente, de forma normal. Calma, calma. Tudo está bem. Tranquilize-se, respire... — e repetiu as mesmas palavras e os gestos até que senti meus olhos pesarem, e o corpo relaxar. O mal-estar cedeu, e uma modorra tomou conta de mim. Nesse estado de semiadormecimento consegui ouvir Worda dizer a Noor:

— A criança se acalmou com sua magia.

— Acalmei a mãe, Worda — retrucou Noor. — Quando ela despertar deem a beberagem que mandei fazer, deixem-na beber o quanto quiser. É uma poção calmante que a fará dormir por várias horas, sem qualquer perigo à criança. Mande Jessé à minha presença assim que chegar, tenho urgência em lhe falar.

— Assim será feito, senhora — respondeu Worda submissa, como se falasse a uma rainha.

179

Não registrei nada mais da conversa; adormeci sentindo-me segura por ter Noor comigo. Desconheço quantas horas dormi sob o efeito da indução de Noor. Vagamente lembro que acordei e deram-me uma bebida doce com sabor de ervas e retornei ao mundo de Morfeu.

O procedimento repetiu-se outras vezes. Em alguns momentos, tinha a impressão de que Jessé, assustado, velava à cabeceira de meu leito.

Era reconfortante o descanso, tão bom sonhar ou dormir profundamente. Sentia-me livre, porém, em meio a esse paraíso, se imiscuíam cenas de degolas. Ora via a cabeça de Adonias, ora enxergava a mulher anônima ajoelhada na via pública, perseguida e barbaramente assassinada, e seu corpo sem cabeça a arrastar-se em minha direção. Agitava-me e acordava aos gritos. Repetia-se a sensação de sufocamento; o coração ameaçava sair pela boca; tremores e suores gelados tomavam meu corpo. Que crises horríveis! Quando a beberagem não surtia efeito, chamavam Noor que me acalmava infundindo pensamentos e energias tranquilizadoras.

Um dia acordei calma, revigorada. Worda e Noor observavam-me; pisquei. A luz machucava-me os olhos. Tapei-os com as mãos e murmurei:

— Feche as cortinas, por favor.

Worda correu a atender meu pedido. Vi que ela estava ansiosa, pois esfregava a mão direita sobre o pescoço e o peito.

— Como se sente, Dalilah? — Perguntou Noor, aproximando-se de meu leito e sentando-se a borda, bem próxima de mim.

— Fraca. Cansada. Exausta. Confusa — respondi, piscando os olhos. Em verdade, não conseguia lembrar-me com clareza do que vivera naqueles dias. Eu não sabia nem mesmo quanto tempo durara aquele estado.

— É natural, você ficou muito tempo adormecida. Três dias ao todo.

— Parecem séculos. Lembro de dormir e acordar, lembro de gritar muito e jurar que iria morrer. Tudo isso durou apenas três dias?

— Não. Você dormiu os últimos três dias, sem acordar. Mas faz sete dias que tudo começou — esclareceu Noor e, voltando-se para a servidora parada ao lado do leito, ordenou: — Worda traga um alimento leve para Dalilah e avise aos demais sobre suas melhoras.

Worda baixou a cabeça em acatamento a ordem e afastou-se, abrindo e fechando suavemente a porta; parecia adivinhar que os sons retumbavam em minha cabeça.

— Ela a obedece prontamente. Adoraria ter seu poder... — murmurei com um sorriso pálido na face.

— Nem sempre foi assim. Porém, agora não é o momento para este assunto. É preciso recuperar-se, alimentar-se, tomar um banho longo e refrescante.

A imagem do banho deu-me a consciência de sentir a pele pegajosa e de que eu exalava um odor acre. Estava suada.

— Será maravilhoso, peça o banho antes do alimento, por favor, Noor.

— Imagine! É lógico que não pode ser, querida. Sem alimento você não terá energia para o banho, nem para erguer-se dessa cama. Durante o período em que esteve doente, alimentou-se mal, hidratou-se com muita dificuldade. Não, não. Primeiro a água e a comida, depois o banho.

Dando vida às próprias palavras, Noor encheu um grande copo com água fresca servida de uma jarra que descansava sobre a pequena mesa próxima do leito.

— Beba devagar — ordenou Noor entregando-me o copo.

Ao sorver o primeiro gole, o frescor e a leveza do líquido alegraram-me e deram consciência da sede que me devorava.

— Mais — pedi estendendo o copo vazio para Noor.

Ela serviu-me e insistiu:

— Beba devagar! Saboreie. Não há nada melhor do que saborear a satisfação de uma necessidade. Se beber rapidamente não sentirá o prazer, apenas terá logo a sensação do estômago pesado e frio. E a sede continuará. Assim, tenha calma.

Agradecida pelo cuidado que ela dispensava ao meu bem-estar a obedeci.

Ajeitei-me no leito, sentando-me e apoiando as costas

nas muitas almofadas que me cercavam; algumas jaziam atiradas ao chão. Imagens confusas, misturadas, como as de um sonho, cruzavam minha mente; eram mensagens que teriam de ser decodificadas.

— Jessé, onde está? Partiu em alguma atividade militar deixando-me aqui sozinha e enferma? — choraminguei.

— Jessé é um guerreiro, Dalilah — lembrou Noor. — Como tal, ele é violento e até mesmo cruel, no entanto, preocupa-se demais com sua saúde. Ouso dizer que você é mais importante para ele que todas as mulheres do harém juntas. Meus parabéns! É um feito inédito, considerando-se o seu temperamento de conquistador. Mas, sim, ele partiu. Houve um conflito com uma tribo protegida por nosso povo. São mercadores que nos abastecem com tecidos de linho e seda do Egito. Jessé é o comandante militar; a tarefa lhe competia.

A notícia, na verdade, não me surpreendia, pois era natural e esperada. Afinal, mesmo sendo considerada mais importante que as outras, eu continuava sendo apenas uma mulher, e doente valia ainda menos. Desejar cuidados era um sonho distante.

Calei-me, ruminando meus íntimos pensamentos. Sentia-me sozinha e desamparada, como no dia da minha chegada, porém mais fragilizada. Esperava um filho e estava doente; conhecia da natureza o bastante para ter consciência de que a situação não me era favorável.

Helena — lembranças da sumo sacerdotisa de Astarto eram constantes — parecia tê-la ao meu lado, velando e cuidando de mim embora eu não merecesse. A sensação era tão intensa que me parecia ver seu belo vulto pairando ao pé do meu leito. Divisava com clareza seus trajes negros, o dourado de suas joias e o olhar profundo, o brilho de inteligência. Confortava-me que esse espectro tivesse no olhar um toque de ternura, como a dizer que perdoava minha ingratidão e que, como iniciada nos mistérios da deusa, eu poderia, um dia, voltar para casa, para o templo.

— Helena — disse em pensamento ao espectro — sei que é possível que estejas aqui, que tua alma tenha vindo em meu socorro e zele pela minha saúde. Imploro-te que me perdoes por toda incompreensão e ingratidão, por não ter aproveitado as tuas lições. A vida tem me feito entendê-las. Pede a Astarto que me proteja, diga-lhe que eu a amo e a venero, em meu coração, como sempre. Pede-lhe que proteja minha vida.

— Melhor do que eu, peça você mesma. Ore com o fervor que lhe dá a consciência de suas dificuldades. Eu zelarei por você, também. Aprenda a ser, Dalilah. Faça por si mesma e lembre-se sempre: a serenidade e a saúde são progressivas em nossa vida e são o fruto verdadeiro da retidão de caráter e conduta.

A clareza com que registrei em pensamento a resposta deu-me a certeza de que Helena, a distância, e em espírito, cuidava de mim. Uma tranquilidade benfazeja tomou minha mente, ainda que a tristeza rondasse meu coração e lágrimas sentidas e silenciosas rolaram por minha face.

Noor olhava-me. Creio que as atribuiu ao distanciamento de Jessé, mas eu chorava de saudade da vida no templo, onde as mulheres eram valorizadas como forças divinas a serviço da vida, do prazer, da natureza maior que nos rodeia. Lá eu era alguém, uma pessoa, e pertencia a um grupo social. Era cuidada. Ali, onde me encontrava era coisa, quiçá menos que um animal. Era estrangeira!

— Você está fraca, Dalilah — falou Noor, fitando-me. — Esta fraqueza física a torna mais frágil emocionalmente, você não pensa com a razão, é só sentimento. Isso não é bom neste momento. Sentir piedade de si mesma não a ajudará em nada, acredite. Tornará a situação mais difícil. Busque a serenidade da razão, ela é filha da lógica. Queimar de dó por si mesma é uma escolha má. Lembre-se: a cada instante fazemos escolhas, e nos próximos, na estrada do futuro, colhemos as consequências. Nada existe sem gerá-las, seja no mundo físico ou mental.

Uma leve batida na porta anunciou o retorno de Worda e de uma escrava doméstica carregando uma bandeja com alimentos.

— Como ordenou, senhora — declarou Worda apresentando a bandeja a Noor.

183

— Muito bom — elogiou Noor dirigindo a Worda um pequeno sorriso. — Sirva a esposa de Jessé.

Não corrigi a interpretação de Noor, pois admiti que tinha razão. Meu discurso mental escondia uma grande dose de autopiedade.

O aroma apetitoso do alimento me fez reconhecer que estava faminta. Devorei o caldo e o pão, ingeri o copo de leite de cabra e recostei-me saciada.

— As cores retornam ao seu rosto, isto é maravilhoso — disse Noor, acariciando-me o alto da cabeça repetidas vezes e falando em um tom hipnótico: — descanse um pouco. Durma, o sono será salutar e benfazejo, harmonizando seu corpo e sua mente.

As pálpebras pesaram; uma lassidão irresistível esparramou-se por meus músculos e suavemente adormeci.

Quando despertei, uma banheira com água morna e perfumada com óleos aromáticos aguardava-me. Respirei o vapor deliciada. Tentei sentar-me e fiquei tonta; logo a escrava que preparava o banho correu em meu socorro, amparando-me.

— Calma — pediu-me ela. — Esteve muitos dias no leito, deve levantar-se com cuidado. Uma queda, com a barriga tão grande, pode ser perigosa. Deixe que a ajude.

Era uma mulher forte, firme. Não me lembrei de tê-la visto antes, mas despertou-me imediata simpatia e confiança; talvez fosse pela pele negra que sempre me encantava.

Após um longo banho, vesti-me, e a escrava ajudou-me a sentar na sacada do quarto com vista para o pátio interno. Aspirei o ar puro. Era bom viver, sentir-se saudável, serena.

— Estou tão bem — declarei à escrava. — Sinto-me calma, como se fosse possível estar distante de minha própria existência, como se eu fosse uma estranha observando a mim mesma. Você consegue me entender?

— É claro. A senhora está sob os benefícios da magia de Noor. Todos se sentem assim quando ela deseja. É muito bom para que recuperemos as forças do corpo. Quando a mente e os sentimentos agitam-se demais é como se tivéssemos uma hemorragia; uma enorme fraqueza nos abate e nos traz mal-estar. É algo que nos consome. Mas Noor sabe como fazer cessar esse sangramento das forças.

— É exatamente como me sinto — concordei admirada. — Você já experimentou isso?

— Sim. Noor é a amiga de todos nesse palácio. Quando socorre alguém enfermo ela não faz distinção de nenhum tipo. É uma alma abençoada. Desde que vim para cá, todas as vezes em que adoeci, ela sempre me auxiliou, por isso sei o que está sentindo.

— Na minha terra, no templo onde vivi, as sacerdotisas conheciam esta maneira de auxiliar aos doentes. Eu vi muitas ocasiões em que elas praticaram esse conhecimento, dizem que é muito antigo. Quando voltar para lá irei aprender — falei em voz alta o que pensava e idealizava para o futuro.

A escrava balançou a cabeça e movendo com graça o corpo alto e delgado, lembrou-me:

— Agora você é esposa do senhor Jessé, não pode voltar à sua terra. Peça a Noor que a ensine.

A escrava etíope falou com tamanha convicção que fiquei refletindo sobre como era possível a Noor conhecer práticas de uma iniciada e como podia ela ensiná-la se não era uma sacerdotisa? Quem era Noor, afinal de contas?

12
Vida breve

Os dias arrastavam-se lentamente; tinham um sabor de agradável eternidade. Sentia-me segura entre as paredes do palácio; o confinamento era-me benéfico; colocava-me longe de todas as situações e fatos desencadeadores do medo. Isolada e fechada estava segura. Lá a única ameaça visível e conhecida era Jessé, porém a gestação transformara-lhe o caráter e o proceder comigo, assim pensava naqueles recuados tempos.

Mais um engano! Quando não desejamos ver, até uma peneira encobre o sol e transforma a luz em trevas; eu procedia dessa forma. A preguiça da alma — aquela que nos leva a adorar a passividade, a viver confortavelmente com a mesmice e a abominar mudanças, aquela que nos torna revoltados com os reveses da vida que impõem as transformações curadoras ao nosso caráter — impelia-me a crer na ilusão que eu criava para mim mesma. Paradoxo?! Um fato da evolução. Sim, eu — como é comum a todos os espíritos naquela faixa evolutiva — descobria em mim as respostas e justificativas para o caráter e o proceder de Jessé.

Não desejava olhá-lo fria e cruamente. Se tivesse esse olhar com ele teria que aplicá-lo também a mim e aí estava a melhor razão para iludir-me com o outro, iludindo-me comigo mesma.

Jessé é um novo homem. Deseja um filho e vê o quão sagrada é a natureza da mulher, nunca mais irá me agredir. Eu viverei em paz aqui, cercada de atenção como a esposa de um líder e mãe de seus filhos. Astarto há de me abençoar com um menino. No futuro, encontrarei amigos, aprenderei as artes de Noor, descobrirei seus segredos. Sim, sim, tudo ficará bem, este era o meu mantra. Repetia-o em pensamento, e sempre que alguma dúvida se desenrolava dos refolhos do inconsciente e vinha me incomodar. Repetia-os, em voz alta, para qualquer criatura que me perguntasse se eu estava bem. E não me dava conta do que fazia.

Noor olhava-me, ouvia-me, observa-me e sorria misteriosa e triste. Aquela atitude me incomodava: como alguém podia sorrir e transmitir tristeza, como se lastimasse aquele para quem sorria?

— Não há nada errado comigo, Noor — disse-lhe em uma daquelas ocasiões. — Por que você parece me lamentar?

— Eu não pareço, Dalilah, eu lamento de fato.

— Não há motivo. Estou bem, recuperada. Impressionei-me em demasia com a violência das ruas, foi apenas isso. Nem sei por que fiquei tão abalada, já vi coisas piores — retruquei com segurança.

— Eu creio, mas entre ver e sentir a injustiça de uma barbárie existe uma vasta distância. É como quando fazemos a travessia do deserto e enxergamos no horizonte os contornos da cidade de destino. O sentimento é um no deserto e outro quando colocamos os pés nas ruas do lugar, vemos seu povo, sentimos seus cheiros, comemos sua comida... Você me entende?

— Não. Às vezes penso que você não quer admitir a mudança de Jessé. As pessoas se transformam, mudam de hábitos — respondi. — Acredite, você não terá mais motivos para lamentar-me. Reconheço que ele fez maldades comigo e você tinha razão nos avisos que me deu, mas, agora é diferente, ele mudou...

— Que o Sábio Senhor a ilumine! E abençoe as suas palavras — retrucou Noor. — Mas, diga-me: quantas vezes você encontrou com Jessé desde que está esperando esta criança?

A pergunta pegou-me desprevenida, não havia pensado no tempo — real e concreto — que havia compartilhado com ele. Busquei na memória a resposta.

— Foram poucas, acho que umas três ou quatro vezes.

— E estes encontros foram longos, demorados, ou foram breves? — indagou Noor, com a paciência de quem aguarda um nascimento difícil.

— Jessé anda sempre apressado, vive atarefado com suas funções — respondi evasiva, incomodada com minha amiga.

— Foi breve, então. Diga-me: como você avalia o caráter de uma pessoa? Como a conhece?

— Ora, como todo mundo: convivendo.

— O que você sabe da escrava que limpa seus aposentos?

— O quê? — Perguntei. — Não entendo o que isso tenha a ver com nossa conversa anterior.

— Responda apenas, por favor.

— Não sei quase nada. Quando ela entra, alguns dias a saúdo, outros não; depende do meu humor.

— E o que você responde: conhece-a ou não?

— Nós convivemos bem, nunca fui desrespeitada.

— E ela gosta de você?

— Ora, Noor! Francamente! Como irei saber uma coisa destas?

— Você gosta de mim, Dalilah?

— Mas é claro, você é minha única amiga nesta terra.

— Se alguém lhe perguntasse sobre meus sentimentos por você, o que responderia?

— Que você é minha amiga; que gosta de mim.

— Por que você afirmaria isso com certeza?

— Eu a conheço, ora! Faz tempo que somos amigas. Você vem me visitar todos os dias muitas vezes.

— É verdade. Estes são fatos válidos para qualquer relacionamento; você concorda comigo?

— Sim, acredito que sim, que sejam válidos para qualquer um.

— Então, também são válidos para o seu casamento?

— Sim, apesar de que casamento é diferente.

— Diferente, em quê? — Questionou Noor, lançando-me um olhar travesso, cheio de riso.

Entendi que ela sabia a resposta boba que havia na ponta da minha língua.

Lembrei-me dos dias vividos no templo. Que sabia eu de casamento ou de relacionamentos? Tudo o que havia experimentado fora fugaz. Breves encontros sexuais remunerados. O prazer pelo prazer. Eu não sabia nada, eis a verdade, nem de relacionamentos nem de casamentos, sequer de amizades verdadeiras. Dei-me conta de que sempre fora muito egoísta, pensando apenas nas minhas necessidades e usando as pessoas para satisfazê-las.

— Esqueça — pedi ao cabo de alguns minutos. — Não sei coisa alguma sobre casamento. Ensine-me, por favor.

Noor aproximou-se, acariciou meus cabelos e deixou posar uma das mãos em meu ombro.

— Não há receita, Dalilah. Relacionamentos são construções diárias. Posso lhe falar dos ingredientes, dos materiais, porém em cada uma das nossas relações de convivência eles se misturam de forma diferente; em algumas se exige mais de um ingrediente do que outro. No geral, é preciso confiar, conhecer o outro, identificar semelhanças e diferenças e isso se faz estabelecendo contatos, conversando, observando, olhando no olho do outro, tocando, sentindo as reações. É preciso conhecer para tudo; para confiar, para respeitar, para saber limites, possibilidades. É preciso doar-se, Dalilah. Abrir-se. O outro necessita fazer com você o mesmo que faz com ele; é preciso devastar e deixar-se devastar. Chamo isso de intimidade. A intensidade com que esses fatos se dão determina como classificamos os relacionamentos: superficiais ou profundos; ardentes ou frios; marcantes ou banais...

— E como você classifica os relacionamentos sexuais? Ou eles são meras ações, como comer ou tomar banho?

Noor riu, retirou a mão e andou em volta do leito, fazendo-me virar a cabeça para acompanhá-la. Pensou, fitando as nesgas de céu visíveis pela parede vazada, e respondeu:

— Às vezes é como tomar banho ou comer. É ilusão crer que sempre tenham um significado maior e mais profundo, ainda mais quando ocorrem entre estranhos. Poderão até ser ardentes, mas serão banais, se não houver algo além do relacionamento físico. Veja: um corpo você devasta e descobre passeando as mãos, acariciando, em questão de minutos; e se pode perder inteiramente o interesse por ele. Mas existem casos em que o relacionamento físico é um complemento de uma relação pessoal íntima que se consuma em todos os níveis. Nesse caso, há encantamento nas mínimas transformações; o interesse se renova e se aprofunda. Ele é motivado por algo a mais; o prazer físico é também prazer de estar na companhia mental e afetiva. Tive um grande mestre que me ensinou que todas as relações humanas são relações de amizades em sua essência, e que as nuances passionais são fruto das emoções experimentadas nesse contato. Dizia ele que toda relação afetivo-sexual duradoura começa e termina em uma grande amizade. Sem este pilar, as relações ruem.

Uma amizade verdadeira suporta os revezes, sabe compreender e tenta perdoar; tem a paciência de ensinar, a tolerância de esperar e a dócil humildade de aprender; sabe ser benevolente e severa, conforme a necessidade. Uma simples emoção ardente não tem esses requisitos. Ela queima, pura e simplesmente. Arde-se em combustão e sobram cinzas; é bom quando não deixam cicatrizes em nosso amor próprio. Infelizmente, deixar cicatrizes é o que mais ocorre, e as criaturas acreditam sofrer pelo amor que dedicavam ao outro, mas não é verdade: sofre-se pelo amor que se dedica a si mesmo e que foi magoado, ferido, restou com cicatrizes ou foi queimado no incêndio da paixão...

— Não sei se Jessé é meu amigo — intervim, cortando as palavras de Noor.

Vi um brilho de compaixão nos olhos de Noor, porém ela não mudou as atitudes comigo. Compaixão não era o pieguismo sentimental que eu tanto desejava. Ela não me via como vítima indefesa. Noor ensinou-me que sempre podemos escolher e construir nosso caminho; assim só temos um papel na vida: autores.

— Então, não sei se você é casada ou se apenas coabita com alguém. Títulos pelos quais lhe chamam apagam-se tão rápido como os rastros no deserto; não valem nada se não expressam uma relação verdadeira.

— Como no seu caso com o rei, não importa que seu título seja de concubina você é a soberana, porque existe essa relação entre vocês — concluí, entendendo a diferença de conduta entre Noor e as esposas do rei, o porquê das

192

deferências. — É o que dizem as sacerdotisas: não pense que é, seja. Você gastou todo este tempo conversando comigo para me dizer que eu não mudei nada, que minha vida e minhas escolhas se repetem. Já ouvi isso outras vezes.

— Nossas atitudes são o reflexo de nossas escolhas, do nosso modo de pensar e sentir. Por isso as sacerdotisas ensinam a agir no mundo concreto e não a ficar devaneando, perdida num mundo pequeno e pessoal. Abrir-se à vida é aprender, é agir. Errar e acertar são possibilidades, pior é não fazer, ficar só pensando e deixando "as coisas acontecerem". Se você não decide, tenha a certeza de que alguém decide por você, mas as consequências serão suas de qualquer forma. Eu não tenho medo de decidir e errar, não sou perfeita, sou humana. Mas, na minha vida, eu decido sempre, pois sou bastante consciente de que todas as consequências das minhas escolhas serão minha responsabilidade, e que a omissão também é uma escolha e, assim, é justo que eu responda pelo que ocorra.

Noor fez uma pausa; olhou a banheira que os servidores acabavam de encher e derramar óleos perfumados e disse:

— Dalilah, vou deixá-la para que se banhe e descanse. Nossa conversa já está longa demais para uma convalescente, e muito séria. Descanse, depois pense no que falamos.

Com a saída de Noor, pareceu-me que repentinamente meus aposentos ficaram mais escuros e frios; minha amiga parecia carregar um sol dentro de si.

— Como ela pode ser assim? Sei que já sofreu muito e ainda sofre, de onde vem esta luz, este calor que ela irradia? — Murmurei pensativa.

Esquecera-me do que fora pedido; dedicava minha atenção a analisar Noor.

Alguns dias passaram nesta enganosa serenidade. Bondosamente, Noor visitava-me, conversávamos e o restante das horas eu consumia dormindo. Worda tratava-me com educação e gentileza, porém era fria, despida de afeto.

Cansada da inatividade, uma tarde resolvi passear pelos jardins do palácio, pouco apreciados por mim até então.

Caminhava devagar, devido ao peso da gestação de sete meses e a fraqueza ocasionada pelo período de repouso. Sentada à sombra em um belo banco de pedra esculpida, admirava a trama de delicadas flores cinzeladas por mãos hábeis e seguras. A arte, desde muito cedo, inspira e conduz o espírito humano na busca e compreensão do belo. Tanto imita a vida quanto leva a pensar e a desejar a beleza suprema, a perfeição, a satisfação máxima, em qualquer forma em que se manifeste. Assim cumpre a missão de aproximar o homem do Criador.

Traçando com a ponta do dedo o caminho das flores, meditava sobre os contrastes da natureza do deserto. Em um cenário árido, e de uma beleza monótona hipnotizante, nascem oásis com delicadas flores. Frágeis, elas vivem e encantam por curto tempo, mas são inesquecíveis a quem as contempla. Sim, flores do deserto...

— Eis a famosa estrangeira que fascina meu irmão — falou um jovem homem, de feições calmas e olhar determinado. Sorriu e sentou-se ao meu lado. — Sou Kavi, irmão de Jessé.

Lembrei-me de tê-lo visto no dia do casamento. Retribuí o sorriso, simpatizei com seu modo sereno e franco, e respondi alegre:

— Não sou famosa e meu nome é Dalilah.

— É famosa, sim — retrucou Kavi. — Salvou nosso melhor líder militar da morte, é um feito notável. Os sobreviventes contam como você foi corajosa e o que fez por todos no acampamento saqueado. O povo adora essas histórias; espalham-se rapidamente como se fossem levadas pelas asas do vento. Em breve, se ouvirá os cantores entoando louvores e cânticos à mãe estrangeira do filho de Jessé.

— Exagero e engano de memória — disse com sinceridade. — Não sou uma mulher corajosa, tampouco tenho habilidade suficiente para ter salvado a vida de Jessé ou de qualquer outro. Eu fazia parte de um grupo de mulheres. Corá era a líder e quem conhecia os cuidados que os homens precisavam e tudo o que fizemos no acampamento. A violência das tribos do deserto é horrível, parecem famintos por sangue e morte. Só se saciam quando nada mais resta. Desde menina tento entender esses povos, mas ainda não consegui. Não sei o que ganham.

— O prazer e algumas riquezas — respondeu Kavi.

— Prazer de matar? Não consigo entender...

— É o puro instinto animal, é simples. O animal que vence a briga sente-se satisfeito. Já observou o brilho no olhar do vencedor? É essa sensação que eles buscam, por isso não precisa ter uma causa ou outra explicação para a violência. Eles querem sentir o prazer da vitória e a saciedade. São viciados nas sensações — expôs o jovem rapaz.

— Um filósofo! — constatei rindo e olhando nos olhos de Kavi.

Ele aceitou com naturalidade minhas reações — por índole e educação do templo — expansivas. Habituada a entreter e a fascinar os homens, os minutos com o irmão de Jessé foram uma preciosidade. Permitiram, por instantes, que eu readquirisse a velha personalidade de prostituta sagrada, com a liberdade e a igualdade que caracterizava a função. Esqueci, por completo, das atitudes que deveria aparentar como esposa de Jessé. Ri, conversei, olhei nos olhos de Kavi. Meu esquecimento e entrega àquele doce momento foram tais que não notei uma dúzia de olhos a vigiarem meus atos.

As esposas de Jessé, recolhidas às suas prisões douradas e luxuosas, espreitavam-me pelas paredes vazadas. Ingenuamente, acreditava-me livre e digna da confiança de meu marido.

Porém, não foi de imediato que descobri mais este engano em minha extensa lista de equívocos de avaliação do gênero humano.

Voltei a encontrar Kavi nos dias seguintes. Surpreendi-me com as ideias ousadas que ele defendia. A coragem moral era para mim uma grande novidade. Helena a possuía, mas vivia em uma posição privilegiada; de certa forma Naama, Corá e até mesmo Noor, se incluíam na mesma categoria de corajosas privilegiadas. Meu jovem amigo surgia aos meus olhos, sob outra perspectiva: era o filho mais jovem, pouca atenção recebia, deixaram-no crescer e viver no palácio quase nas mesmas condições das palmeiras dos jardins ou dos animais silvestres; devia exercer ou ter exercido alguma função militar, mas não falava do assunto. Não me parecia que gozasse dos privilégios das mulheres que eu conhecia. Esqueci-me de um detalhe cruel e crucial: ele era homem.

Kavi foi o primeiro a falar-me sobre a religião local. Noor falava nos sábios do deserto, nos pensadores que pregavam lições sobre liberdade de escolha, boa mente e reto proceder, no entanto, eram informações esparsas. Kavi ensinava-me com o dom de, por meio de sua conversa agradável, tornar próximo, compreensível o que antes me parecera monótono e distante.

No templo, as sacerdotisas ensinavam que um sistema de crenças, seja ele qual for, deve ser bom o bastante para permitir que o devoto encontre nele conforto para suas dores, entendimento e aceitação das condições da vida humana na Terra. Aos famosos questionamentos: o que sou? De onde vim? Para onde irei? Que faço nesta Terra? Uma resposta devia ser oferecida.

Há uma função social organizadora nas religiões; elas são capazes de oferecer uma estrutura interior, algumas vezes bem frágil, mas que permite viver e suportar as adversidades do caminho, pois apontam a um futuro de esperança. Lógico, que muitas destas crenças exageravam e exageram, ainda hoje, na ênfase da expectativa do porvir. Com isso, tornam seus integrantes pacatos e descompromissados com as mudanças do presente. Outras enfatizam o mundo maravilhoso da imaginação e erguem os pés das criaturas a metros do chão e põem sua mente em um mundo de alienação, do qual não retornam sem as marcas severas da desilusão. No entanto, é intrínseca ao ser humano a busca por um Ser Superior, por uma força maior.

Ao longo daqueles dias, na companhia de Kavi, descobri um sistema de crenças baseado na existência de um deus único e sábio, criador da vida e de todos os seres. Estranhei saber que não havia festas, nem rituais ou sacrifícios. Era muito simples, baseava-se inteiramente em ensinamentos; propunha fazer o homem pensar mais do que sentir.

— É o contrário do culto de Astarto — comentei com Kavi certa tarde, sentados nos bancos do agradável jardim interno do palácio. — Nós privilegiamos o sentir, o prazer, a realização, a fartura, a saciedade. É claro que, como em todos os cultos, existe um ensinamento e uma prática voltados ao povo, aos frequentadores, e outra, mais exigente e profunda, que é ensinada às sacerdotisas. Eu sou iniciada, mas não sou ainda uma sacerdotisa.

— Você entendeu muito bem nossa proposta e a diferença com os demais cultos. Diferença central, mas existem outras muito importantes. Zoroastro nos propõe, por meio de seus ensinamentos, em versos, a pensar sobre o Sábio Deus, a reconhecer sua obra e, através dela, a sabedoria suprema que a originou. Isso nos faz procurar o melhor, a desenvolver uma mentalidade progressiva, a refletir e a desenvolver a serenidade e a retidão de caráter. Leva-nos a compreender que o ódio nos faz mal à vida, nos faz doentes do corpo e do espírito. Nada nos desperta os sentidos ou as sensações; a mensagem é dirigida à inteligência, à razão e, dessa fonte, brotam sentimentos equilibrados. Não é mais a força dos instintos que governa o homem, mas a racionalidade, o fruto de suas reflexões, de sua meditação. E o outro grande ensinamento, de nossa religião, é que somos livres para escolher nossos caminhos. Isso é fundamental, dá responsabilidade aos nossos atos, desde os menores até os maiores.

— Não assusta pensar que podemos controlar os fatos da vida? Não sei se eu gostaria...

— É tão bom pensar que sou dono de mim, Dalilah. É libertador! Saber que não estou condenado a cumprir um destino traçado pelos deuses, é confortador, é dignificante para minha condição humana. Penso: Deus fez-me inteligente e livre apenas para obedecer cegamente às determinações Dele? Não, Dalilah, não é possível sustentar essa ideia de destino traçado. Isso me rebaixa da condição humana, a qual dizem que a liberdade é uma das grandes marcas. Somos livres para fazer o que nossa mente e sentimentos determinarem. Posso até fugir da vida pela porta larga do suicídio, mas de nada valerá essa fuga. A tão almejada paz e saúde somente bafeja aqueles que são saudáveis da mente e dos sentimentos. Parece tão fácil falar...

— São bonitas as suas palavras.

— São fatos da vida, Dalilah. Observe e verá. Traçamos nossos caminhos, nossa vida. Observe — reafirmou Kavi, esquecido completamente de onde estava, no que eu o acompanhava.

Ele tinha uma voz encantadora, persuasiva. Sentia-me livre, dialogando com Kavi, mas meu amigo era diferente de todos os homens que eu conhecera até então. Ele não se interessava pela mulher experiente nos prazeres; para Kavi, eu era apenas uma ouvinte de suas ideias. Em alguns de nossos encontros cheguei a pensar que ele nem se importava se eu ouvia ou respondia às suas colocações. Ele filosofava; era mais que amigo do saber; amava o conhecimento e a busca dele.

Kavi vivia em outro mundo, tão bom e pacífico que estar com ele era como estar com a deusa, pensava. Ele não cobrava, não exigia, não fazia imposições de certo ou errado, apenas oferecia. Às vezes, pedia-me para falar do templo, do conhecimento das sacerdotisas e dos seus ensinamentos. Que vergonha! Não podia responder-lhe. Tão somente relatava a vida no templo, os horários dos ensinamentos, os preparativos, como eram os rituais, a quantidade de peregrinos que visitava e a enorme fila de mulheres que eram atendidas todos os dias pelas sacerdotisas, tratavam suas doenças e ouviam suas dores e aflições. Ele se surpreendeu ao saber que as sacerdotisas, com frequência, davam dinheiro às mulheres pobres.

— Elas não têm nada, além das necessidades. Muitas são velhas, ou doentes, ou estão grávidas e não têm o que comer — respondi. — A vida é linda entre as paredes deste palácio, aqui não há fome, não há violência, não há doença. Do lado de fora, existe tudo isso e é de lá que eu venho.

— A dor existe em toda parte — retrucou Kavi. — Ela é como o ar. É inerente à vida, não há alguém que possa dizer que não sofre ou sofreu. O que mudam são as causas e as formas de sofrimento. É engano seu crer que aqui dentro, como disse, não existe dor, violência, doença. Fome é o que posso concordar com você, aqui não temos.

Ri, considerando o quanto Kavi era ingênuo. Filho de um rei, pensei, o que pode conhecer das agruras da vida? Sempre foi protegido e abençoado pela riqueza.

Um chamado sussurrado aguçou meus ouvidos.

— Ouça! — Pedi a Kavi. — Alguém me chama.

Olhei para os lados, e, ao erguer-me, avistei a figura de Noor, encoberta pela vegetação.

— Noor? — Falei.

— Psiu! Venha cá — chamou sussurrando.

Kavi olhou-me curioso; ergueu-se pronto a acompanhar--me; tinha a indagação estampada na face.

— Sozinha — ordenou Noor, baixinho.

Kavi fez um gesto de assentimento com a cabeça e tornou a sentar-se. Afastei-me apressada e, mal me aproximei de onde ela estava, agarrou-me pelo braço acelerando ainda mais o passo, praticamente correndo em direção aos seus aposentos.

Esbaforidas, chegamos, e ela dispensou todos os criados. Preocupei-me, Noor não costumava agir sem testemunhas.

— Você enlouqueceu? — Inquiriu entre dentes, visivelmente irritada comigo.

— Não, eu nem sei o porquê deste alvoroço — respondi. — Parece-me que você está louca, ao menos age como tal.

— Eu?! Você não aprende mesmo! Dalilah, sua vida corre perigo. As esposas de Jessé irão denunciá-la como traidora. Sabe o que isso implica? Morte.

— Traidora, eu? Como? De quem? Não fiz nada, nem saí do palácio e com está barriga enorme nem conseguiria — respondi incrédula.

Noor estava exagerando, não devia haver motivos para aquele desespero.

— Ouça! — Ordenou agarrando-me o braço com força

199

para forçar-me a lhe dar atenção. — O que você tem feito encontrando-se com Kavi quase todos os dias, é mais do que suficiente para você ser acusada de traição. Não é esta a conduta de uma esposa. Você não pode olhar ou falar com outros homens sozinha, entendeu? De preferência, só deve dirigir-se a um homem com a cabeça baixa e na companhia do seu marido. Você não se comportou adequadamente, Dalilah, e a punição para o adultério é a morte. A sua morte, fui clara?

— Foi, mas eu não fiz nada. Apenas conversamos em um local público, aberto — argumentei. — Jessé não acreditará nisso. Você mesma diz que ele me aprecia mais que todas as outras esposas juntas. Ele não acreditará nesta intriga.

— Dalilah, ele é ciumento — lembrou Noor. — Eu, se fosse você, trataria de fugir daqui. Se quiser, posso ajudá-la.

E passou a narrar um plano de fuga mirabolante. Os contatos de Noor estendiam-se pelas caravanas de comerciantes que cruzavam o deserto. Ela conhecia muita gente e exercia influência forte, sem dar um passo para fora dos muros do palácio.

— Como você consegue isto? — Questionei intimamente lisonjeada por ser o motivo da aflição dela.

— Isto o quê, Dalilah? — Indagou Noor irritada.

— Ter influência sobre pessoas tão distantes, de outros povos.

— Eu sou Noor, nunca se esqueça de que não preciso de títulos para governar. Eles vêm a mim e devem-me favores, por isso a esconderão se eu pedir e a levarão em segurança ao sábio que vive nas cavernas. Você se acredita semelhante às éguas de Jessé, isso é triste. Condena-se ao mesmo destino delas; jamais pensei assim, eu sou uma mulher, Dalilah. Tenho, reconheço e uso o poder que essa condição me dá. Vivemos em uma sociedade masculina, e isso faz com que tenhamos que barganhar muitas coisas, aceitar a perda de outras, mas jamais nos curvar sem lutar como pudermos e com as armas que tivermos. Neste caso, a astúcia, a inteligência.

— Noor, adoro ouvir seus discursos. Um dia compreenderei totalmente o que me ensina. Mas ainda acho que há exagero em seu modo de ver a situação. Jessé mudou. O filho que espero mudou o proceder dele. Não haverá nada do me diz; não acredito nessa barbárie.

Noor suspirou. Seu olhar brilhava irado, no entanto, de repente, seus ombros caíram; ela relaxou. Fitou-me e disse como se lançasse uma solene profecia:

— Cumpra-se a sua vontade. Para todo sempre se lembre do que lhe digo: a omissão, a fuga, a ilusão, também são escolhas e têm consequências.

Essa frase se somaria às de Helena em meu íntimo e ecoa varando os séculos como um farol a me guiar. Aprendi que a atitude é sempre o melhor caminho. E quanto mais racional ela for, mais serenidade trará à minha consciência. Emoções cegas não são boas condutoras.

Seguindo minhas ilusões e cômodas crenças, permaneci no palácio à sombra da intriga que as outras mulheres teciam em torno de mim. Kavi desapareceu, soube por servo que ele havia partido naquele mesmo dia para as montanhas distantes onde ficaria em meditação e estudo com um sábio filósofo. Talvez o mesmo local para onde Noor pretendia me enviar. Julguei que meu jovem amigo era covarde e que devia ter ficado, sabendo, possivelmente pela própria Noor, das intrigas em torno de nossa amizade. Senti sua falta; apreciava sua companhia mais que a de Noor. Ela era severa, de uma maneira diferente de Helena ou de Corá, no entanto não menos firme.

Ela não me abandonou, no entanto, nossa relação esfriou e após aquela conversa Noor limitou-se a indagar da minha saúde e a tratar de banalidades. Os encontros se espaçaram. A solidão, minha boa e velha companheira, retornou.

Estas foram as únicas mudanças que notei e as atribuí à minha desobediência às orientações de Noor. Tudo está igual, pensava e mais me convencia de que havia exagero na ideia de violência e fuga. Confiava totalmente, ou melhor, com todo comodismo de que era capaz, na mudança de caráter que a minha gravidez operara em Jessé. Assim, entreguei-me à lassidão e a usufruir do conforto que me cercava.

201

Os olhares enviesados, os sussurros, os silêncio súbitos, as reticências dos outros quando eu surgia e o fato de acabar sempre sozinha nos ambientes eram mensagens claras, as quais eu me fazia surda, recusando-me a entendê-las. Ignorava-as. A lição do império das escolhas na vida ainda não estava completa. A preguiça, o comodismo, as ilusões, ainda impunham-me do inconsciente suas ordens.

Passaram-se duas luas até o regresso de meu marido. Era um dia quente e o incômodo da avançada gestação obrigava-me a ficar em meus aposentos.

Ouvi gritos, correria, o tilintar das armas e escudos e o som pesado da marcha dos soldados.

— Soldados? — Falei alto — Mas o que fazem soldados nesta ala do palácio?

Não precisei matutar muito. Nem havia terminado de expressar meu pensamento e as portas do quarto se abriram de forma violenta. O estrondo assustou-me e aos servos que me cercavam.

Dez homens invadiram o cômodo; dois deles me agarraram com força, arrancando-me do divã onde descansava as pernas inchadas.

— O que é isto? — Indaguei chocada. — O que pensam que estão fazendo? Eu sou esposa do chefe de vocês, estou esperando um filho dele, não enxergam? Vocês estarão mortos assim que eu contar a Jessé o que estão fazendo. Soltem-me!

Eles estavam surdos aos meus apelos e ameaças. Arrastaram-me trajando roupas íntimas de dormir, pés descalços e cabelos soltos, pelos corredores. Ao ver aqueles que antes se dispersavam a minha chegada, agora reunidos e apreciando o espetáculo lembrei-me das advertências de Noor.

— Pela deusa, de novo não! — Gritei em pânico.

Ser escorraçada e lançada na rua outra vez era impossível.

— O que eu fiz? — Perguntava — Do que me acusam? Não veem que estou esperando uma criança? Não podem me jogar na rua neste estado. Onde está Jessé? Preciso vê-lo.

— Tarde demais, estrangeira — respondeu-me a primeira esposa de Jessé, olhando-me com os olhos faiscantes de ira. Postava-se metros a minha frente. — Seu destino está traçado, não há escapatória. Meu marido arrependeu-se por tê-la trazido a nossa terra. Você lhe trouxe a desonra. Não bastassem os comentários dos soldados sobre seus modos na travessia do deserto, ainda seduziu o irmão dele.

— É mentira! — Berrei, debatendo-me inutilmente contra a força dos soldados. — Infâmia! Kavi é um amigo, nada mais.

A mulher gargalhou desdenhosamente e provocou-me:

— Convença Jessé, o rei e os conselheiros. Adianto-lhe que todos apoiaram o pedido de sentença de Jessé. É o seu fim, estrangeira.

— Não acredito! — Falei desesperada, lutando por um fio de razão ao qual me agarrar. Naquele instante senti quanta falta ela fazia. Eu afundava num mar de emoções agitadas, não conseguia pensar e tudo me parecia decidido, caminhando para sua execução. — Jessé deseja a criança... — murmurei querendo convencer-me de que isto era verdade.

Ela riu ainda mais; balançou-se provocativa, desejosa de irritar-me para que eu medisse a extensão da minha impotência, e disse, apontando-me o dedo:

— Ele duvida que o filho seja dele; seu poder acabou-se. Você julgou que essa barriga era uma coroa, pobrezinha! Saiba que é preciso muito mais para almejar um trono.

— Que trono? Quem quer um trono? — A ideia era um disparate, jamais pensei ou tive ambições pelo poder político.

— Jessé será o escolhido para governar depois do rei Abdulah, e nenhuma estrangeira governará esta terra ao seu lado. Adeus, estrangeira. Vá para as profundezas do inferno! Lá é o seu lugar — disse-me ela à guisa de despedida, quando, arrastada pelos soldados, passei à sua frente.

Senti-me enlouquecer e pensei que esse era um processo rápido demais. Como segundos atrás me deliciava em agradável descanso perfeitamente lúcida e agora poucos instantes depois estava descontrolada, tomada pelo desespero e beirando às raias da loucura, sentia minha cabeça ferver. Não conseguia impor nenhuma ordem ao caos da minha mente: lembranças desconexas da violência e da barbárie que presenciei na infância, da morte de minha mãe, da fuga enlouquecida que empreendi até Jerusalém, da minha chegada ao Templo de Astarto, do carinho das sacerdotisas... Palavras de Helena misturavam-se às cenas, e a confusão se acentuava; sentia as pernas pesadas, o peito opresso. O bebê em meu ventre mexia-se assustado, e seus movimentos machucavam meus órgãos; causava-me dor e era um item a mais a somar-se na confusão.

Com dificuldade identifiquei que me levavam ao grande salão do palácio, o mesmo onde ocorrera minha apresentação como esposa de Jessé. Rostos hostis enfileiravam-se em ambos os lados; à minha passagem lançaram fortes cusparadas sobre mim, demonstrando profundo desprezo.

— Por que isto? — Murmurava entre pranto nervoso mesclado com riso, fruto do mais puro estado de desespero. — O que eu fiz? Não fiz nada. Acusam-me injustamente seja do que for.

Os soldados pararam e, em meio às lágrimas e a confusão, reconheci Jessé. Comecei a rir e a implorar ao mesmo tempo.

— Até que enfim, você veio me salvar! — Disse-lhe esperançosa e dementada. — Proteja-me! Cuide de mim e do nosso filho, por favor! Por favor, por favor, não me deixe morrer... Eu não fiz nada, nada, nada... Por favor! Por favor!Por...

Uma forte bofetada calou-me. Senti na boca o gosto salgado do sangue e das lágrimas. Assustada, voltei à face vermelha manchada de sangue para encarar Jessé.

Ele estava enfurecido, como um animal selvagem. Ódio puro brilhava em seus olhos. Tremi. A confusão voltou, mas agora eram lembranças das tardes de amenas conversas com Kavi intercaladas com a imagem da mulher assassinada movendo-se pela rua sem cabeça e ensanguentada até tombar. Em vez da voz de Helena, soavam em minha mente as advertências de Noor. Entendi que era o meu fim.

13
Vozes distantes

Um burburinho tomava conta da mente de Dalilah. Ela não sabia se sonhava, delirava ou se despertava de um estado de inconsciência. Nem mesmo as experiências orgiásticas vividas no templo de Astarto a faziam sentir tal entorpecimento. O corpo pesava, a mente registrava sons confusos, como se mil vozes a chamassem ao longe; ao mesmo tempo sentia um vazio interior que em sua ignorância chamava de paz, e deleitava-se.

Porém, vencida por uma força maior, obrigou-se a abrir os olhos.

— Onde estou? — Indagou Dalilah, olhando ao redor.

De pronto reconheceu que se encontrava no deserto; virou-se e viu, a distância, as muralhas que defendiam a cidade de Jessé. Eram imponentes, belas, como não vira outras, nem mesmo as de Jerusalém. Talvez no Egito houvesse construções que as igualassem.

— Mas estão tão distantes! — Constatou.

Reparando que prosseguia a caminhada, de mal grado, como que puxada, arrastada por uma força invisível, obrigou-se a dar atenção à comitiva em que estava.

Seis servos, fortes, carregavam um fardo. Riam, debochavam e percebia-se que executavam a tarefa com prazer.

— Que faço aqui? — Outra questão que veio atormentar a confusa Dalilah.

Ela murmurava seus questionamentos e caminhava atordoada, ao lado dos servos.

— Era uma vadia! Aqui ninguém nos ouvirá, foi merecido o que aconteceu a Jessé. Ele parecia enfeitiçado por essa daí. Era uma ordinária, nem prenha soube respeitar o marido. Bem feito, ele acabou com ela com as próprias mãos! — dizia um dos servos que marchava à frente, carregando algumas pás sobre o ombro.

— Feitiçaria e vadiagem são para os que servem as mulheres estrangeiras. O príncipe devia estar doente, o que não seria de admirar depois do horror que aconteceu no deserto, saindo da Judeia — comentou o que segurava na parte da frente.

O que vinha atrás, respondeu falando alto para suplantar o constante vento que levava o som de suas palavras para longe.

— Esses ataques bárbaros são o preço que estão pagando por terem roubado o trono do rei de direito. Tanto o rei quanto seus filhos não têm segurança. Eles deram o exemplo; outras tribos agora sabem que podem fazer o mesmo que eles fizeram. O sábio do deserto tem razão. Somente o reto proceder, a reta consciência nos dão a serenidade e enchem a vida de bem-aventuranças. Todo resto é ilusão e se desfaz. Acabam como essa mulher; não me atrevo a dizer que mereceu o recebido, mas fato é que cada um traça o seu destino. E, de um jeito ou de outro, ela desenhou o mapa por onde seus pés trilharam. Agora, só resta fazer uma vala e acender a pira, se sobrar algo, os animais do deserto terminarão com a carne dela.

— É, tens razão. Se ela foi vadia ou não, não posso afirmar. Somente sei dizer o que ouvi as outras esposas falando. E todo palácio comentava o comportamento da infeliz; deu nisso aí — comentou o carregador das pás fazendo um gesto, de pouco caso, com a mão livre, apontando o fardo que balançava pesadamente na cadência da marcha dos homens.

Dalilah os ouvia espantada. Recordou a caminhada com Corá e Noemi.

— Mortos! — Pensou ela. — Eles enterram os mortos de algum ataque havido por aqui. Sim, para isso as pás. O fardo deve ser de corpos para sepultar. Mas de quem eles falam? O que estou fazendo aqui?

Olhou-se, tateou o corpo, nada notou de diferente. Apenas não sentia dificuldade em acompanhar a marcha acelerada; parecia ser arrastada por uma força maior e nenhum mal-estar a acometia. Somente a cabeça estava confusa, uma sensação dolorida insinuava-se.

***

— Deve ser do sol — justificou Dalilah.

Próximo das montanhas, eles pararam. O fardo, bem enrolado, foi largado ao chão de qualquer jeito. O carregador distribuiu as pás e, de imediato, iniciaram a abertura da vala.

O estado de confusão mental de Dalilah agravou-se. O corpo passou a pesar; não conseguia se mover, dores fortes na cabeça e no ventre a atormentavam.

Gritava seus questionamentos aos servos; implorava-lhes ajuda, julgava que iria dar à luz em meio às areias do deserto, tingido com as cores alaranjadas do pôr do sol.

— Ajudem-me! O que se passa? Por que estou aqui? Vocês são surdos, por acaso? Por que não me respondem? Por que me trouxeram, não veem que não posso ajudar? Não veem que preciso de ajuda? Por que não estou na cidadela real? Lá é minha casa. Levem-me de volta!

Desesperada, vencida pela dor, entregou-se ao pranto. Os servos simplesmente não a atendiam; era como se falasse a um dos leões esculpidos nas pedras que ornavam as portas do palácio ou as estátuas que enfeitavam os jardins e templos. O silêncio foi a resposta.

Aberta a vala, armaram uma fogueira e depositaram o fardo sobre ela, ateando fogo.

Dalilah rolou no solo duro e árido; sentia a pele em chamas; dores atrozes na cabeça. Mergulhou em estado de total inconsciência.

No alto das montanhas que rodeavam o vale à entrada de uma caverna, o jovem Kavi observava, a distância, os servos do reino de seu pai se afastarem da pira funerária, que ardia em altas labaredas.

Sentiu pousar sobre seu ombro a mão velha e ressequida de seu amigo. O suave aperto de seus dedos infundiu-lhe a força de uma aceitação sem limites do que era inalterável.

— Kavi, meu jovem, não desperdice suas forças com o que não pode ser mudado — disse Sadoque.

— Eu tento, mestre. Eu tento.

— Consiga! Tentar, para você, já não é o bastante. Tem entendimento para vencer. Meu caro, acredite no que lhe digo: de nada vale um conhecimento se não transformá-lo em atitude. Não passa de um espírito ilustrado; seja um espírito iluminado, esse caminho se constrói com atitudes.

Depois, lançou um olhar para baixo, ao vale, detendo-se na pira alguns instantes. Kavi fitou-o e, pela expressão distante estampada no rosto de Sadoque, compreendeu que ele entregava-se à oração pela alma cujo corpo queimava sobre a pira.

— É ela? — Indagou o ancião.

— A contar pela passagem das luas, acredito que seja — respondeu Kavi consternado.

— Pobre alma! Não tem rumos. Não tem astros, nem ventos a lhe guiarem em sua jornada, pois nenhum lhe serve uma vez que não sabe aonde quer ir.

— Como pode dizer isto? — Questionou Kavi, ainda fitando o semblante enrugado, a grande barba branca e os cabelos grisalhos amarrados com uma fita de couro à nuca.

— Eu sinto — respondeu Sadoque com simplicidade. — Eu sinto. Pobre alma! Sua amiga teve grandes oportunidades em sua curta vida, mas desperdiçou-as. Não é uma criatura mais viciosa que as outras, não. É bem comum. Seu maior problema não são os vícios, mas a falta de virtudes.

— Era uma criança ingênua, não conhecia os jogos do poder que cercam qualquer trono. As pessoas são capazes das maiores vilanias por migalhas de poder — retrucou Kavi, amargo. — São desprezíveis, vestem-se de branco, banham-se com pétalas de flores, ofertam riquezas ao altar dos deuses. No entanto, de que vale tudo isso se são mentes perversas? Assassinam com a mesma voz que entoam louvores. Esta pira funerária não deveria ter vindo profanar a paz do deserto; deveriam tê-la erigido no pátio do templo da deusa — a que elas adoram — seria uma bela oferenda.

Sadoque pressionou outra vez os dedos sobre o ombro de Kavi e lembrou-o:

— Não desperdice suas forças.

— Talvez seja impossível não desperdiçar algumas delas. Vendo esta cena não tenho como não pensar em tudo que ocorreu — retrucou Kavi.

— Pense. Há várias maneiras de pensar, porém todas implicam movimentar nossos sentimentos pela linha da vida. E eles são forças vivas: atraindo, fomentando ou dissipando. Nascem dentro da gente, por isso seu campo de ação é justamente ao redor de nossos passos.

— Diz isto para advertir-me que meus sentimentos não são adequados?

— Sentimentos adequados? Não existe isto, meu jovem. Sentimentos são sentimentos; são forças, não há escolhas. A única escolha possível é o que fazer com eles ou a qual nos entregarmos. Só, nada mais. Todo resto que se diga ou pense, é, julgo eu, pura especulação. Conheça-os para escolher com conhecimento de causa à qual entregar-se e como agir sob a ação de algum deles. O Sábio dos Sábios, Aquele que nos criou, nada fez em vão, assim há de existir uma razão para que seja a cabeça a sede de todos os nossos sentidos; eles servem para nos guiar nas experiências da vida. Visão, olfato, audição, paladar, todos sediados na cabeça, somente o tato se desloca para as mãos, os pés e a pele. É com ela que pensamos. Está acima de todos os órgãos do corpo. Isto há de ter, meu jovem, um significado, não lhe parece?

— Sim, eu o entendo. Está me dizendo que minha cabeça deve comandar meu ser, que no sagrado reino da natureza ela ocupa um lugar privilegiado.

— Exatamente. Mas deixe-me lembrá-lo de que ela precisa harmonizar-se com os reinos inferiores do corpo e da vida. Faça-a dialogar com seu coração, com seus sentimentos, deixe-a entender cada parte sua, somente assim ela será boa governante. Foi o que sua amiga não fez.

— Dalilah era ingênua. Uma criança boba, mas tinha bons sentimentos. Era crédula, acreditava no melhor das pessoas. Imagine que ela acreditou que Jessé havia mudado. Ela julgava-se poderosa e sábia, pobrezinha!

— Desculpe-me, sei que está magoado com a situação.

212

Mas não posso deixar de fazê-lo notar o que me disse. Desde quando ser crédula é sinal de bons sentimentos? Aliás, o que são bons sentimentos?

Kavi fitou Sadoque por longos momentos. O ancião sustentou-lhe o olhar firme e serenamente. Por fim, o rapaz voltou a face em direção ao vale e a pira incandescente.

— Boa pergunta — retrucou Kavi. — E qual é a resposta?

— Eu não sei, foi você quem disse que ser crédula era sinal de bons sentimentos. Como não compartilho da sua opinião, não entendo sua associação.

— Não faça voltas, não queira dar um nó em meus pensamentos — advertiu Kavi. — Já convivo com você há tempo suficiente para não permitir que isso ocorra. Muito bem, Sadoque, eu reconheço: falei sem refletir. Um velho erro que ainda não corrigi de todo, mas tenho me esforçado. Ser ingênuo não é uma virtude, você tem razão. É antes um resquício de infantilidade, de imaturidade.

— Agora estamos de acordo — falou Sadoque. — Este é meu diligente amigo de meditação das montanhas. De nada vale ficar aqui, isolado, a sós com o Sábio dos Sábios, se não for para refletir sobre si mesmo, sobre nossos semelhantes, sobre nossas atitudes, e a vida no sentindo mais amplo que nossa mente possa conceber neste dia. Isso nos faz criaturas humanas melhores, mais fortes e preparadas. Quem não se dedica a desenvolver o pensar livre e por si mesmo, é uma criatura digna de pena, assemelha-se às ovelhas de um rebanho — necessita ter sempre um pastor que as conduza e, muitas vezes, são mordidas pelos cães para evitar que se percam nos caminhos. Em geral, não é capaz de assumir e aceitar o mais belo presente que o Criador lhe outorgou — a liberdade. Não a reconhece, tampouco sabe usá-la. Vivem a queixar-se de seus pastores, se por ventura andam em campos pobres de alimento e ricos de pedras para sua vida. Isso é infantilidade de alma, de pensamento.

— É, tem razão — murmurou Kavi. Recordando a conduta e a mentalidade de Dalilah, completou: — também são covardes.

— São. Na história, os heróis são criaturas que tinham

plena consciência de serem livres e, no cerne de suas lutas está a defesa da liberdade. E, meu caro Kavi, bons sentimentos é algo muito difícil de ser conceituado e ainda mais de ser entendido e reconhecido no cotidiano. Tenho para mim que bom é o que gera boas consequências. Nunca me apresso a definir e a classificar, mesmo porque a vida vista sob um ângulo tão pequeno — o certo e o errado, o bom e o mau, o sim e o não, o preto e o branco, o claro e o escuro — eu não consigo enxergar. Deve ser coisa da velhice, sabe. Dizem que, com o passar do tempo, nos tornamos sábios e pacientes, pois comigo ocorre o contrário: a cada dia descubro que vivi muito e aprendi pouco diante da infinidade de experiências que a vida oferece, e isso me faz impaciente com os mais jovens e com suas insensatezes. Eu os compreendo, afinal já vivi o que eles experienciam, mas, ainda assim, sou impaciente: por que eles perdem tanto tempo repetindo o que já foi descoberto? Por que não aceleram o passo do desenvolvimento de sua mente, utilizando a sabedoria dos que os precederam? Se fizessem isso, há muito se teria banido da Terra essa forma mesquinha de ver a vida como uma fruta partida, na qual, obrigatoriamente, um dos pedaços deve ser podre.

Kavi ouviu as ponderações do velho amigo, e deixou-se ficar contemplando as labaredas da pira funerária que, sopradas pela brisa do anoitecer no deserto, queimavam rápida e inexoravelmente.

Sadoque silenciou; também olhava a pira. E ele pensava sereno e calmo, nas ideias que a imagem lhe transmitia.

A vida material queima rapidamente. As chamas consomem o corpo e os quatro elementos sagrados que o compõem retornam a sua fonte eterna. Água, ar, terra e fogo, um círculo mágico que, reunido, dá a matéria e que a destrói. O fogo separa os elementos do corpo dessa jovem mulher, que somente conheci o nome e as ilusões que abrigou pelos relatos de Kavi e Noor. Vi o fim de seu último caminho nessa existência — uma pira às margens do deserto, bem longe da cidade de seu marido. Pobre alma! Muito haverá de andar por esse deserto até encontrar sua libertação.

Kavi recordava cenas da curta convivência com Dalilah; recordava seu sorriso bonito, o brilho de seu olhar, as perguntas ingênuas. Ela o cativara, não podia negar. Não sabia, ao certo, se abrigava uma paixão pela esposa do irmão. Mas Dalilah era alguém especial em seu coração; ela o tocara. Gostava de ensiná-la, de fazê-la pensar. Reconhecia que havia potencialidades naquele espírito; faltava-lhe um paciente jardineiro que cuidasse das sementes lançadas. Sua origem estrangeira o encantava. A liberdade com que conversava com ele, ignorando as regras de como devia portar-se perante um homem, era estimulante.

Havia fascínio em Dalilah, e esse ser fascinante fora percebido. Era como olhar um carvão recém-tirado das entranhas da terra e lá, bem no íntimo da pedra escura, enxergar a luz, a dureza e a transparência do diamante. Sim, a natureza e a vida — se é que podemos separá-las — não podem ser vistas apenas com dois limitados pontos de vista. Elas operam ao longo dos séculos suas mil formas variadas de manifestação, todas por processo de transformação. Por isso, era possível ver o fascínio que Dalilah desenvolveria, um dia, no futuro.

— Sua alma vive — murmurou Kavi.

— Como? — Indagou Sadoque, sem entender, de imediato, a que se referia seu acompanhante.

— Dalilah vive, sua alma vive — explicou Kavi.

— Ah, sim, sem dúvida. Todos vivemos após a morte. Ela é apenas um portal. Para muitos um mistério, motivo de dor incurável, para outros, algo tão banal que matam e nem sequer pensam no que significa a morte. Assassinam com a mesma cerimônia com que jogam fora as cascas inúteis de um fruto. Sim, Dalilah vive. E, nas mesmas condições em que estava quando deixou a matéria. O corpo é, para o espírito, o que estes trapos — e apalpou sua desbotada túnica — são para o corpo: algo que cobre e esconde, geradora de ilusões, que muitos utilizam como parâmetro de julgamento. Você sente a morte da moça, não é mesmo?

Kavi emudeceu por instantes. Era doloroso admitir em voz alta o que lhe ia no pensamento. Porém, era inteligente o

215

bastante para saber que as palavras e o dom da comunicação tinham uma razão de ser muito importante para a saúde emocional — falar aliviaria a dor, poria ordem à confusão de sentimentos, devolver-lhe-ia o pleno domínio e a racionalidade, que sentia intimamente ameaçados, embora em seu exterior nada demonstrasse o caos interno. Ele era uma dessas pessoas que conduzem as emoções com mãos de aço. Mesmo sentindo-as lhe pressionar, não perdia o equilíbrio, o que não significa não sofrer.

— Sinto.

— E o que sente? Percebo que não é apenas um lamento, por mais uma injustiça cometida contra uma mulher — insistiu Sadoque.

— Acho que não. É um misto de sentimentos, estou confuso. Sei que sentirei falta de Dalilah.

Os olhos de Sadoque brilharam, demonstrando interesse, e ele cofiou a longa barba, enquanto, em silêncio, ouvia as sucintas colocações de Kavi.

— Culpa. Não consigo evitar... se eu não tivesse me aproximado, se não tivéssemos conversado e se eu não gostasse de estar com ela, ainda que nunca tenha desonrado meu irmão seduzindo uma de suas esposas... se... se... são tantos deles vagando em minha mente. Mas o fato é que se não fosse por mim ela não teria morrido.

A emoção fez tremer a voz de Kavi, e ele suspirou ao concluir a confissão.

— Entendo. É somente a morte que o faz sentir culpa?

— Não sei. Talvez não, mas... isto não vejo com clareza...

— Seu irmão — indagou Sadoque. — O que pensa e sente a respeito dele?

— Raiva. Tenho raiva. Dele e de mim. Jessé é um bruto, um bárbaro violento e ignorante. É um aglomerado de músculo que encanta muita gente, mas seu cérebro não é um dos mais capazes que conheço. Ele é bom em guerra e brigas, e eu não. Acho que ele é capaz de beber o sangue de alguém se lhe faltar água e nem pensar no que significa matar, como você disse há pouco. Eu não sou capaz disso, mas também não sou capaz de impedir que matem. E entre salvar a minha pele ou uma vida inocente... bem, nem preciso dizer, estou aqui; isso é o bastante. Sinto-me um covarde, impotente. Eu não fiz nada, deixei-a morrer, deixei que a matassem. Eu sabia que terminaria assim.

— Essa culpa e essa raiva não têm ligação com a falta que você afirma irá sentir da moça?

— Pode ser. Eu não tenho muito claro o que senti ou sinto por Dalilah. E o desenrolar de tudo não contribuiu em nada para clarear meus sentimentos.

— É lógico que deve ter piorado — comentou Sadoque. — Transformou-a em vítima e lançou-a nos grandes véus do silêncio. Não se deixe enredar, Kavi, nessas armadilhas que nosso interior nos prega. Seja racional, aceite o que foi vivido, não crie fantasias. Elas o farão sofrer demais e sem motivo real. Será fácil acreditar que estava apaixonado pela moça, ainda mais agora, com ela morta. Este seria um romance fantasma a vagar no seu íntimo, sem solução. E você se culpa, não por tê-la deixado morrer, mas porque pensa que traiu seu irmão, que o desonrou; envergonha-se desse sentimento. É um caminho. Mas advirto: não o siga, é uma cilada. Culpar-se, idealizar, irar-se, não adiantará absolutamente nada. É uma história, para nós, que ainda andamos por este universo material, acabada. Aceite o seu fim. Ore por Dalilah, é o que pode fazer para que ela encontre a luz no outro lado da vida. Lá, ela seguirá seu caminho, e você seguirá o seu, aqui. Ainda que tenha gostado muito da moça, vocês foram apenas amigos, esse é o fato. Pode ter se encantado com ela, mas sabia que era esposa de seu irmão e, enquanto conviveram, esse fato foi respeitado; você e Noor tentaram salvá-la, alertaram-na. A boa Noor projetou a fuga dos dois para cá. Ela escolheu vir na pira; é preciso aceitar e respeitar a vontade dela, Kavi.

— Liberdade, responsabilidade, respeito. Sim, eu sei, Sadoque. É um trio inseparável.

— Bom que se lembre — lançou um olhar ao céu, ainda estava claro, mas nem sinal do astro rei. — Vou cuidar da nossa refeição, não se demore, conhece os perigos da noite.

Kavi concordou com um gesto e sentou-se em lótus; meditava sobre a conversa com Sadoque. Dialogou muito consigo mesmo, sem pressa, a despeito do alerta do amigo. Era uma necessidade maior que a segurança física; precisava de pacificação e segurança interior.

Suaves raios de luar clareavam o deserto, mas eram insuficientes para iluminar os restos da pira funerária apagada. Kavi sabia que, no dia seguinte, não sobrariam lembranças no lugar; a areia se moveria, carregaria algumas coisas para longe; outras, encobriria. Quando julgou atingir o estado de equilíbrio que buscava, respirou fundo, reteve o ar nos pulmões e foi liberando-o devagar; repetiu isso várias vezes. Sentindo-se livre, e no domínio de si mesmo, evocou em pensamento a ajuda das forças superiores da vida, do Sábio dos Sábios, para que auxiliasse a travessia e a jornada de Dalilah no mundo dos espíritos.

Na caverna, Sadoque dormia enrolado em algumas peles de animais. Sobre duas pedras — um improvisado fogão — uma panela de barro com sopa ainda se mantinha aquecida no calor brando das brasas quase extintas. O rapaz sorriu; a cena lhe transmitia o conforto do calor humano; alguém o cuidava. Alimentou-se e logo adormeceu.

No jardim das fontes, no palácio do rei Abdulah, Noor sentada à borda da piscina principal brincava com a mão na água. Olhava distraída as suaves ondulações e recordava Dalilah.

Pobre mulher!, pensava. Tão ingênua! Mais parecia uma criança do que uma mulher. Ah! Podia ter muita experiência em como seduzir sexualmente alguém, mas isso não lhe dava maturidade. É como conhecer os segredos e meandros de qualquer atividade, tem suas técnicas específicas, e só. E, no caso, de minha pobre amiga, era bem isso: técnicas. Não posso crer que houvesse envolvimento sentimental no que fazia. Quanto muito o vício dos instintos, a satisfação de uma tola vaidade, não mais. Pagou caro. Aliás, o preço da ingenuidade é sempre alto, parece que a única moeda que satisfaz é a do sofrimento. É difícil um ingênuo ceder de suas crenças apenas com o argumento da razão e do conhecimento, muito

218

raro. Acaba tendo que pagar o preço do sofrimento, da dor, do desengano, e ela pagou com a própria vida. O ingênuo não deixa de ser um comodista, ou um acomodado. Enquanto tudo anda bem, para que pensar? Para que analisar o que se passa? Está satisfeito, não enxerga, porque não quer ver. Então, lá vem a vida, trazendo a galope o sofrimento, a dor, a desilusão. Mas são experiências benditas, são renovadoras, mexem com a criatura e a fazem crescer. Ninguém pode impunemente ficar parado, assistindo o tempo passar. Existem propósito e objetivos pelos quais estamos aqui, e eles devem se realizar. Crescer, aprender, questionar-se, mudar, progredir. É para isso que nascemos e vivemos.

Creio, como os egípcios, que morremos e retornamos e, ainda, isso será para aprender e progredir. Dalilah foi crédula até as entranhas. Imagine, acreditar que um homem como Jessé pudesse mudar por causa de uma barriga! Tola ingenuidade. Ele pode engravidar quantas mulheres quiser, viver cercado de barrigas, e ter uma mulher parindo um filho seu a cada dia. Mas Dalilah não enxergava isso. Boba! Acreditava-se uma privilegiada, quando era, na verdade, apenas mais uma, e só. O que fascinou Jessé talvez tivesse sido uma fantasia — possuir somente para si uma servidora do templo de Astarto. Quiçá não haja aí um elemento dele desejar comparar-se a um deus! É bem possível. Jessé é imprevisível, não deita com o mesmo pensamento e humor com que amanheceu. Dalilah não deve ter passado de uma fantasia pela qual ele se apaixonou. Mas essa paixão não foi superior às outras: ciúme e violência. A essa horas, dela não sobra mais um fio de cabelo; ele..., o que estará fazendo? É provável que nem se recorde ou, se recordar, cerque-se de tudo quanto possa fazê-lo esquecer. Mas, pensando bem, nem isso. Ele não tem remorso nem arrependimento. Acredita-se justificado no papel de marido injuriado. E o que era Dalilah afinal de contas? Uma propriedade que perdeu a serventia, logo não lhe fará falta. Que sociedade injusta!

Retirou a mão da água, admirou a beleza e o luxo do jardim com suas belas estátuas de mármore, bancos primorosamente entalhados em pedra, caminhos calçados e irrigação abundante das plantas garantida por fontes e córregos. Era fácil esquecer naquela exuberância de verde que o deserto ficava tão próximo.

Dalilah esqueceu, refletiu Noor. Esqueceu como são tênues os limites da vida; esqueceu as zonas de transição e esqueceu que devia primeiro cuidar de si, e sempre pensar e agir pela própria cabeça. É tão ilusória a ideia de deixar que alguém cuide de nós, da nossa segurança, da nossa felicidade. Foi alto, muito alto o preço que pagou: a banalização da vida. Espero que ela consiga lembrar-se da sua crença na deusa, e procure por ela. Os braços maternos são compassivos; Dalilah ainda precisa da face materna da deusa, é uma criança perdida no mundo físico, em seus prazeres e em suas dores. É uma menina, muito há que andar para tornar-se mulher. Sabe tão pouco da vida...

Voltando a face em direção da lua, pôs-se a orar, não à deusa-mãe figurada, mas às forças divinas criadoras da vida. O feminino eterno — a providência divina criadora e mantenedora dos seres — a face feminina de Deus, em qualquer crença. Implorou assistência à jovem-criança que cativara sua amizade e carinho com seus grandes olhos castanhos tão cheios de medo e sua infantil e arrogante tentativa de mostrar uma superioridade que não possuía.

A distância, o pensamento de Noor associou-se ao de Kavi, e, sem o saberem, juntos mobilizaram forças espirituais para socorrer espiritualmente Dalilah.

14
DE VOLTA AO TEMPLO DE ASTARTO

Inconsciente, Dalilah jazia sobre as areias do deserto. Assim Dara e Talita a encontraram.

— Triste criança! — Comentou Dara, observando a recém-desencarnada que jazia nas brumas da inconsciência. — Recusa-se a crescer. Sofre, pena, vaga, e nada. Está presa num ciclo.

— Acompanhei pouco da história de Dalilah no templo, mas ela me parecia muito imatura e que pouco aproveitava da luz que tinha em torno. Isso ainda me entristece, por isso meu contato com ela era superficial — esclareceu Talita. — Deve ser meu arrependimento e remorso que me entristecem; demorei muito a enxergar a luz na qual vivia. Dalilah é uma réplica do meu passado recente. Talvez tenha medo de reincidir outra vez.

Dara riu e fez um gesto de pouco caso com a colocação da companheira-aprendiz.

— Impossível — disse a Talita. — Toda vez que tomamos consciência existe algo que fere, que machuca, que marca, simbolicamente esse processo e não há como voltar atrás. As marcas do crescimento não se apagam. O que ocorre com Dalilah é que ela se recusa a completar um ciclo de maturidade e aprendizagem; ela retrocede antes da marca. Cede o progresso à preguiça, ao medo. Acabou desse jeito uma jornada que tinha todas as condições de ser mais bem-aproveitada e dar bons resultados. Mesmo nos caminhos equivocados e repetitivos que trilhou acabou encontrando quem lhe advertisse, apontasse a luz, mas... ignorou. Agora, retorna ao nosso plano praticamente com as mãos vazias, e, quase afirmo com certeza, doente.

— Ouvi Dinah relatar seus últimos dias e a forma como partiu do mundo material para o nosso. Será uma recuperação lenta, falo por experiência própria.

— Todas nós sabemos dessa verdade, mas ela não foi fácil nem simples de ser assimilada, não é mesmo? — Comentou Dara, ajoelhando-se próximo de Dalilah.

Analisou Dalilah não encontrando nenhum sinal de que ela percebesse a presença das duas; a inconsciência era profunda. Olhou para Talita, que se ajoelhara no lado oposto. A companheira anuiu silenciosamente, lendo com facilidade o pensamento de Dara.

Juntas ergueram Dalilah, adormecida, e puseram-se de regresso ao templo de Astarto.

Paralelo à construção do templo material da deusa em Jerusalém, erguia-se a estrutura espiritual de base, abrigando inúmeros trabalhadores e assistidos, a maioria apresentando-se sob a forma de mulheres.

Depositaram Dalilah sobre um alvo leito, em uma das áreas coletivas. Era um grande aposento retangular, muito simples, com grandes janelas que permitiam a entrada da luz. Portas duplas davam acesso a um pátio com canteiros de rosas e bancos de pedra. Não havia outros móveis além das camas, muito limpas, em sua maioria, ocupadas por espíritos na condição feminina, desencarnados, que dormiam inconscientes da realidade. Observando atentamente, percebia-se que traziam marcas de brutal violência.

Talita suspirou; devia estar acostumada àquela visão, mas o fato é que não se habituara.

— Esse quadro espanca minha sensibilidade — comentou com Dara.

— É aterrador, mas crianças destroem seus brinquedos e, com muita frequência, o dos outros também.

— Sei.

— O pior não é este quadro e o que dele pode nascer, Talita. Irão parir a raiva e o ódio; será um remédio amargo que também deixará estragos até que acertem a dose. Considere isso uma tenda maternidade.

— De filhos dos demônios? — Brincou Talita, fazendo brotar um sorriso no semblante sereno de Dara.

— Sim, pode ser. Mas sem casarem-se com ele, e gerar

seus filhos não irão se libertar. Que seja logo! Vamos, precisamos avisar Dinah que concluímos a tarefa de resgate.

Talita afastou-se do leito e avançou em direção à porta aberta. Dara a seguia de perto, mas, ao chegar à porta, voltou-se e contemplou o quadro das recém desencarnadas. Fechou os olhos e, em uma súplica ardente, pediu que elas se recuperassem logo e acordassem acima de tudo para a consciência de si mesmas e do próprio valor.

Talita a aguardava, e instantes depois seguiam alegres ao encontro da orientadora do local.

— Dinah não está — respondeu sua auxiliar e acrescentou: — está com Helena, no templo de Astarto.

— É algo pessoal que levou Dinah ao encontro de Helena? — Questionou Dara.

— Não, creio que não. Helena enfrenta problemas com as tribos semitas. Vocês pretendem encontrá-la?

— Sim, iremos ao templo — confirmou Dara.

Sem perda de tempo, dirigiram-se ao recesso material do grande templo. Era um verdadeiro monumento, uma imponência, o alto pé direito faziam-nas sentirem-se formigas deslizando sobre o piso de mármore negro. O altar da deusa, sua majestosa e perfeita estátua contemplando serenamente, do alto, os fiéis. Os templos se destinavam a promover a reverência pelo sagrado, a chamar a atenção humana para a grandiosidade da natureza e nela lerem as eternas lições de sabedoria e felicidade, de equilíbrio e abundância. Desejavam os sacerdotes altamente iniciados que o homem compreendesse que os mitos que lhe ensinavam tinham o objetivo de conduzi-los pela senda do autoconhecimento.

Todos os mitos da antiguidade são metáforas das forças naturais das quais a espécie humana é detentora. São sistemas que permitem viver e conhecer o caminho da evolução pessoal, compreender a miséria e a grandiosidade de que são capazes as criaturas. É por isso que as civilizações antigas tinham tamanha facilidade de mesclar seus deuses. Eles reconheciam as forças naturais que representavam e sabiam que Afrodite era a mesma Vênus, por exemplo. Por isso, Roma não interferia na religião dos povos dominados; de certa forma, eles possuíam uma grande homogeneidade em seu sistema de crença e nas explicações que ofereciam da vida e do mundo.

Mas diversos fenômenos ocorriam nesse contexto. Helena fixava o olhar sobre uma bacia de prata cheia de água cristalina e passava em suas bordas um bastão de prata, enquanto recitava baixinho uma prece, repetindo-a inúmeras vezes, até que sua mente se esvaziasse por completo. Ela invocava a resposta da deusa às suas aflitivas indagações.

Dinah observava sua protegida, aguardando que ela atingisse as condições de concentração mental, liberando as faculdades espirituais e permitindo o contato entre ambas.

Dara e Talita chegaram ao salão do templo, vazio, naquele instante. Ao reconhecerem o que se passava, calaram, permanecendo imobilizadas junto às altas colunas, atrás de Dinah.

A Orientadora gentilmente aproximou-se da sacerdotisa, acariciou-lhe com suavidade os longos cabelos negros e sorriu. Helena, julgando ver na água a imagem conhecida da emissária da deusa que a inspirava em seu trabalho na direção do templo e do culto de Astarto, cessou o movimento do bastão e suspirou.

— Obrigada, eu preciso muito do seu esclarecimento. Agradeço atender ao meu chamado.

— Diga, filha, o que te aflige?

— Dia a dia torna-se mais difícil resguardar nossas crenças, nossa liberdade. Somos malvistas, incompreendidas. Usam equivocadamente, mas com a nossa concordância, bem sei, os serviços do templo. Não veem o caminho profundo da iniciação; apegam-se ao prazer imediato. As tribos nômades que se fixam, cada vez mais, na cidade,confundem nossa crença com libertinagem. Seus deuses são diferentes. Confesso, grande mãe, que não os entendo. Hoje, assassinaram duas de nossas servidoras que saíram do templo à luz do dia. Sabemos quem foram os homens que as mataram, eles costumam vir aqui solicitar nossos serviços, mas vêm sempre à noite. Estou triste. Temo pelo presente e pelo futuro.

Eles proíbem as mulheres de buscarem socorro para seus males. Por duas vezes, nos últimos dias, houve espancamentos na fila das atendidas. Eram grávidas que nos buscavam para acompanhar-lhes a gestação, aliviar-lhes os mal-estares e prepararem-nas para o parto. Jovens meninas; não sei se sobreviveram. Mas a violência foi tanta que tenho quase certeza de que se não morreram, estão muito mal. Isso me causa agonia. Que deuses são esses nos quais estes homens creem que fazem tão grande mal? Que não respeitam a vida e suas forças criadoras? Eu não entendo, mãe.

— Calma, adorada filha. Teu trabalho tem sido exemplar e frutífero. Sei do que falas. São deuses tribais, Helena. São crenças diferentes das nossas. Eles não integram corpo e cabeça na adoração da vida e de suas forças. Eles usam apenas a cabeça, e criaram deuses pessoais. Cada chefe de tribo tem seu deus, é a sua cabeça; ou alguns adoram o deus que seus pais idolatraram. Esqueceram as forças naturais que carregam: não compreendem mais os caminhos que ensinamos. Você não ignora, filha, que nem todos têm a necessária compreensão de entender nossa crença.

— Sim, eu sei. Inclusive ensinamos conforme a capacidade de compreensão, alguns não chegam a demonstrar potencial de iniciação, são apenas seguidores, participantes esporádicos. São sementes que ainda não têm condições de germinar — respondeu Helena em um murmúrio.

— Exatamente. Então, por que a aflição? Não consegues ver que são incapazes de te entender, não por boa ou má vontade, mas por uma impossibilidade natural. Não deves te agastar com eles — disse Dinah.

— Mas a barbárie? Temo que nos destruam — sussurrou a sacerdotisa com lágrimas brilhando em seus olhos negros.

— Somos imortais, Helena — lembrou a serena entidade espiritual. — Compenetra-te dessa verdade. Tudo que eles poderão fazer é destruir paredes, altares e corpos de carne. Jamais atingirão ou poderão destruir a essência verdadeira que somos. O universo e todas as suas forças repousam em harmonia, paz, equilíbrio e abundância. Minha filha, lembra-te sempre disso e de estar inserida nele. São estas as leis que regem a nossa e a existência de tudo que vive. Confia e caminha em paz.

— Podes dizer-me o que devo esperar do futuro?

Dinah sorriu, compreendeu que seu discurso atingira a inteligência de sua protegida, mas não fora capaz de pacificar suas emoções.

— Concentre com firmeza seu olhar, Helena — ordenou meigamente a Orientadora.

À visão espiritual de Helena, que a acreditava contida nos limites da bacia, uma luz forte como o sol se revelou. De imediato, uma sensação de paz e calor invadiu o íntimo da sacerdotisa. A visão transmitiu-lhe a esperança que a mensagem clara não havia conseguido.

— Há luz no futuro. Isso me alegra e acalma. Agora sei que tudo está bem. Obrigada, grande mãe — disse Helena e tornou a recitar as preces.

Dinah afastou-se das faculdades mediúnicas de Helena. Tranquila, balançou a cabeça, como se considerasse engraçada a reação da protegida.

Vendo Dara e Talita comentou:

— Entender e aceitar são, com frequência, coisas opostas ou, ao menos, distanciadas, quando deveriam ser unidas.

— Dificuldades do crescimento espiritual — confirmou Dara. — A interpretação é o reflexo. Helena é sábia e já trilhou os caminhos da vida mais do que a maioria das mulheres que a procuram, porém os aspectos ásperos e violentos da existência nas condições evolutivas deste mundo ainda lhe parecem duras e inconciliáveis com a bondade do Criador.

— Dualidades, Dara. Quer você algo mais humano do que essa forma de ver? Até que se compreenda, aceite e interprete corretamente que para Deus tudo e todas as coisas estão certas no contexto em que ocorrem, muita areia já se movimentou. É o trabalho do tempo e do esforço. Mas é um aprendizado lento e difícil vencer a dualidade, deixar de ver só as formas do bem e do mal, para entender que para a vida isso não importa, que a grande verdade é que somente o bem existe. Mas ele nem sempre tem a face que nós desejamos lhe dar — Dinah olhava o templo com apreço. — Um dia tudo isto acabará, como já acabaram outros semelhantes em outros tempos e até em outros lugares. Todas as coisas encontram o fim, que será um novo início, uma transformação. Na matéria, estas pedras deverão ser derrubadas e servirão à construção de outros edifícios e quiçá outro templo, onde até mesmo se ignore as deusas e se fale de um Criador distante, muito distante. No entanto, a essência da mensagem de abundância, de fraternidade, de integração com as forças da vida e de que todos os deuses e deusas que cada povo ou todos os povos cultuem, são em verdade, representações das forças pessoais e do universo. Portanto, não estão distantes; estão no interior de cada um. Somos nós e nossas vivências em diferentes condições e estados. O caminho de autodescoberta e do autoconhecimento que ensinamos poderá ser temporariamente encoberto, mas o ser humano jamais deixará de buscá-lo. Somos criaturas imortais, ora na matéria, ora fora dela, não há por que nos afligirmos com o futuro; ele é o progresso. Só pode haver luz neste caminho; agora, até que ponto dela nos aproximaremos depende de cada um. A mensagem lançada no coração e na mente é imortal, e é justamente isso que fará a nossa ideia essencial sobreviver, tal qual uma fonte brota do interior da terra. Bem, mas vocês não vieram à minha procura para tratarmos desse tema, o que desejam?

Dinah afastara-se do altar e, devagar, se dirigia à saída do templo seguida de perto por Dara e Talita.

— Adoro ouvi-la — elogiou Dara com sinceridade. — Você é uma oradora fascinante, sabe disso. Ainda que o discurso seja breve, é um prazer. Mas viemos informar-lhe que resgatamos Dalilah e a deixamos no local de repouso. Ela dorme, inconsciente.

— Totalmente? Ou dá sinais de sofrimento mental? — Inquiriu Dinah.

— Confesso que não observei com tanta atenção — reconheceu Dara e, voltando-se para Talita, indagou: — que você acha?

230

— Nem sequer cogitei — respondeu Talita, e completou: — desculpe, Dinah. Deveria ter sido mais atenta, transportei Dalilah como se fosse um fardo, fui insensível.

Dara juntou-se ao pedido de escusas e rememorou o atendimento antes de falar:

— Não me pareceu que ela tivesse sonhos que a fizessem sofrer, expressando a angústia que a acomete. Mas é bem provável que eu esteja errada.

— Seria melhor que ela estivesse em sofrimento mental — disse Dinah.

Talita associou o desejo de Dinah e os conceitos sobre a face do bem, ouvidos instantes antes.

— O sofrimento seria um estado que encaminharia as vivências dela para a compreensão e para o exaurimento, seria a purgação. Implicaria um estado de ânimo aberto para enfrentá-los. O estado de total inconsciência é uma fuga, um aparente retrocesso permitido por um esquecimento temporário. Em suma, uma perda de tempo, no entanto necessária. Dalilah é imatura, esse tempo a ajudará a despertar as forças da vida em seu íntimo. Por agora, é uma criatura frágil demais interiormente.

— O preço das ilusões, como é alto! — Falou Talita surpresa.

Dalilah permaneceu meses nesse transe inconsciente após seu desencarne violento.

15
A FESTA DOS TABERNÁCULOS

A mãe natureza fechava mais um ciclo. Outra vez o pátio do templo de Astarto fervilhava com os preparativos da procissão e dos rituais de fertilidade da terra a ser semeada.

Homens e mulheres iam e vinham apressados, buscando seus lugares no cortejo. Ricos trajes, joias, roupas sensuais, exaltando a beleza física. Alegria, muito barulho, dança, música e bebida à vontade.

À frente, o andor com a grande imagem da deusa cercado de incenso, flores e frutas. Sentada em um trono, Helena, vestida de negro e dourado, em seu traje cerimonial, observava os preparativos. Sorriu ao ver Jael trazendo pela mão a jovem que conduziria a procissão, representando a beleza da primavera que se iniciava.

— Está linda! — Elogiou Helena, analisando a moça de cima a baixo.

A jovem usava uma túnica diáfana através da qual se viam as curvas de seu corpo bem-proporcionado. A vestimenta era feita de véus em vários tons de azul, branco e púrpura. Os cabelos negros cacheados estavam presos no alto da cabeça por uma joia dourada e a cabeça salpicada por flores do campo.

— É uma honra, Helena. Agradeço-lhe a escolha — falou a jovem encarando a sumo sacerdotisa com um sorriso sereno.

— Você é uma grata surpresa, Seila — respondeu Helena.

— Estonteante, não é mesmo? — Comentou Jael apontando seu trabalho em arrumar Seila.

— Você é uma mestra, Jael — disse a jovem. — Mas se não houvesse beleza em mim, seu trabalho teria sido em vão.

Helena arregalou os olhos surpresa. Jael lhe dissera que a moça era astuta e determinada, além de inteligente e dedicada ao aprendizado de suas funções. Destacou-se entre as novatas que aspiravam à iniciação de sacerdotisas. Rute nada tinha a queixar-se, ao contrário, a jovem atraía a atenção de um importante líder da cidade que passara a frequentar o templo e a solicitar a companhia de Seila. As doações dele eram generosas, porém mais importante era a proteção que secretamente ele providenciava às práticas da deusa e ao templo.

— Aprecio a ousadia na mulher — falou Helena –, desde que não seja inconsequente e que haja coragem suficiente para mantê-la.

— Abandonei minha família, abandonei as crenças da tribo de meu pai, não sou Cananeia, mas penso que para a deusa essas barreiras não existem. Ela nos fez iguais, todas nós, independente de época, raça ou crença; pelas mãos da natureza ela nos inicia em seus mistérios. Por entender este fato, Helena, eu abandonei meu povo e vim ao templo entregar minha vida ao aprendizado e ao culto dos mistérios da deusa. Crê que me falte coragem?

— A coragem é uma virtude que se testa a cada dia, e quanto mais se põe à prova, maior ela se torna — retrucou Helena. — Observarei seu trabalho nestes dias para ver os potenciais da sua coragem. O que posso lhe dizer agora é que vejo que ela existe. Isto me alegra.

— Seila é excelente aprendiz — interveio Jael, e, colocando-se ao lado de Helena, sussurrou-lhe ao ouvido: — observe-a, é corajosa, inteligente, prudente e sábia. Conhece as armas que a natureza lhe deu e usa-as muito bem; alia sensualidade e inteligência como poucas, e tem um controle feroz das emoções. Já notei, ela não age impulsivamente.

— É hebreia? — Indagou Helena.

— Sim, veio de Judá.

— Vê-se em seus traços. Dê-lhe um pandeiro — ordenou a sumo sacerdotisa.

Surpresa, mas feliz, Jael apressou-se em buscar o instrumento. Rapidamente, enfeitou-o com fitas nas cores que vestiam a sua dileta aprendiz. Sorrindo, retornou ao pátio e entregou a Seila o pandeiro.

— O que é isto? Poderei tocar? Pensei que somente deveria dançar, não é essa a função...

— Ordens de Helena. Ela gostou de você. Perguntou-me se era hebreia e eu confirmei. Sabedora de que no seu povo as mulheres dançam e tocam pandeiros, ela mandou que lhe entregasse um — explicou Jael.

Seila sorriu e voltou-se para Helena, erguendo graciosamente o pandeiro e fazendo uma leve mesura de agradecimento, que, entretanto não lhe dobrava nem a cabeça nem os joelhos, era antes uma elegante flexão dos membros.

Respeito e igualdade, pensou Helena, interpretando o gesto da jovem. Vou observá-la. Segundo Jael, é a ela que devemos a paz de nossos trabalhos nos últimos meses. A deusa deve ter simpatia pela jovem se a usa como instrumento. Ela deve ser dócil às forças da vida. Isto é bom.

No íntimo, a sumo sacerdotisa acalentou a ideia de que a jovem hebreia poderia tornar-se sua sucessora. Vislumbrara a existência das condições interiores; aguardaria o final da festividade para avaliar a conveniência de elevá-la à condição de sacerdotisa.

Abriram-se os portões do templo e a música soou, gritos e aplausos receberam a procissão à saída.

Observando-se a população, era fácil notar a predominância masculina na assistência; era também visível a desaprovação em vários semblantes.

— Abominação! — Sussurravam, pois não tinham a coragem de gritar.

Havia divisão em seu íntimo. Fiéis à crença no deus de seus pais e tribos, condenavam a manifestação de fé das servas de Astarto, considerando-as promíscuas, prostituídas. Mas, no nível básico dos instintos e das emoções, eles reagiam fortemente atraídos pelo culto da deusa da fertilidade. Resmungando, fugiam da aglomeração de pessoas e iam solitários em direção às montanhas, onde, sabiam, seria o apogeu da cerimônia.

À frente do cortejo Seila dançava. Ela venerava a alegria e a liberdade, o prazer da vida em sua apresentação. O brilho em sua expressão, o sorriso aberto e franco encantavam e seduziam, em especial os homens rebeldes e rígidos seguidores do deus de Israel.

A jovem servidora não ignorava a reação que causava no público e deliciava-se em vê-los sorrir e segui-la. Incentivava os populares a ingressarem na procissão e a dançarem pelas ruas, numa reverência profunda de amor e gratidão, numa celebração do dom de viver.

Helena observava e, silenciosamente, aprovava a atitude de Seila. Sorria para o povo e o saudava quando se juntava a elas, dançando e cantando. Assim como a jovem, a sumo sacerdotisa também percebeu a crescente onda de rejeição e a luta interna que aqueles homens travavam; lamentou-os e lamentou ainda mais as mulheres que viviam sob o jugo deles. Elas, em sua maioria, desconheciam a alegria, o prazer de viver e o importante papel que deviam desempenhar. Algumas o realizavam, e a sumo sacerdotisa de Astarto o sabia, mas era a força da natureza que as impelia; não agiam com consciência, pois não lhes era permitido investigar a própria essência de si.

Seila, a certa altura do trajeto, improvisando sua apresentação, acercou-se do andor que transportava Helena e a imagem de Astarto. Sorriu, reverenciou a deusa como se estivesse no templo e dançou para ela, movendo o corpo como se fosse uma serpente. Arrancou entusiásticos aplausos do público, e, ao final, ergueu seu pandeiro e apontou em direção às montanhas:

— Olhe, onde estão os que nos condenam — falou para Helena.

— Eu vi — respondeu Helena, sem mover a cabeça.

— A natureza é mais forte que qualquer ideia criada pelo homem sobre o divino — comentou Seila, e afastou-se rápida e ágil.

Inteligente, faz um julgamento preciso e sadio sobre os fatos, constatou Helena, em pensamento.

Chegaram ao local dos rituais de celebração, haviam velhos e frondosos carvalhos, grandes pedras dispostas em forma circular, e fogueiras preparadas por aqueles que foram diretamente às montanhas, sem acompanhar a procissão. No céu, ainda com resquícios alaranjados do poente, o brilho cálido das primeiras estrelas despontava.

237

As festividades prosseguiam; os homens reunidos à parte deviam eleger o escravo-rei da noite. Os incomodados hebreus que sucumbiram ao chamado de Seila colocavam-se nas últimas fileiras da assembleia, escondendo-se um dos outros, fingindo que não conheciam e que não se enxergavam, embora muitos pertencessem à mesma família.

Escolhido o escravo-rei, eles suspiraram aliviados. À noite não lhes daria a glória, mas não lhes pediria a vida. Eles apenas queriam conhecer...

Era um jovem rapaz que servira no templo e permanecia fiel ao culto da deusa-mãe. Aquela noite ele seria o rei, e assim Seila o recebeu. Não esperou que Helena lhe ordenasse o que fazer, ela sabia. Conhecia o escolhido; haviam ingressado no serviço do templo com uma diferença de dias. Fora ela quem o auxiliara na adaptação, embora também ainda estivesse no mesmo processo. Tornaram-se amigos. Mas ela escolheu ignorar que conhecia Tadeu; aquela noite ele era o escravo-rei. Porém, antes de ser escravo, ele teria que ser rei, e ela o transformaria.

Helena observava a ação de Seila. Jael ao seu lado comentou:

— Ela evoca a feminilidade plena, não a mera sensualidade. O jovem está no sétimo céu, e ela apenas dança, lhe dá comida e faz alguns afagos.

— Jael, você tem razão a respeito da moça. — Falou Helena sem afastar os olhos do trabalho da aprendiz — ela tem, aparentemente, as condições para ser sacerdotisa. Coloque-a a meu serviço a partir de amanhã, quero conhecê-la de perto. Notei que, por si mesma, ela domina a iniciação de vários conhecimentos.

— Mais do que você imagina. Seila possui uma sensibilidade espiritual muito grande, embora ainda indefinida. Creio que seja esta a única etapa da iniciação que lhe falta — respondeu Jael.

— Pelo que me diz, devo aguardar que ela passe no teste desta noite.

— Ela possui firmeza interior, não duvide — alertou Jael.

— Acho que você está apaixonada, Jael — brincou

Helena. — Há muito não a vejo tão entusiasmada com uma de suas aprendizes.

— Seila foi ótima em todas as tarefas que me coube iniciá-la como servidora do templo — respondeu Jael, sem dar-se por achada com a colocação da superior. — Mas não a amo mais do que as outras que se elevaram à condição de sacerdotisas. São poucas, você bem sabe. Amo a todas, mas não acredito no amor igual e impessoal. Amo a todas e a cada uma na sua forma especial de ser.

— E a Seila mais do que as outras — insistiu Helena maliciosamente. — Ela foi ótima em tudo que lhe ensinou, você disse. Eu não a condeno, vejo que a jovem é especial. Nosso escravo-rei, hoje, por ela, desafiaria o rei de Jerusalém.

— Oren, o chefe militar da cidade, se bateria por ela antes que o rei soubesse — retrucou Jael, referindo-se às frequentes visitas do chefe Oren ao templo nos últimos meses.

— É, eu sei. Ruth aprova, ele tem sido muito generoso e sei que devo a paz das mulheres necessitadas e doentes que buscam nosso atendimento às ordens dele. Cessaram as "animosidades", digamos.

— Sim, Helena, é verdade. Espero que ela saiba lidar com a paixão dele.

— Ora, Jael, há instantes você me garantiu que ela era conhecedora da maioria das iniciações. Vi, hoje, que ela, de fato, domina o papel de iniciadora dos homens. Você acha que ela não saberá expulsá-lo de suas entranhas?

— Não, isso eu não duvido. Estou observando é se ela sabe identificar o momento do trabalho completado. Oren é o primeiro a apegar-se a ela deste jeito.

— Hum, mas devem ter havido outras pequenas iniciações que a tenham preparado. Vamos acompanhar o caso. Com ela mais próxima, eu mesma a conduzirei, se julgar necessário.

A ação de Seila prendia a atenção dos expectadores; incitava-os à busca do prazer físico, mas faziam-nos regidos por sua mão — com carinho e respeito. Não havia a festa orgiástica pura e simples, selvagem. Ela conduzia à sedução. Helena a observava, e a aprovação estampava-se em sua face serena.

Em dado momento, Seila tomou pela mão o escravo-rei e

o levou à sumo sacerdotisa. Era noite alta; logo a madrugada viria anunciar o fim da festa de Astarto.

Helena o recebeu, dispondo-se a conduzi-lo ao interior do andor, porém, foi detida por Seila.

Olhando-a nos olhos, Helena comparou-a ao poder de uma serpente — o olhar magnético fixo no centro de sua testa, entre os olhos. A sumo sacerdotisa sorriu e a advertiu:

— Ingênua criança, não provoque um jogo que não possa vencer.

— E algumas derrotas não são verdadeiras vitórias quando analisadas em seu resultado, Helena?

— Sim, algumas vezes é preciso perder para ganhar.

— Por pensar dessa forma, eu não creio em derrotas e nem você.

Ao dizer isso envolveu a sacerdotisa nos braços e beijou-a com ardor, virando-se logo após para o escravo-rei e beijando-o da mesma forma.

— Você quer dar a Tadeu o reinado da vida e da morte — concluiu Helena, encarando-a.

— Sim, eu quero — respondeu Seila. — E não pense que, em mim, a face escura da deusa não tenha acesso, tem sim. Nós somos a natureza, não é?

E acariciava ousadamente a superior e o escravo-rei, que a tinha sob completo fascínio, ansiando pela vida e pela morte nos seus braços.

— Esta noite tornou-se sua, é correto o que entendo? — indagou Helena. — Tadeu é especial.

— Sim, é uma despedida nesta e desta vida — confirmou Seila altiva, sem manifestar dor ou tristeza, apenas controlada paixão.

Helena fez um sinal aos músicos e o ritmo mudou. As percussões marcavam a cadência dos batimentos cardíacos, e a música das cítaras e alaúdes dominavam. As percussões ficavam ao fundo.

— Dance! — Ordenou Helena dirigindo-se para o centro do pátio ritual e entregando-se ao som dos instrumentos. Seus movimentos eram lânguidos, respondiam às cítaras e aos alaúdes. Seus olhos cravados no casal — Seila e Tadeu.

Seila entregou o pandeiro ao escravo-rei, convidando-o a tocar junto com os músicos enquanto elas dançariam para ele. Ao voltar-se para a sumo sacerdotisa, vislumbrou o olhar de aprovação e curiosidade.

O público em torno parou a fim de presenciar o enfrentamento proposto pela aprendiz.

Seila caminhava em torno de Helena, colocando-se à sua frente, enquanto a sacerdotisa deleitava os assistentes com movimentos perfeitos, harmoniosos e suaves, com a força e a constância da vida espiritual. Ela fazia o corpo bater, estremecer e vibrar, acompanhando a percussão; seus movimentos lembravam as iniciações da vida física, o nascer, a dor, o prazer, que crescem e chegam à apoteose. Nele a jovem estremeceu e se lançou nos braços da sumo sacerdotisa, representando a morte física. O corpo suado e brilhante foi acolhido por Helena que a ergueu e a carregou para o interior do andor, seguida pelo cortejo de homens que depôs aos pés das duas o escravo-rei.

É a grande iniciação do conhecimento — a existência da vida após a morte, de que viemos do mundo espiritual e a ele retornamos. A vida material, por mais vibrante que seja, é apenas temporária; ela começa e depois termina, enquanto a vida espiritual é preexistente e sobrevivente à material, Tal qual elas haviam comunicado nos movimentos da dança. Jael observou o desfecho do ritual. Inusitado, fascinante.

Talento é o fruto maduro de uma inteligência desenvolvida no domínio de uma arte, pensou e Seila cabia com perfeição neste conceito. Já não havia dúvida de que ela seria aprovada no teste. Compreendia os ensinamentos mais profundos e demonstrara tal convicção em seu trabalho nas festividades.

O retorno ao templo tinha à frente a jovem, tão viçosa e vibrante quanto fora na abertura. Havia cansaço físico, seus movimentos eram mais comedidos e sua dança menos arrebatadora, porém seus olhos e seu sorriso comunicavam a mesma alegria contagiante e o público retornava pacificado, acompanhando-a no estado de ânimo. Ela dera o tom da festa, e fora o certo. Não havia esgotamento das energias emocionais nem das vitais.

16
A nova sacerdotisa

Na manhã seguinte, a iniciação de Seila teve início.

Chamada à presença de Helena e Jael, ela compareceu calma e bem-disposta. Cumprimentou-as ao entrar na sala da sumo sacerdotisa. Sentou-se no local em frente a elas, obedecendo a um comando gestual.

— Sabe por que a chamamos? — Inquiriu Helena com a costumeira firmeza.

— Sim — respondeu Seila, sem afetação. — Para propor-me a iniciação como sacerdotisa de Astarto.

— Deseja esta iniciação? — Perguntou Jael, fitando-a intensamente.

— Para chegar a este momento ingressei no serviço do Templo.

— Não lhe restam dúvidas quanto ao seu futuro? — Indagou Helena.

— Não, eu pensei e decidi antes de chegar ao templo. Abandonei meu pai e fugi para Jerusalém. Percorri sozinha uma distância considerável. Precisei esconder-me, passei por homem, por louca e leprosa, conforme me convinha ao atravessar o deserto e as cidades desde a aldeia onde morava até aqui. Eu morava, como sabem, em um povoado próximo da fronteira. Meu pai era um soldado de aluguel, malvisto pela sociedade. Vivíamos sozinhos em uma pequena chácara, distante de tudo e de todos. Ele é um homem violento, forte, irado, mata sem piedade e sem motivo; isso o faz malvisto por todos, menos por alguns líderes que se servem dos seus serviços e que o remuneram muito bem.

Quando fugi, ele havia sido chamado para comandar um grupo de homens e vencera uma campanha militar. Fez um juramento a Deus na presença de seus homens de que sacrificaria, em honra a Ele, pela vitória, o primeiro ser vivo que o recebesse no retorno ao lar depois daquela vitória. Nenhum dos nossos animais domésticos estava no pátio naquela hora. Eu abri a porta e, como é tradição das mulheres do meu povo, fui dançando para recebê-lo. Pobre coitado! Empalideceu, suava frio, gaguejava, ficou como louco. Primeiro tentou fugir de mim, depois me abraçou desesperado implorando perdão. Passou mal aquela noite, completamente transtornado. Um dos seus homens de confiança contou-me o juramento feito. Eu sabia a que ponto chegava a intransigência dele em questões de fé. Tentei fazê-lo ouvir os rabinos da aldeia aos quais implorei ajuda. Somente um deles, o mais jovem, compadeceu-se com a minha história e o procurou dizendo falar em nome de todos, não sei se era verdade. Nada o demoveu da insistência de precisar cumprir a risca o juramento. Acho que o pouco de lucidez que ele tinha se perdeu naquela crise. Apesar do gênio irascível, do trabalho que fazia, de ter pouquíssimos amigos, ele me amava com todo coração.

Talvez eu fosse o único ser que ele amava nesta terra. A crise se prolongou por dias. Quarenta, na verdade. Ele não tinha coragem de cumprir a promessa e sacrificar-me, nem de retirar o juramento perante Deus e os homens que o testemunharam. Naquele período, eu compreendi como eles me viam como mulher e o quanto valia aos olhos deles. Apesar de me amar, o amor de meu pai não era maior que o medo que a sua crença lhe infligia da ira divina. E, por mim, ninguém afrontaria nada. Precisei pensar o quê e em quem eu havia me tornado, tanto para eles quanto para mim mesma. Vi que, para eles, para a sociedade de onde venho, eu era coisa, um objeto qualquer, propriedade do meu pai, que tinha sobre minha pessoa poderes de vida e morte, sem direito de escolha. Além disso, não havia diferença entre mim e um bode, sacrificado para purificação de uma consciência culpada. Indaguei que valor tinha a vida e a morte naquele sistema. Estava fadada à morte para aplacar a ira divina, pois fora feito um juramento e tinha que ser cumprido.

Constatei que, naquela crença, todos os sacrifícios de alimentos, animais e humanos — embora não admitissem que faziam, mas a história está repleta deles, eles faziam, e diziam que alguns não se realizaram por intervenção divina, eu não sei — eram todos feitos apenas para aplacar a ira, nunca para gerar prosperidade, fertilidade, alimento. As intenções são mesquinhas e cheias de medo. Constatei que não poderia pertencer àquela visão de vida, que não era a minha; tampouco permaneceria lá. Fugi para as montanhas e lá, durante a noite, eu vi aproximar-se de mim uma mulher esguia e bela, com roupas cerimoniais que eu não conhecia. Ela falou comigo com brandura e nunca esqueci sua maior lição.

Helena que a ouvia com atenção, sorriu, imaginando se não conheceria a mulher espiritual da visão de Seila, mas nada comentou, limitando-se a perguntar:

— E o que lhe disse esse ser?

— Ela me disse: filha, você cumpriu um grande ritual de iniciação em sua vida. Está prestes a conhecer-se como a mulher em que se tornou. Não tema, é um belo caminho. Vá para Jerusalém e encontre-me em minha casa. Que nada a detenha em sua jornada!. Dito isso, pousou a mão sobre meu peito e sobre o alto da minha cabeça, sorriu e desapareceu.

— Você não sentiu medo? — Questionou Jael.

— Não, tenho visões desde muito cedo. Não são frequentes, mas já tinha visto espíritos antes, embora não como ela. Viajei conforme indicado. Devo confessar que, diante de muitas dificuldades da jornada, tenho consciência de que ela me amparou. Inspirou soluções e, em vários momentos, sustentou-me a confiança no futuro e na minha vitória. Enfim, foi andando para Jerusalém que ouvi falar pela primeira vez em Astarto. Fiz-me passar por uma mendiga louca; descobri que era fácil pelo estado em que estava, faminta e suja. Algumas mulheres falaram comigo; eram prostitutas, deram-me água e comida, deixaram-me dormir em sua casa. Disseram-me que procurasse a deusa que a nenhuma de nós desamparava, que era compassiva e misericordiosa com nossas faltas. Acredito que elas tenham pensado que eu "enlouquecera" por me sentir culpada depois de algum crime. Não dei importância ao que me pareceu que elas pensavam, mas atraiu-me a ideia da deusa. Perguntei mais algumas coisas, porém

246

não podia ser muito para não pôr abaixo meu disfarce de demente. Gostei do que ouvi e desejei mais. Já bem próxima de Jerusalém, com aspecto de doente pela fome e pelo cansaço, encontrei uma romaria de mulheres doentes que vinha ao templo à procura de Helena para tratar de seus males. Ouvi suas histórias de vida, vi como elas se sentiam felizes e amedrontadas ao mesmo tempo por irem ao templo. Entendi que suas tribos não sabiam a que templo elas se dirigiam em Jerusalém. É provável que fossem nos dois, mas o coração delas veio somente até aqui. Foi assim que cheguei ao templo. Abandonei-as na fila e arrastei-me até a escadaria, apresentando-me para o serviço — Seila interrompeu a narrativa e encarou Jael ao prosseguir: — você me recebeu. Muito obrigada. Eu vi a vida das mulheres, andei com elas, senti e vivi tudo que elas vivem e sentem e, assim, compreendi que a divindade criadora da vida tem que ter uma face feminina. Quando menina aprendi que Deus havia criado o homem e a mulher à sua imagem e semelhança, no entanto, nunca tinha questionado onde estava esta face feminina de Deus, da qual fez a mulher à sua imagem e semelhança. Demorei muito a entender que o Criador, os deuses ou deusas, como queiramos chamá-los, transcendiam em muito a nossa visão limitada de sexo. E diante do que vi, prefiro cultuar as forças femininas da vida e dos seres, afinal, sou parte delas. É por isso que cheguei aqui, desejando ser uma sacerdotisa da deusa e devotar minha vida à causa da manutenção e da sustentação da vida.

— E a mulher da visão, nunca mais a viu? — Perguntou Helena.

— Apenas em sonhos, algumas poucas vezes, desde que ingressei no templo — esclareceu Seila.

— E como se sentiu ontem? — Insistiu Helena no interrogatório.

— Fiz o que precisava ser feito, cumpri meu dever sem crueldade.

— Sentiu prazer no sacrifício? Com sua história de vida seria compreensível.

Jael limitava-se a observá-las.

— Não.

— Teve medo?

— Não, eu sabia o que devia fazer e tremer somente faria mal a Tadeu. Além disto, eu sabia que ele estava sob efeito de drogas e muito vinho. Estava inconsciente, quase morto.

— Por que diz isso?

— Porque conheço o cheiro da droga que foi dada a ele pelos servidores do templo; meu pai usava quando estava muito ferido. Aprendi desde cedo a manuseá-la; conheço todos os efeitos; ingerida com vinho é mais poderosa. Eu soube que ele não sentiria nada. Além disto, vivi bastante tempo aqui antes que Jael prestasse atenção em mim.

— E o que exatamente aprendeu?

— Que a ordem é de eleger o escravo-rei entre os servidores do templo quando algum deles estiver com alguma doença incurável que o fará sofrer. A morte é a libertação do sofrimento, não é Helena?

A sumo sacerdotisa não respondeu. Voltou-se para Jael e ordenou:

— A iniciação dela começa amanhã; deve jejuar e orar por sete dias. Depois voltaremos a conversar. Pode levá-la à sala de costume, Jael.

Uma pequena e velha tenda às portas do deserto era a "sala de costume". Jael conduziu a jovem até lá, levando consigo apenas água e pão. Seila, ao ser chamada no início da tarde, apenas olhou Jael dos pés à cabeça, analisando o que carregava. Após o minucioso exame, sua atitude resumiu-se a um leve movimento afirmativo com a cabeça, como se dissesse: está bem, entendi o que me espera.

Caminharam em silêncio até chegarem próximo do deserto, quando Jael voltou-se para a aprendiz e falou:

— Encontre sua unidade Seila. Ouça as mulheres que vivem em você e antes de você. A natureza feminina é transpessoal; a natureza nos perpassa e nos guia. Nossa felicidade é aprender a ouvi-la, unindo mente e corpo; nossa ruína é negá-la e viver sob a tirania, ou da mente ou do corpo e do

248

mundo ao qual ele pertence. E lembre-se, a água é vida, e o deserto é inclemente.

Seila sorriu; olhou o deserto que se coloria de um dourado alaranjado com o sol do entardecer. Parecia fitar alguém ao longe, no infinito. Ficou assim, em silêncio, contemplativa, perdida em si mesma, olhar distante, por algum tempo. Depois, voltou-se para Jael e falou com serenidade e firmeza:

— Volte em sete dias e me encontrará bem. Tenha a certeza de que responderei a todas as questões que me fizerem. Quanto à minha unidade, irei fortalecê-la, assim espero. Você, com certeza, não crê que aqui eu vá experimentar dores e sofrimentos piores dos que já atravessei em minha vida. A grande lição de que nesta vida tudo passa, se eu assim permitir, considero como aprendida.

Jael sorriu. Admirava a coragem de Seila; era intrépida, embora ingênua. Mas, por isso fazia a iniciação.

— Sua vida é realmente uma jornada iniciática, Seila. Mas não deixe que a soberba pelos sofrimentos vencidos a guie, não é confiável. Há muitos mistérios escondidos no infinito das dunas, das montanhas, dos mares e do céu. Voltarei em sete dias. Que a deusa a proteja! Não se esqueça de pedir a ajuda divina. Existem sofrimentos de muitos tipos; não tenha, como eu não tenho, a pretensão ou o desejo de conhecer todos — advertiu Jael.

Seila anuiu com a cabeça. Em seu olhar mantinha-se o brilho da firme determinação.

"Alma forte!", pensou Jael, entregando-lhe o cantil com água e o saco com pães. Sem despedir-se, deu-lhe as costas e retornou pelo caminho em que viera, sem olhar para trás.

Sozinha, a jovem sentou-se sobre um monte de palhas coberto com uma pele de animal de pelo ralo. Era tudo que havia no interior da tenda.

— Bem, preciso permanecer aqui e controlar o consumo de água e pão. Eis o segredo. Enfrentei uma longa viagem, mendigando alimento e água e venci. Não será difícil exercer o controle. Se não me desesperei sem nada, não hei de me desesperar notando que tudo termina. Ainda mais sabendo que, quando estiver terminando, Helena virá buscar-me. É simples esta tarefa, muito simples.

Assim pensando, deixou-se ficar. Permaneceu algum tempo entregue às memórias recentes; relembrou fatos, analisou-os, reviveu emoções. O cansaço abateu-se; a caminhada fora longa; o desgaste do dia anterior ainda pesava e logo adormeceu.

Teve uma noite tranquila de sono reparador. Acordou sentindo os raios fortes do sol iluminando-lhe o rosto. A tenda não oferecia nenhum abrigo da luz. Branca, facilmente a claridade transpassava o tecido rústico.

Deitada, Seila virava de um lado para o outro. A luz incomodava. Parecia impossível ficar o dia inteiro jogada sobre o improvisado leito. Aliás, desconfortável, sentia dores no corpo.

— Vou ficar um pouco de pé — decidiu.

Espreguiçou-se; olhou à volta; não havia nada na tenda. Seu olhar caiu sobre o alimento, estava faminta. Sua última refeição fora no templo, antes de partir. Aproximou-se do saco e, quando se abaixou para pegar um pão, lembrou-se de que eles eram contados.

— Se eu comer agora, quando devo comer novamente?

Seila apanhou o saco e, lutando para vencer a tentação de saciar a fome, contou os pães. Havia dez pães.

— Obrigada! — Agradeceu ela à Helena. — Posso alimentar-me sem temer. Vou dividir um pão. Se comê-los inteiros farei uma única refeição ao dia, se dividir igualmente entre os dias poderei comer um pão e meio por dia durante os seis dias, isto é muito bom.

E devorou com satisfação a metade de um pão. Ingeriu poucos e comedidos goles de água.

Foi à porta da tenda. À sua frente, à vastidão do deserto. Encantou-se com a beleza enganadora da paisagem.

A mente começava a torturá-la, impondo a consciência da solidão. Olhou em todas as direções; ninguém à vista, nenhuma mudança na paisagem. Apenas o vento varrendo as dunas e o sol queimando a pele.

A inquietação, devagar, insinuava-se em Seila. Ela andou

do leito à porta, várias vezes. Ora sentava-se em forma de lótus, entregando-se aos pensamentos, ora erguia-se e andava até a porta fitando o infinito.

O tédio mesclou-se à inquietação, como um demônio a alfinetá-la. Lutando contra esses sentimentos, decidiu caminhar pelas proximidades da tenda.

O exercício devolveu-lhe a calma. O espírito do deserto invadiu-lhe os sentidos. Há um desafio, um chamado no horizonte, tão tentador e mortal quanto o canto das sereias, porém não mítico. Seila caminhava como se fosse puxada por uma força magnética a qual era impossível resistir. O vento varreu-lhe todos os pensamentos; tinha a mente e os sentimentos calmos; a sensação de liberdade e poder a embriagava lentamente; e ela avançava.

— A tenda — falou uma voz masculina.

Seila virou-se, não viu ninguém. Deu voltas no lugar e constatou que estava fisicamente sozinha.

— A tenda — repetiu a jovem, caindo em si e lançando um olhar objetivo e avaliador ao sol. — É tarde!

Passou a mão na cabeça e no rosto; estavam quentes. Andara mais do que fora sua intenção; a tenda era um pequeno ponto branco e, pela posição do sol, logo seria noite.

— Que estupidez! Como pude fazer uma besteira destas? — Reprovava-se Seila, falando alto. — Como não senti nem fome nem sede, sequer notei as horas passarem. Preciso voltar, e depressa; à noite sem abrigo é perigosa.

Porém, os pés ardiam e as pernas pesavam; cada passo era uma tortura.

— O que é isso? — Questionava-se Seila. — Como aconteceu?

Empregando toda sua força de vontade, ela venceu parte do caminho de regresso, no entanto, as horas foram suas inimigas e a venceram. Sentou-se, e escondeu o rosto entre as mãos, assustada. A escuridão da noite caiu como um manto negro sobre as areias e, com ela, trouxe a brisa fria que arrepiava a pele queimada pelo calor do dia. A sede e a fome mostraram-se como companheiras. O tédio da manhã transformara-se em medo e em consciência de estar só, de depender das próprias forças e de que a ninguém poderia pedir socorro.

— Continue andando — sugeriu a mesma voz masculina, em meio aos pensamentos aturdidos da jovem. — É o melhor a fazer. A noite é fria, longa e perigosa...

Seila moveu as pernas em um primeiro impulso de acatamento à sugestão, mas parou o movimento.

— A iniciação — lembrou-se. — Minha sagrada deusa, perdoa-me! Como fui estúpida! E pretensiosa também. Mãe divina, perdoa-me a presunção. Julguei que tudo soubesse pelo que havia enfrentando. Mas é óbvio que não seria testada naquilo que já provei ser capaz de vencer. Eu fui imprudente, insensata. Agora eu vejo! Sim, a força que me arrastou até aqui somente exerceu esse poder porque eu vacilei, aliás, eu nem percebi, simplesmente não pensei no que estava fazendo, não fixei meu objetivo. Que fragilidade boba! Agora estou aqui, pagando o preço de não ter agido com consciência, de ter buscado o mais fácil, de ter confiado em demasia nas experiências do passado e acreditado ingenuamente que já tinha aprendido muito... A lição é merecida, minha mãe, e eu a aceito.

Não enxergava absolutamente nada. As estrelas despontavam no firmamento, mas era uma noite escura, sem lua. Um uivo ao longe fez com que Seila se arrepiasse.

Matilhas caçavam à noite; a paz era apenas ilusão. A vida mostra uma face violenta e hostil durante a noite no deserto. Eram vivências opostas: o dia, um canto de sereia, poder e desafio; a noite, medo, solidão e consciência da impotência. A luz e o calor causavam miragens, mas a escuridão e o frio traziam à tona todos os temores.

— Não — disse Seila, procurando dar firmeza à voz. — Não darei um passo. Não tenho noção da direção da tenda, não tenho como orientar-me pelos astros. Não, ficarei aqui, suportarei a noite e toda legião de acompanhantes que ela me trouxer.

Decidida, cavou uma vala para deitar seu corpo. As camadas de areia mais profundas conservavam por mais tempo o calor. Aprendera isso com as peregrinas enfermas. Era hora de utilizar a experiência aprendida no passado.

— É apenas uma noite — disse para si mesma, forçando firmeza na voz, desejosa de se autoconvencer. — Assim como aprendi a sobreviver ao frio da noite no passado, de agora em diante aprenderei a vigiar minha mente e a não perder meus propósitos de vista. A distração é fácil.

Alguns espíritos acompanhavam Seila sem que ela tivesse consciência. Eram entidades amigas que se abrigavam no templo, alguns orientando as atividades que se desenvolviam, outros recebendo auxílio ou em recuperação. Trabalhavam sob a orientação de Dinah.

— Ela reagiu rápido — comentou Estéfano, o trabalhador encarregado de testar a vigilância mental da iniciante.

— Você acha? — Retrucou Dinah, observando, enquanto Seila cavava a areia. — Não penso assim. Se ela tivesse percepções rápidas, bem-treinadas, teria notado antes a imprudência que fazia e reagido.

— Eu sugestionei o pensamento dela e a conduzi como quis — insistiu Estéfano. — Mas ela percebeu.

— Percebeu agora que é noite, que está sofrendo. A lei de conservação forçou seus instintos a reagirem contra a dominação mental. Deveria ter notado antes. Esse é o mal dos homens na matéria; acomodam-se tão bem aos pensamentos que assopramos conforme suas opiniões, tendências e gostos, especialmente os que apontam para facilidades e supressão de dores grandes ou pequenas. Veja o que fizemos com essa moça: ela apenas estava entediada e desejosa de que o dia passasse rapidamente, e agora está com a vida em perigo. Não lhe dissemos quanto tinha que andar; o poder da sugestão mental é dado pelo receptor; ela aceitou completamente a ordem, não esbarrou em nenhuma barreira interior. Se ela fosse uma casa, poderíamos dizer que estava com portas e janelas abertas, pronta para ser invadida. Foi preciso pouco para dominá-la; ela nem percebeu e chegou até aqui. Ela não reagiu rápido, Estéfano. Para sermos sinceros, ela reagiu quando você a fez perceber onde havia chegado. É o mal de muitos seres humanos nesta faixa evolutiva, não zelam por sua casa mental. Deixam os pensamentos ao sabor do vento. Desejam as coisas, mas não querem de fato. São criaturas de vontade fraca. São mornos como o leite que tomam para dormir.

— Desejam, mas não querem — repetiu Estéfano, sorrindo. — Não tinha pensado na sutil diferença que você colocou. Em geral tomava estas palavras como sinônimas.

— Não são, e a diferença não é sutil. Pode pensar nela como uma questão de temperatura; há o frio e o calor, são definidas, ambas são poderosas, conservam a vida ou matam. E as que são mornas? Nem frias nem quentes, algo indefinido, do qual não se sabe o que esperar. Não, meu caro amigo, há que se desenvolverem definições. Eu desejo é manifestar um anseio; eu quero é exercitar uma força, é pôr a vontade em ação, e ela mobiliza as energias da vida em todo o universo, dentro e fora de você, sabe disso não é?

Estéfano anuiu. Seila fazia um caminho de iniciação, e ele outro, mas a lição da jovem para o auxiliar de Dinah era questão superada. Há muito aprendera as sutilezas do controle da mente e que era preciso ter propósitos firmes, ideias claras e conhecer a si mesmo para conquistar a paz e a segurança da "casa mental", como dizia Dinah.

Sem conhecer-se atendia a tudo e a todos os pensamentos que lhe invadiam o ser. Depois descobriu que muitos deles eram vozes de seus sentimentos e vivências mal resolvidos. Outros pertenciam às pessoas com quem havia convivido em família as quais, às vezes, até gritavam e exigiam condutas. Havia ainda os sussurros das ruas e, por fim, descobriu as vozes espirituais a lhe insuflarem ideias, pensamentos, que despertavam inúmeras sensações e sentimentos, confundindo-se com todas as outras.

Descobrira que a comunicação dominava, que o poder de uma ideia sugerida e acatada era devastador; que era possível fazer alguém agir atendendo a sua vontade, e, sem a criatura nem ao menos se aperceber, estando completamente cega na sua soberba, que de forma patética, também não reconhece.

254

— Sim, já sou consciente desses fatos. Na verdade, foi a forma como você colocou que chamou minha atenção. Vontade é um poder difícil de ser definido.

— É o poder, isso basta. Se os seres humanos não tivessem nenhuma forma de poder, não poderiam dizer-se filhos de divindades, do Criador, seja Ele um deus ou uma deusa, ou ambos. A vida é fruto do poder supremo do que é Criador. Tudo o que existe material e imaterial é fruto do poder dessa vontade suprema, como criaturas que somos, fagulhas desse poder têm que existir em nós, e existem — é a vontade. Com ela movemos as forças da vida, e as diferenças que notamos entre uns e outros são decorrência da consciência desses conhecimentos e do exercício desse poder. Desejo é sentimento, sensação; vontade está no campo do poder pessoal. Seila cedeu, deu-lhe todo poder e deixou-se arrastar pela sugestão mental, eis onde chegou — e apontou para a jovem que, sentada na vala, cobria as pernas com areia e, conforme reclinava o corpo, continuava tapando-se até que encostou a cabeça na borda.

Seila sentia-se cansada; dormir seria uma benção. E dedicou seus últimos pensamentos a uma prece pedindo proteção.

Estéfano e Dinah a observavam. Ele franziu o cenho e olhou pensativo para a instrutora ao dizer:

— É incrível como nossas posturas e ações revelam como nos sentimos, ainda mesmo quando não temos consciência desses sentimentos. Eles atravessam nosso corpo e marcam.

— A vida é cheia de uma linguagem simbólica — concordou Dinah, fitando a jovem candidata à sacerdotisa enterrada na areia até o pescoço. — Ela plantou-se, assim se reconhece como semente, como portadora de outra vida embrionária que precisa descer, ser enterrada, morrer e mudar de forma para viver em plenitude. Ela materializa essas ideias; significa que as possui, o que é ótimo. É válida tanto para a verdade de que há uma vida espiritual para a qual renascemos transformados após a morte física, prosseguindo a vida, assim como personifica a descida ao íntimo para ressurgir senhora de forças que eram até inconscientes em si, daí a autotransformação. É a

255

metáfora da semente, da borboleta e de tantos feitos atribuídos aos deuses e semideuses da humanidade, relatando suas descidas ao inferno, ao submundo, ao interior de um animal feroz, para depois emergirem melhores, pacificados, plenos e cientes de que se tornaram mais poderosos. Vejamos até onde irá. Vele por ela, preciso retornar. Aguardarei notícias de Seila. Desejo, sinceramente, que ela chegue ao final e vença essa jornada de iniciação, mas não tolere, faça-a atravessar todas as experiências possíveis e necessárias a esta etapa.

— Farei, Dinah, tudo o que estiver ao meu alcance. É sempre melhor aprender em uma prova, em um teste, do que ser obrigado pelas leis da vida a confrontar as situações em que nos equivocamos. Hoje, não falarei com Seila, vou aguardar para analisar o que ela pode fazer por si mesma; somente irei intervir quando ela se desviar do objetivo.

— Bem, uma última lembrança: não é no primeiro pensamento de desvio que devemos interferir. Sempre que possível, deixe-a pensar e agir por vontade própria; intervenha sugerindo mudanças quando tiver certeza de que ela tomou uma decisão e está segura do rumo que vai seguir.

Estéfano concordou e despediram-se amistosamente. Enquanto a luminosa entidade orientadora do templo de Astarto se afastava no horizonte, seu aprendiz colocava-se ao lado da jovem adormecida e observava o movimento inquieto de seus olhos, revelador de um sono intranquilo, quiçá povoado de sonhos perturbadores.

O mundo emocional de Seila se traduzia em símbolos, em imagens aparentemente sem sentido que atormentavam seu descanso. Inquieta, ela se remexia na cova rasa. Gemia. Tinha uma expressão torturada.

Revia, em seu sonho, a figura amorosa do pai, imagens de sua infância e juventude. Estava segura, protegida, eram imagens felizes; depois via o pai transformando-se em seu algoz, a expressão irada dos líderes religiosos que buscara pedindo clemência; revivia o desespero da fuga.Tudo passava, e ela se via estudando os pergaminhos do templo, ouvindo as lições sobre o uso das ervas, raízes, sementes, folhas,

256

frutos, e o poder de curar doenças. Os canteiros extensos onde aprendera a cultivá-las, a sala onde faziam a secagem e o preparo das tinturas e poções. As lições de Jael, o conhecimento do próprio corpo e do alheio, os partos e mortes que acompanhara como aprendiz. A dança, o culto, os mistérios da face feminina das leis da vida.

Estava outra vez segura e feliz. Então as portas do templo se abriam e ela divisava vultos que reconhecia emocionalmente como seu pai transformado em algoz e os sacerdotes de seu povo. Sentia medo, um medo duplo: temia morrer e temia perder o que havia conquistado em sua nova vida.

Estéfano lia com facilidade a tortura mental e emocional que vivia sua protegida. Estendeu a mão sobre sua fronte e pousou-a delicadamente entre seus olhos e falou baixinho:

— Desça! Vá ao fundo de si mesma. Reconheça esses dois sentimentos antagônicos e poderosos que impedem sua plena ascensão: o medo e o apego. Mate-os, vença-os, tornando-se ciente do que eles são e representam. Confie. Além da superação desse estágio de sua vida mental e espiritual está a libertação e a prometida felicidade. Nas crenças do seu povo está o êxodo, a peregrinação e a busca pela terra prometida. Querida, esta terra é você. A viagem é sua, vá ao interior de si mesma, tome ciência de que há sentimentos, emoções e instintos em você que são antigos demais e que cumprem uma finalidade: permitem que você viva e proteja-se de perigos, mas não podem de forma alguma dirigir sua existência. Trate-os como animais domesticados que devem reconhecê-la como sua senhora.

Não existe um lugar específico na Terra onde você será mais ou menos feliz, existe ser feliz estando de bem consigo, vivendo interiormente na terra prometida, sem medos ou aflições que a dominem. O medo é um grande bem e um grande mal; depende de como você o utiliza. Seja sempre senhora e lembre-se: não tema jamais situações de quaisquer espécies, não as crie em seu pensamento, não as deixe se desenvolver em sua casa interior, pois, se permitir tal coisa, não tenha dúvida, ela acontecerá. A aflição por conservar o que você "conquistou" ou o que "julga possuir", é apego. Para ser feliz, liberte-se desse sentimento. Usufrua de tudo de bom que a experiência lhe oferece. Não há mal algum no conforto, no bem-estar, nem mesmo em algum supérfluo, desde que a busca por eles não se torne a jornada da sua existência. Se assim for, querida, no final você terá um punhado de pó entre as mãos, uma mente torturada e sentimentos dilacerados. Seja senhora dos bens da terra e não serva deles. Os servos ocupam-se de trabalhar todas as horas do dia para prover os desejos de seus senhores. Veja que destino dá a suas horas.

Quanto de sentimento e emoção, de energia, você despende em prol das questões materiais. Construa, principalmente no seu íntimo, seja dona do que lá se encontra e tenha ciência de que tudo, absolutamente tudo que está no exterior, na matéria, é empréstimo, pertence à terra e com ela ficará sempre. Inclusive as pessoas com quem você se relaciona; elas são exteriores, não lhe pertencem; respeite-as e exija que a respeitem também. A causa de tantas lutas e dissensões nos povos e nos grupos familiares é a falta de respeito com a liberdade do outro. Evite interferir na vida alheia e não permita que interfiram na sua. Siga o seu caminho e saiba que cada ser no universo cumpre um projeto divino pessoal e intransferível, assim jamais considere saber o que é melhor para o outro. Auxilie, quando lhe pedirem e no que pedirem. Pois cada um sabe o que, quando e como necessita de algo. Jamais imponha suas opiniões, crenças ou atitudes. Fale comedidamente quando lhe pedirem e deixe que as pessoas interessadas leiam no seu próprio caminho as frases escritas pelas suas atitudes; elas são imortais. Não queira ter a posse de nenhum ser humano; amor não é escravidão, não é apego. Amar faz feliz quem sente e é isso que torna feliz quem recebe amor: conviver com alguém feliz, saudável e harmonioso. Isto dá prazer.

Quando as pessoas compreenderem que amar significa ser feliz e viver de bem com o universo e com suas leis, muitas coisas mudarão, mas não existe esta data escrita; ela depende que cada um de nós se transforme em semente, se enterre em si, e deixe transformar a energia que carrega, fazendo germinar uma criatura melhor, mais experiente e compreensiva, segura e desapegada da necessidade de possuir. Vá, Seila, aprofunde seus sentimentos. Como espírito imortal, você me ouve e compreende meu pensamento. Guardará esta experiência de sonhos torturantes que se repetirão outras noites. Você entenderá que são imagens simbólicas com as quais o seu eu profundo se comunica com o seu eu consciente. É uma conversa consigo mesma, ouça-se. Reconheça as vozes que falam em você; isso a ajudará a reconhecer situações em que alguém tenta falar e dirigir seus pensamentos e ações.

Seila acalmou-se. Sua mente registrou uma lição no templo ministrada por alguém que não conseguia enxergar com clareza; era uma forma clara e bonita. Porém, as ideias registravam-se em sua essência: dominar o medo; desapegar-se; amor não é escravidão; e a felicidade é interior e pessoal, daí não interferir na vida alheia.

Seila acordará exausta, pensou Estéfano, ao retirar a mão de sua fronte. As lutas emocionais consomem uma grande quantidade de energia, ainda que não se movimente um único dedo. A aflição, a ansiedade e a preocupação fazem a pessoa se sintir sugada, vazia, sem força interior, e, realmente, esta é a sua condição, o dilema mental e emocional. A luta espiritual é tão intensa que se consome e, em geral, o corpo físico registra e se ressente desse estado da alma. Olheiras, cansaço, peso para andar, parece carregar o mundo nas costas ou arrastar um peso superior as suas forças, aparecem revelando o que está oculto. É frequente as pessoas dizerem, quando enfrentam tais situações, que dormem, mas acordam mais cansadas, como se uma manada de elefantes tivesse passado sobre elas. São as forças da alma em conflito, cobrando o preço do desgoverno.

Raiava o dia. As luzes do amanhecer acordaram Seila. Ela sentiu o corpo dolorido, a mente embotada, mas aliviada por despertar. Piscou várias vezes e espreguiçou-se. Tinha a boca seca. Água, preciso de água, pensou ela. Ergueu-se, sacudiu a areia e, voltando-se na direção norte, vislumbrou uma tenda branca. Sorriu, poderia ser o seu lar.

Nesse momento recordou os sonhos tumultuados, os pesadelos aflitivos que há muito não tinha e a lição ouvida no templo. Não estou sozinha, alguém me protege, concluiu intimamente e, sem demora, orientou-se em direção à tenda branca e caminhou decidida, sem permitir-se um único pensamento ou sentimento de incerteza no rumo escolhido. Olhos cravados no horizonte, na tenda branca distante, tornou-se surda a todas as tentativas que Estéfano fez de influenciá-la.

Exausta, faminta e com sede, chegou à tenda quando o sol estava a pino. Bebeu sofregamente, e comeu com voracidade, esquecida dos propósitos de ser comedida.

Estéfano sorriu. Sua aprendiz fora aprovada em um teste, mas ainda não conseguia incorporar totalmente uma nova conduta. A semente está inchando, considerou serenamente.

260

17
A jornada de iniciação

Sem saber quanto tempo dormiu, Seila despertou com o som do trotar de um cavalo.

Levantou-se e parou à porta da tenda. Há poucos metros vinha o animal a galope. Sobre ele, um adolescente franzino que com esforço segurava as rédeas e amparava o corpo de um adulto desmaiado. Pararam a sua frente e o rapaz, em tom desesperado, pediu:

— Moça, por Deus, ajude-me! Meu avô está muito ferido, não sei o que fazer...

Apressada, Seila foi ao encontro dos inesperados visitantes. Com o olhar procurou avaliar o quadro, mas não conseguia ver o ferimento.

— Desça e diga-me o que aconteceu. Não tenho muitos recursos, mas posso tentar, nem que seja para cuidar do seu avô enquanto vai à cidade buscar socorro. Desça e vamos levá-lo à tenda — disse Seila com segurança e inteiramente concentrada na tarefa que a vida lhe colocava naquele momento.

Estéfano acompanhava interessado o desenrolar da cena. Sua fisionomia refletia aprovação inicial.

Colocaram o ferido sobre o leito rústico e a jovem o examinou. Encontrou uma flecha cravada no abdômen, bem próxima das costelas, no lado direito. A ponta fora quebrada.

— Poderia ser pior e fatal — comentou ela enquanto prosseguia o exame. — Você tem algum material para sutura, agulha, tripa de cordeiro, ervas?

— Não, moça. Não tenho nada disso — respondeu o adolescente. — Você acha que ele vai morrer?

Seila limpava o ferimento com a água, parcimoniosamente. Não conseguiu eximir-se de considerar que era todo líquido que possuía e, ao ver o nível consumido, deu-se conta do exagero do dia anterior.

— O ferimento é grande e profundo — disse ao rapaz. — Não poderei tirar a ponta da lança aqui, não temos nada com que estancar a hemorragia. É melhor enfaixá-lo e dar-lhe água e você levá-lo à cidade. Vocês são hebreus; leve-o ao templo; apresente-o aos sacerdotes, eles cuidarão de seu avô.

— Não moça, vou levá-lo à cidade, mas não ao templo. As prostitutas cuidarão dele, elas sabem como fazer e sempre têm em casa o que é preciso para curar essas feridas.

— Faça como julgar melhor.

E rasgou parte da túnica inferior que trajava, fazendo tiras largas de tecido. Com elas enfaixou o ferido, deu-lhe de beber, e o fez repousar.

— Ele está com febre, é melhor esperar diminuir o calor para que sigam viagem. Sob o sol será pior — orientou Seila.

O adolescente prontamente obedeceu, mas seu olhar não se desviava do saco de pão e da jarra de água.

Ela compreendeu a situação e ofertou-lhe um pão.

— Coma, depois que tiver saciado a fome lhe darei alguns goles de água. Se beber enquanto come, continuará com sede.

Pensou em perguntar ao rapaz como o avô havia sido ferido, mas lembrou-se de Jael e das poucas vezes que vira Helena trabalhando no templo.

Atenda a quem lhe peça, dê-lhe o que pode, o que é possível. Não pretenda fazer milagres, faça o possível, é apenas isto que a natureza lhe autoriza a realizar, e as leis da vida não nos cobram além das regras da possibilidade e da necessidade. Diga sim à vida, sempre, ensinava a sumo sacerdotisa, em meio à pequena multidão de mulheres e crianças enfermas.

Ela falava sorrindo, e sua equipe de auxiliares trabalhava alegremente. Riam e brincavam entre si e com os pacientes; pareciam não enxergar as feridas podres dos leprosos, a fome, a sujeira, a desidratação, as mutilações e as mais diversas doenças. Até mesmo com as loucas e histéricas tinham uma paciente alegria. Seila ficara chocada com aquela atitude. Tinha dificuldades de entender, queria saber o que cada um fazia ali, como aconteceram aquelas mutilações, aqueles

265

horrores. Jael havia notado que a novata tremia, e seus olhos expressavam piedade.

— Chorar não resolve nada, embora você talvez considere que seja uma atitude bonita diante do sofrimento alheio. Mas aqui não pensamos assim. Enxugue suas lágrimas e trabalhe sorrindo — ordenara-lhe sem vacilação. — A piedade é muito bonita como palavra e discurso, mas não resolve. Você realmente acredita que estas mulheres viajaram enormes distâncias mais mortas do que vivas para chegarem aqui e serem atendidas por mulheres choronas? Ora, por favor! Você gostaria disso? É claro que não. O que todas buscam é força para retomarem a saúde e prosseguirem a vida. Acha mesmo que é preciso perguntar a cada uma o que aconteceu? Já não está escrito de maneira bem clara no estado de seu próprio corpo? Do que lhe falam esses corpos que cuidamos, Seila?

— De tristeza, de violência, de dor...

— Sofrimento! Existe sofrimento na vida, diga sim a ele, não o negue. Ele é um mestre, mas viva esse aprendizado alegremente. Por isso, se quer continuar entre nós, aprenda a participar dos sofrimentos da vida alegremente. A alegria é uma força curativa, que implica uma aceitação profunda da dor e do sofrimento. A alegria não é o oposto da tristeza, da dor ou do sofrimento, ela os envolve e os transcende; sem ela não há cura. Acolhe, aceita e transforma.

— Entendo. Mas não seria interessante saber algumas coisas a respeito dessas pessoas, de como chegaram a esta condição?

— Não, Seila. Mas se quiser escarafunchar a dor alheia, se é esta a sua noção de conduta piedosa, vá em frente e procure outro lugar para trabalhar. Aqui, não nos interessa. Buscamos saber o essencial ao trabalho que podemos fazer. Aprenda a dar o que lhe pedem, não o que você quer. Atender necessidades não é atender às suas necessidades. Quanto à forma como chegaram a esta situação, é quase sempre a mesma — julgaram que não tinham opção e se sujeitaram à barbárie física e moral. Não me importa como chegaram a este estado, interessa o que me pedem e o que posso fazer, seja lá o que for. Tenho certeza de que elas e somente elas poderão percorrer o caminho oposto, erguer-se, sair do chão. Depende de forças internas; eu posso auxiliar, o esforço é delas. Escarafunchando as dores você acredita dar fortalecimento?

Seila baixou a cabeça envergonhada e murmurou:

— Não, é claro que não.

— Muito bem! Então sorria e trabalhe. Converse e transmita ideias novas, motive, desperte-lhes o melhor, e elas buscarão as forças que precisam. Se falarem dos seus problemas pessoais, escute, mas não diga nada. Não se meta, lembre-se de que elas precisam falar e você ouvir; não inverta a ordem. Esta é a casa da deusa, aqui o amor não conhece a dor.

— O amor não conhece a dor — repetiu Seila e ficou pensativa. Depois, com os olhos brilhantes, encarou Jael e a abraçou agradecida.

— Ótimo! Agora entendeu, vá e trabalhe, participe alegremente dos sofrimentos da vida. Nada liberta e dá maior força do que descobrir nossa capacidade de amar. Vá!

Não estava no templo, mas era uma servidora, seus princípios ético-morais não existiam entre as paredes da construção, mas no seu íntimo. Nada perguntou, não quis saber o que haviam feito; fez o que lhe era possível. Ao cair da tarde, o jovem menos cansado, acomodou o avô sobre a cela do cavalo e partiu rumo a Jerusalém.

Estéfano sorria. Seila permanecia na tenda.

O dia seguinte transcorreu na calmaria do deserto. Foi muito quente, e a sede cobrou de Seila o máximo controle. Lutou o dia inteiro contra o desejo de consumir toda a água que lhe restava. Sentia-se suada e suja. A fome era o menor de seus problemas. O silêncio e a solidão torturavam; não havia o que fazer para amenizá-los: não tinha alguém para conversar; nenhum texto para ler; nada para estudar.

Deitou-se contemplando a lona da tenda, grata por terem lhe dado um abrigo.

— Qual será o sentido disso tudo? — Questionava-se, necessitando ouvir a própria voz para quebrar o silêncio. — Impor sofrimento? Não, nada do que estudei, vivi e aprendi

267

no templo me autoriza a crer que seja esta a ideia. Não, o sofrimento faz parte da vida, mas não precisamos vivenciá-lo lugubremente, não, isso só piora. Também não devemos cultuar a dor, entendê-la e superá-la, sim; aceitá-la quando inevitável. Tortura física? Muito menos, ensinamos e praticamos o prazer de viver com equilíbrio, e buscamos essa satisfação natural dos gozos que a natureza oferece como estímulo para nosso crescimento.

Não, o caminho não é este. O que aconteceu até aqui?

Rememorando os acontecimentos, Seila desvendou, pouco a pouco, as experiências.

— Estudar a mim mesma! É para isso que estou aqui. Sim! As sacerdotisas sempre dizem que as mulheres não têm rituais de iniciação, pois a natureza nos transforma. A nossa iniciação é descobrirmos sempre no que nos transformamos a cada ciclo, a cada portal que a natureza nos faz cruzar. É isso!

E pôs-se a meditar, primeiro na forma passiva que se deixara guiar a uma situação de risco, reconhecendo interferências em seu ser quando o perigo era iminente.

— Preciso ser mais vigilante, mais atenta aos meus objetivos. Não posso viver ao sabor do momento. Não. Eu errei, jamais deveria ter-me deixado seduzir por uma sensação que a razão me diria ser ilusória. Eu fui passional e fácil, poderia ter morrido. E a única culpada seria eu, pois deveria ter vigiado mais meu íntimo, e isso eu faço com a razão. É com ela que analiso o que penso, o que sinto, o que faço. Falhei, mas aprendi, eu espero.

Quando lembrou dos visitantes feridos, considerou que era um episódio casual. O que tinha feito era o natural, o óbvio, nada especial ou difícil, apenas o que podia e era necessário ser feito.

Por fim, analisou as últimas horas e concluiu que duelava com os instintos, com os sentimentos e necessidade básicos do ser humano. Precisava dominá-los, este era o exercício.

Estéfano acompanhava, satisfeito, a análise da tutelada. Ela reage bem, avalia razoavelmente a realidade. Engana-se quando acredita que a visita dos feridos não representou nada. Havia sido um teste, uma prova séria, e ela fora aprovada, mas em seu julgamento não os considerava assim.

Por que tudo deve ser grande segundo a mente humana? Meditava Estéfano. Qual é a dificuldade em compreender que as provas da vida são eventos simples, do cotidiano, e que as respostas não são complexas, mas óbvias.

A vida não exige santidade. A lei de evolução impõe o desenvolvimento pessoal da humanidade até a sua plenitude. É simples! Trabalhar, aprender, conviver, encarar dificuldades, aceitar o que seja imutável, melhorar tudo aquilo que esteja ao nosso alcance, confiar na vida, na sabedoria e bondade do Criador, entregar-se à existência sem reservas, e todos os dias procurar enxergar-se um pouco mais nitidamente. É assim que penso que desvendamos todas as leis do universo e avançamos tangidos por normas invisíveis que nos impelem sempre à frente.

Mas não, a criatura humana espera complexidade, tortura, sofrimento atroz; somente isso considera prova na vida. Ignora que a cada segundo podemos estar em prova, e a resposta a cada questão ofertada é pensar: o que posso fazer? É necessário? Tão simples, a meu ver. Mas não, em geral complicam tudo, deve ser um reflexo do orgulho. Creem-se muito importantes e possuidoras de todas as qualidades em graus maiores do que são. Tanto que querem missões gigantescas e reveladas por sinais, por sacerdotes, por videntes. Como os procuram! Até parece que isso resolveria algo. Também as missões que se tem a desempenhar se revelam no caminho, comumente, de forma pequena, gradativa. Aqueles que realmente têm grandes missões em geral desconhecem a si mesmos nessa condição, porque a consideram natural. Agem espontaneamente, não pensam em qual é a missão, simplesmente a cumprem, porque é da sua natureza agir daquela maneira.

Não haveria justiça nem bondade na vida se pudéssemos ser cobrados ou exigidos para além das nossas forças, se colocassem sobre nossos ombros pesados fardos impossíveis de serem carregados. Não, não, tudo é tão natural que nem nos apercebemos. Seila é inteligente, descobriu o que fazer, vejamos se executará.

O sono da jovem foi povoado de sonhos intensos, estranhas e perturbadoras visões. Suava e agitava-se no leito; via-se cercada por homens que a adulavam, faziam promessas, mas ela sentia medo; algo neles não lhe inspirava confiança. As palavras sedutoras lhe despertavam a vontade de fugir. E o fez, tornando ainda mais torturante o sonho que se transformou em acirrada perseguição.

Correndo para longe da tenda, lembrou-se de que não era seguro afastar-se demais, mas deu-se conta de que dormia, seu corpo dormia no interior da tenda.

— Como pode ser? — Questionou-se. — Como posso correr, fugir desta horda e estar dormindo? Como posso saber que durmo e ao mesmo tempo realizo coisas?

Desejou retornar ao corpo e acordar, mas não sabia como. Porém, quase de imediato, viu-se novamente na tenda e enxergou seu corpo adormecido. Retomou-o por puro instinto, atraída pela matéria. Em segundos, seus perseguidores retornaram e, quando ela abriu os olhos, acordada, viu-os ao seu redor. Assustou-se; a voz morreu na garganta; não conseguia pensar. Dominada pelo medo, vislumbrou uma luz ingressar no ambiente e os perseguidores afastaram-se, desaparecendo de suas percepções.

— Que alívio! Quanto medo! — Falou baixinho, encolhendo-se na posição fetal sobre o leito. Recordou que Jael falava nos seres espirituais, tão humanos quanto qualquer pessoa e que os via com uma infinidade de caracteres.

— O que ela mandava fazer para enfrentá-los? — Perguntou-se — Meditar e orar à deusa implorando auxílio, ou simplesmente ouvi-los com serena racionalidade e dialogar com o intuito de aprender e orientar, em alguns casos.

Demorou a recobrar-se do susto e do medo, mas, por fim, venceu a lucidez. Mais calma, pôs-se a orar por si e pelos perseguidores. Relaxou os músculos e a mente; tranquilizou a alma e acabou adormecendo em um sono pesado, isento de sonhos.

O restante do período de iniciação transcorreu trazendo cada dia seu aprendizado. Passado o sétimo dia, ao abrir os olhos, Seila deparou-se com Helena e Jael sentadas, com as pernas na forma de lótus, a observarem-na.

— Bom dia — saudou-as sonolenta.

— Bom dia, como passou a semana? — Falou Helena.

— Bem. Eu disse a Jael que ficaria bem e aqui estou — Seila sentou-se no leito, esfregou o rosto e disse: — antes de conversarmos, preciso cuidar de mim, com licença.

Helena e Jael aquiesceram com um gesto de cabeça e ela saiu da tenda. Minutos depois retornou, tomou alguns goles de água e sentou-se em frente às mulheres.

— Estou pronta.

— Como foi a semana? — Repetiu Helena.

— Foi boa. Não exatamente como eu esperava, mas acredito que o resultado foi bom.

— Conte-nos o que esperava — pediu Jael.

— Uma prova física. Vencer a fome e a sede. A privação das coisas materiais, do conforto, da higiene, da segurança — respondeu Seila.

— E isto não aconteceu? — Indagou Helena, erguendo as sobrancelhas com ar de incredulidade.

— Sim, aconteceu. Mas foi o mais fácil e o mais simples a ser vencido — e apontando a jarra e o saco de pão pros-seguiu: — vejam, ainda tenho água e alimento. Obviamente, no templo, as refeições são fartas e variadas, mas sei que é possível viver com muito menos, e isso não afeta minha saúde física. O mesmo vale para as demais privações materiais. Não são elas que torturam impiedosamente, são as sensações, os desejos, as emoções, os sentimentos e os pensamentos. Contra isso lutei muito.

— Você não está desesperada — constatou Helena. — Recebeu-nos com muita serenidade, muito naturalmente.

— Estive às portas do desespero. Perdi-me no deserto, levada pela invigilância e ingenuidade. Mas logo compreendi que o teste não era apenas físico. Lutei com meus desejos e anseios. Lutei com a privação de prazeres físicos imediatos e tive de buscá-los em minha mente. O tédio, o silêncio, a solidão e a inatividade são enlouquecedores. Mas os venci buscando atividade interior, diálogo comigo mesma e des-cobrindo que ou sou uma boa companhia para mim ou serei uma horrível companhia para qualquer outro ser. Exercitei a meditação, a reflexão e procurei conhecer-me mais. Abri meus canais de conexão com o mundo dos espíritos. Algumas experiências foram dolorosas, tanto as de me autoconhecer como as de contato com seres espirituais, porém outras foram excelentes. Descobrir como viver com o meu mundo interior e abrir-me às percepções da espiritualidade mantiveram a minha sanidade, por isso não me desesperei.

— Era um duelo — comentou Jael. — A razão contra a matéria e os instintos; o interior e o exterior. Como você julga ter se saído, vitoriosa, perdedora ou um resultado relativo?

— Um resultado relativo. Venci por sete dias, e isso me diz que tenho força de vencer outros, mas não sei quantos. Entendo que esse é um duelo permanente na vida. No entanto, não o superei ou, ao menos, sobrevivi, encarando-o como um duelo. Eu analisei, ponderei e dialoguei muito comigo mesma. Coloquei a razão no comando...

— Sempre? Em todas as situações e momentos? — Perguntou Helena interrompendo Seila.

A jovem pensou e respondeu sinceramente:

— Não, não em todos. Agi movida pelos instintos e pelos sentimentos, em vários casos.

— E foram guias bons?

— Os instintos sim; os sentimentos e emoções nem tanto — respondeu Seila, recordando-se que agira por instinto ao socorrer os feridos e se deixara levar por sentimentos e emoções quando se perdera no deserto, entregando-se invigilante ao domínio mental de um ser espiritual que lhe dera severa e proveitosa lição. — Porém, num e noutro foram a razão a última a guiar-me, foi a ela que recorri para analisar e decidir os rumos.

— Muito bem! — Elogiou Helena. — Chamo a isto sensatez. A natureza deu-nos vários guias, todos são bons conforme o uso que fazemos deles. Por isso, nunca devemos abdicar da razão para seguir este ou aquele. Eles devem se harmonizar com ela.

— Em quais situações você julga ter falhado? — Interrogou Jael.

Seila contou-lhes em poucas palavras o episódio dos feridos e o dilema que experimentou por mandar o rapaz seguir sozinho com o ferido em estado grave. Considerou que melhor teria sido acompanhá-los e que sentiu vontade de fazê-lo. No entanto, a lembrança de que estava cumprindo um período de iniciação e que tinha um dever levou-a a permanecer na tenda.

— E acredita ter falhado? — Insistiu Helena. — Não a entendo, explique-se.

— Acolhi-os por impulso, instinto, por querer. Socorri-os por ser uma necessidade de minha alma fazer o que estava ao meu alcance. Não fiz nada para ser boa ou obter reconhecimento, fiz porque era o que me ditava a consciência. Creio que errei ao conter o impulso de acompanhá-los e de cuidar do ferido até o seu restabelecimento.

— Por que não o fez? — Questionou Jael.

— Já lhe disse: pelo dever com a iniciação que faço, porque pensei em mim.

— E é errado pensar em você e priorizar os deveres que competem a sua vida? — Perguntou Helena.

— Acho que fui egoísta — justificou Seila. — Poderia ter feito as duas coisas.

— Eles lhe pediram que os acompanhasse? — Insistiu Jael no interrogatório.

— Não — respondeu a jovem.

— E ainda assim se considera egoísta?! Não lhe passou pela cabeça que se meter na vida alheia e carregar os fardos dos outros deixando os seus é um excelente caminho para perder tempo na vida e jogar fora suas oportunidades de crescimento? — Falou Helena com firmeza. — Pois saiba que, ainda que inconscientemente, você agiu corretamente. Eu não a aprovaria se houvesse se metido onde não era chamada. Tal comportamento é excelente para criar confusão e manter o atraso. É lindo crer-se uma deusa encarnada, mas é preciso saber agir como tal. E a primeira regra é o absoluto respeito à vontade alheia. Você entendeu? Jamais, mas jamais mesmo, interfira nas decisões de outra pessoa. Ainda que lhe

273

peçam que decida por elas não o faça, ajude-as a pensar e a decidirem por si. Cada um de nós arca com as responsabilidades das próprias decisões, e os deuses não interferem nisto, que é sagrado, pois com elas pavimentamos as estradas do nosso crescimento espiritual. Carregue o seu fardo em primeiro lugar. Faça a sua parte. Cuide da sua vida. Aprenda a respeitar o outro nas condições em que ele vive não importa se inferiores ou superiores a sua. Acredite. Isso lhe trará a paz e a dará aos que convivem com você.

Liberdade, responsabilidade e respeito são as primeiras bases para que se possa conviver harmonicamente em sociedade. São elas que farão desenvolver o senso de justiça, pois cada vez que você infringir a liberdade de alguém estará se responsabilizando pelo que dali advirá, será uma falta de respeito da sua parte e deverá ser corrigida. Cuidado com palavras e atitudes. Não se engane: se você tivesse seguido com o ferido "por piedade," não teria voltado. Esse gesto simples e tão "bondoso" teria tirado você do seu caminho. E a única responsável seria a sua vaidade enrustida, que a levava a crer ter o dever de abandonar a sua vida para meter-se na de alguém que não lhe pediu tal "favor".

Seila recebeu a admoestação com a cabeça erguida. Reconheceu que era merecida. Não lhe ocorrera pensar nos desdobramentos que a sumo sacerdotisa levantara.

— Tem razão, Helena. Agora vejo que não era esperado que eu carregasse um fardo dobrado.

— Apenas o necessário e o possível, sempre — reforçou Jael com ternura. — Crer ter errado foi seu único deslize, mas a atitude de permanecer, ainda que sem a adequada consciência dos motivos, garantiu-lhe a passagem desta etapa.

— Você precisa aprimorar a noção de piedade, Seila. É o que faremos na continuidade dos trabalhos no templo. Seja bem-vinda como sacerdotisa de Astarto — declarou Helena, abrindo os braços e sorrindo para a jovem.

Seila a abraçou surpresa; nenhuma marca de sisudez ou severidade restava no semblante de Helena. A sumo sacerdotisa parecia mais jovem e relaxada.

— Estou feliz em tê-la conosco. Você possui sensibilidade e inteligência; precisa aprimorar um pouco mais o entendimento dos sentimentos e das ações humanas. Mas temos tempo e, possuindo os dois requisitos anteriores, neste último posso ajudá-la. Tem firmeza de caráter, eu gosto disto. Sei que você é honesta; encara o elogio e a crítica frente a frente. Nos tempos que se avizinham, precisaremos de mulheres com esta fibra no templo.

Sorrindo, Seila chamou Jael para o abraço. Era grata à amiga por toda a preparação e ensinamento que lhe dera desde que chegara ao templo da deusa. Somara muito à bagagem que trazia consigo da remota vila na fronteira.

Retornaram ao templo. Na primeira cerimônia pública, Seila foi apresentada como a nova sacerdotisa de Astarto e discípula de Helena.

18
O despertar de Dalilah

Abri os olhos, minhas pálpebras pesavam. Sentia meu corpo de forma estranha: rijo e como se estivesse distante, quase ausente. Pisquei várias vezes, havia uma luminosidade tênue. Olhei em torno, nada reconheci. Estava em um dormitório coletivo, enfileiravam-se leitos à direita e a esquerda. Estranhei não haver outros móveis. Tornei a observar os leitos, em sua maioria ocupados por pessoas adormecidas.

Onde estou? Pensei.

As paredes eram grossas e altas, vi janelas e uma porta à minha frente. Vislumbrei através das aberturas a existência de um jardim.

Ouvi o suave som de um córrego.

— Deve passar pelo jardim — murmurei com dificuldade, tinha a boca seca.

A imagem de água corrente tornou-me ciente da sede.

— Preciso sair daqui. Quero saber onde estou. Deve haver alguém em algum lugar por aqui que possa me esclarecer.

Tentei erguer o tronco, mas que peso! Intensa dor devolveu-me a posição inicial, estirada sobre o leito.

— O que aconteceu comigo?

Dei-me conta de que eu não tinha lembranças. Minha mente estava vazia de significado pessoal. Esforcei-me. Nada! Todo empenho esbarrava em uma imagem de brumas brancas com nuances cinzentas que era uma muralha a causar-me medo, muito medo.

— Absurdo! — Falei baixinho. — Como posso não recordar nada e sentir a ausência de outros móveis? De onde a ideia de que deveriam existir outros móveis? E esse peso, esse mal-estar, de onde vêm? Estarei doente?

Analisei meu estado geral, concluí que era bom. Decidida, dobrei o empenho e sentei-me. Forte tontura deu-me a sensação de que o cômodo rodava vertiginosamente.

— Muito tempo deitada. É normal a tontura, mantenha a calma. Irá passar — ordenei-me.

Minutos depois, minha visão tornou-se clara. Recobrei o perfeito domínio do equilíbrio físico e emocional. Reuni coragem, coloquei as pernas para fora do leito e, segurando-me na cabeceira da cama, fiquei de pé. Outra tontura, porém mais leve e rápida.

Com dificuldade caminhei, ou melhor, arrastei-me para fora. O jardim e o som de água corrente exerciam um poder fortíssimo, não resisti.

Ao chegar à porta divisei a fonte, cercada de verde. A água brilhava, refletindo raios do sol. Esforcei-me mais um pouco e a alcancei. Vendo que era rasa e limpa, joguei-me de corpo inteiro, vestida. Banhava-me e bebia o líquido que vertia de uma jarra e enchia a piscina na qual me deitava.

Saciada e sentindo-me renovada, saí e estirei-me ao sol. Acreditava-me "viva". Confiava que com o tempo recordaria de tudo. Naquele momento, nada importava, senão que eu me sentia bem e tranquila: aquele local inspirava-me confiança.

Na minha percepção estava aparentemente despovoado, pois, à exceção das pessoas adormecidas, não via mais ninguém. Bem, mas elas estavam lá. Então alguém as levara e, assim como eu, em algum momento iriam despertar.

***

Dalilah não vira, mas Dara e Talita a acompanhavam desde que despertara. Observavam suas reações, sem interferir. A natureza é a melhor guia, e acompanhar seu curso é sempre sábio. Atropelá-la, em se tratando de processos psicológicos, pode causar mais transtorno que benefício.

Ela caminhou pelo jardim, notou a existência de portões e escadas que conduziam a outras áreas. A sensação de familiaridade com a construção ampla e alta persistia. Intuía haver outros recantos tão agradáveis quanto aquele. Mas nem ao menos cogitou conhecê-los. Implicava aventurar-se e, instintivamente, recuou.

Os acessos não chamavam a sua atenção, nem ao menos tivera a curiosidade de aproximar-se. Ao contrário, repentino cansaço fez com que a ideia de retornar ao leito e ao sono a conduzisse novamente ao leito.

— Que lhe parece? — Perguntou Talita à companheira.

— Não sei, vamos aguardar.

— Será que ela dormirá mais alguns meses? — Insistiu Talita.

— Episódios como este são comuns. Às vezes, o espírito desperta lúcido, consciente; outras vezes, quer esquecer as experiências vividas, quer fugir da vida e, então, dorme muito. Há ainda os que creem ser a vida após a morte apenas feita para o descanso e agem de acordo com essa crença. Em ambos os casos desperdiçam um tempo valioso, mas são etapas e sou eu que considero uma perda de tempo. A orientadora explica que são necessidades, que o ser humano precisa viver suas crenças e emoções e, por si, descobrir a verdade e a superação. Por isso, não vê desperdício naquilo que não poderia ser diferente — comentou Dara. — Aguardemos. Como disse, já vi ocorrer o que se passou com Dalilah outras vezes. Ela poderá acordar logo ou não. Eles parecem viver um estado de sonho.

— Esta moça é a personificação do medo e da inconsciência — disse Talita. — Pelo que sei de sua última existência, obedece aos instintos mais aparentes e grosseiros...

— Grosseiros? Como assim? — Interrompeu Dara, indignada, estranhando a colocação de Talita. — Instintos são instintos, não os conheço grosseiros e menos grosseiros. São construções de milênios no caminho da evolução, são guias interiores!

— Certo, não soube me expressar. O que quero dizer é que ela parece ligar-se apenas aos instintos mais imediatos, aqueles que tangenciam com as necessidades vitais da matéria. É isso — explicou Talita.

— Ah! Sim, é verdade. A inconsciência é a marca dominante no caráter de Dalilah, daí este medo intenso que a domina. Ela não descobriu para que servem os dentes.

280

— Como? Agora sou eu que não a entendo, Dara.

— Os dentes, Talita, para que servem os dentes? Para comer, é o óbvio; mas também servem para se defender. Em nossa ancestralidade, cuja memória é nosso arcabouço instintivo, eles serviam para matar, para brigar e proteger a vida ameaçada. São instrumentos de confronto, são armas, são órgãos a serviço da ira. Dalilah não encontrou essa fonte de força. A lei de destruição nela não encontra representante; ela apenas foge e se conserva. Não tem uma gota, sequer um pingo, de coragem. Ela incendeia e apaga. Esse não é o uso correto. Assim, ela queima na própria fogueira e acumula mágoas e derrotas. É preciso buscar a energia de ser capaz de destruir; é parte fundamental do desenvolvimento humano. Sem ela, sem a ira, Dalilah será uma eterna refém do medo. Uma fugitiva inconsciente da vida. Porém, a natureza é sabia e obriga, cedo ou tarde, a encontrarmos o equilíbrio dessas forças em nosso íntimo.

— O medo é um adversário poderoso. Dinah ensina que é porque foi nosso primeiro protetor. Guardamos a ilusão de que só nos fará bem, que somente nos protegemos e queremos proteger aqueles que amamos, mas não é tão simples. Acaba nos impedindo a plenitude da vida humana e o desenvolvimento de nossas potencialidades. É preciso confrontá-lo — argumentou Talita. — Colocá-lo em cheque com a razão e fazer julgamentos rápidos. É uma luta constante e sem trégua.

Em sua face era perceptível que falava por experiência própria e recente. Dara sorriu, transmitindo no olhar encorajamento à amiga. Em silêncio, afastou-se, deixando que Talita se entregasse à meditação.

Dalilah teve vários episódios de acordar e voltar ao sono sem nada recordar, parecia feliz com o vazio em que mergulhava, distante de pressões de qualquer espécie. Era um mundo irreal.

Acompanhando o caso, Dinah determinou que, no próximo episódio, Adonias estivesse por perto. Informado das condições em que se encontrava Dalilah após a morte física. Ele juntou-se à Dara e à Talita na tarefa de acompanhar os desencarnados daquela ala.

Ele aguardou por muitos dias, até que em uma tarde, quando retornava à ala após um encontro com Dinah, encontrou Dalilah andando em direção à fonte. Decidido, apressou-se, e chegando antes dela, sentou-se e ficou observando-a. Parecia andar como uma sonâmbula. Os olhos abertos não tinham expressão; a face pálida, as mãos trêmulas, o andar vacilante. Uma aura de insegurança a envolvia.

— Pobre menina! — Murmurou Adonias, recordando a jovem sensual e de riso fácil que conhecera no templo de Astarto. — Transformou-se em uma sombra, lembra um animal acuado.

Ela se aproximou da fonte bebendo nas mãos em concha, deixando escorrer a água pelo pescoço e colo.

— Dalilah — chamou Adonias suavemente tocando-lhe o ombro. — Dalilah, sou eu Adonias, lembra de mim?

Um brilho iluminou os olhos castanhos, mas foi fugaz como uma estrela cadente. Ela encolheu-se, cruzou os braços sobre o peito e olhou em ambas as direções.

— Dalilah — insistiu ele. — Sou seu amigo. Confie. Vivemos juntos no templo de Astarto, em Jerusalém. Lembre-se, faça um esforço! Quero muito conversar com você, somos amigos.

A imagem da construção alta de um templo no topo de uma colina formou-se na mente da jovem.

— Este lugar — murmurou Dalilah, ainda sem perceber o amigo ao seu lado — é muito parecido com um templo. Sim, recordo: eu vivi em um templo...

— Sim, Dalilah — incentivou Adonias. — Templo da grande deusa Astarto, adorada pelos cananeus e por algumas tribos hebreias. Éramos servidores do templo, lembra? Você dançava divinamente. Enfeitiçava qualquer um que a visse dançar. Você queria ser uma sacerdotisa da deusa...

— Astarto, minha mãe sagrada! — disse Dalilah. — Proteja-me, grande mãe, cuida de mim. Tua misericórdia é infinita. Cuida de mim!

— Ela zela por você, amiga. Confie. Olhe para mim, reconheça minha voz, minha presença — ordenou Adonias com segurança e doçura, fixando o olhar na raiz do nariz de Dalilah, entre os olhos.

Como ela não obedecia ao seu comando, reforçou a sugestão e ela virou-se. Seu rosto transparecia confusão, atordoamento. Encarou o homem negro e forte que lhe transmitia sensação de familiaridade, conforto, segurança e, ao mesmo tempo, a assaltava com uma culpa enorme, uma necessidade de implorar perdão.

E cedeu, ajoelhando-se e implorando ao homem, cujo nome não recordava:

— Perdoe-me! Mil vezes, perdoe-me. Eu não queria, eu não sabia... eu tive que fazer aquilo ... — e rompeu em pranto e tremores.

Adonias abaixou-se e, carinhosamente, a ergueu e a abraçou, afagando-lhe as costas e sussurrando-lhe ao ouvido:

— Não há nada a ser perdoado, amiga. Você fez o que devia fazer. Eu sabia, todos nós sabíamos o que iria acontecer; ninguém teve intenção de fazer o mal. Era um ritual, apenas isso. Doei minha vida à grande deusa, foi somente isto, nada mais. Não há por que pedir perdão, você cumpriu a sua parte. Não fosse você, teria sido qualquer outra. Não se atormente.

— Mas... mas você morreu, eu o sacrifiquei. Eu sei!! — E tornava a chorar, extravasando as emoções represadas que nada tinham a ver com a lembrança do ritual.

Dalilah chorava inconscientemente por seus medos e arrependimentos de toda sua existência recém-finda.

— Era parte de nossas crenças, apenas isso. Hoje sabemos que era desnecessário, mas praticamos um ato equivocado com a melhor intenção. E as leis da vida consideram muito mais as intenções do que os atos.

Porém, recordando as orientações de Dinah, calou-se, amparando em silêncio a jovem. Quando esgotou as emoções, Dalilah tremia e soluçava nos braços de Adonias. Colocou-a à sua frente, afastou-lhe os cabelos do rosto, prendendo-os atrás das orelhas e acariciou-lhe a cabeça e os ombros com gestos muito lentos e suaves, infundindo-lhe calma.

— Sente-se melhor? — Perguntou Adonias.

Ela moveu a cabeça em um gesto afirmativo e sorriu após um último soluço.

— Ótimo! Vamos nos sentar ali naquele banco — e apontou um recanto do jardim.

Dalilah deixou-se conduzir por Adonias e depois que se acomodaram ele indagou:

— Você recordou mais elementos do seu passado?

— Imagens desconexas. Não fazem sentido para mim. No entanto, sinto que fazem parte da minha vida. Mas como sabe que não recordo quem eu sou?

Adonias sorriu. Segurou-lhe a mão, levou-a aos lábios e beijou-a demoradamente, depois permaneceu segurando-a junto do próprio peito. Seus gestos eram lentos. Desejava mostrar-lhe que era querida e aceita. Dizia-lhe, com carícias, que precisava ter tranquilidade e aguardar.

— É natural, comum mesmo. Muitos passam por esta situação. É como quando acordamos de um sono muito pesado; por algum tempo não lembramos onde estamos ou quem somos; toda nossa vida ficou suspensa. Até nos assustamos quando despertamos — explicou Adonias.

— Eu tenho, ou melhor, eu tinha uma sensação de sonho. Eu vim outras vezes aqui neste jardim, não é verdade?

— Sim. Você veio várias vezes na fonte saciar a sede e banhar-se.

— Eu acordava com a sensação de estar suja — explicou a jovem e, olhando para si, sorriu ao deparar-se com a túnica simples, imaculada. — Era um sonho, estou limpa. O estranho é que ainda sinto vontade de lavar-me. Que lugar é este? Seu nome... é Adonias? Eu não tenho certeza... Não sei nem como me chamo. Há um vazio de sentido dentro de mim. Recordo imagens, cenas, rostos. Mas parece tudo tão vazio, sem sentido, sem significado. Que tipo de pessoa eu sou?

— Meu nome é Adonias. Você irá lembrar-se do seu nome, tenha calma...

— Nenhuma destas pessoas que eu recordo tem nome, são apenas rostos... — interrompeu Dalilah angustiada.

— Como pode ser normal e comum alguém esquecer-se de tudo? Aquelas pessoas dormindo, elas existem de verdade? É delas que você fala quando diz que é comum esquecer a vida após um sono pesado?

— Exatamente, todas elas dormem profundamente, estão inconscientes. Este estado não desaparecerá por encanto...

— Mas nas outras ocasiões em que dormi deste jeito, era rápido lembrar-me de tudo — contrapôs Dalilah. — Que lugar é este?

— É um local de descanso, você viu, todos dormem.

— Sim, mas eu acordei, você está acordado. Existe este jardim, as paredes e escadas que consigo ver. O que é isto aqui? Um palácio, um templo? Em qual cidade estamos? Jerusalém? Não, não pode ser, eu estava muito longe. Era estrangeira — e dando-se conta de que as lembranças retornavam, levou as duas mãos à cabeça e fechou os olhos.

As imagens do julgamento sumário a que Jessé a submetera voltaram com força. Ecoou em sua mente a palavra "culpada" repetida pelos conselheiros do rei Abdulah. Viu o brilho feroz nos olhos do marido, sentiu a bofetada outra vez. Recordou a queda sobre o piso frio. A dor lancinante no ventre; devia ter caído sobre a barriga. Parecia que se abria como uma fruta rachada. Uma poça de água e sangue, um grito, um último olhar para Jessé, e a lâmina fria da espada tocou-lhe a garganta e perdeu os sentidos.

— Que horror! Que injustiça! Eu nunca o traí, embora ele merecesse. Aquele animal! Bruto! — Murmurou Dalilah.

Depois se viu acompanhando dois soldados que carregavam um corpo para fora dos muros da cidade, recordou a conversa, a sensação estranha que tivera. Enxergou a pira e o corpo que incineravam.

— Sou eu! Estou morta! Jessé me matou! — Gritou, caindo novamente em pranto desesperado. A raiva explodiu com intensidade no íntimo de Dalilah.

Adonias aguardou que ela se tranquilizasse. Esperou novo esgotamento das emoções. Depois, calmamente explicou-lhe que se encontrava no mundo dos espíritos, pátria de origem de todos os seres humanos. Falou-lhe do local que a abrigava e onde ela permaneceria por longo tempo até refazer-se completamente.

— E o que farei aqui? — Inquiriu Dalilah assustada.

— Irá estudar — respondeu laconicamente Adonias.

— O quê?

— Você mesma, sua vida, suas crenças, seus valores. Estudará as leis da vida maior e espera-se que aprenda a harmonizar-se com elas — esclareceu Adonias.

— E depois? Você disse que somos imortais, será que levarei a eternidade para me conhecer e a aprender sobre as leis desta vida? Isto é...

— Não se apresse. Há muito que estudar e aprender. Mas depois você voltará à Terra, renascerá em outro corpo para testar se de fato aproveitou o estudo. E, sim, minha amiga, entenda logo que viver é aprender, quanto antes conscientizar-se dessa verdade menos sofrerá e melhor aproveitará seu tempo. Agora venha comigo, vou apresentá-la a Dara e a Talita. São duas amigas maravilhosas que cuidaram de você enquanto estava adormecida e ainda cuidam dos outros. Elas aguardam ansiosas. Dinah, nossa orientadora, a responsável por este local, também virá conversar com você.

Tomando-a pela mão, Adonias conduziu-a ao local onde estavam Dara e Talita. Sentiu pelo tremor da mão e pelos passos vacilantes que, para Dalilah, sair daquele espaço era difícil, impunha-lhe sofrimento, mas era necessário.

Nos olhos de Dalilah brilhavam emoções em tumulto: medo e ira.

19
Meu doloroso aprendizado

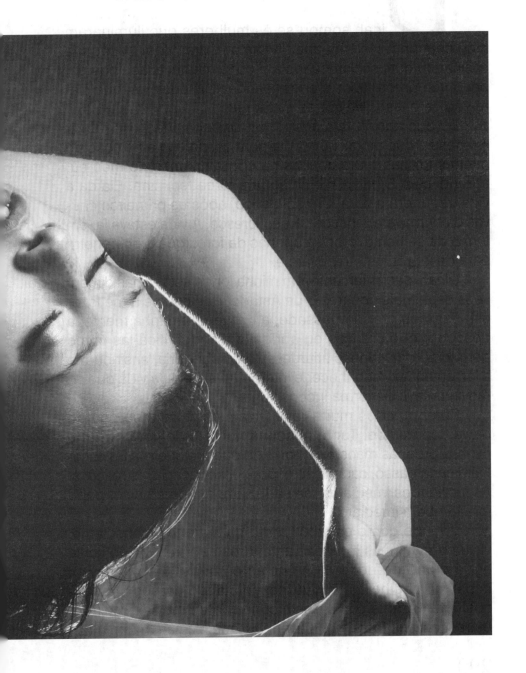

Dinah somou-se às mulheres que iluminaram meu caminho. Helena, Jael, Naama, Corá, Noor, todas me ensinaram que, esclarecendo a própria mente, acabamos por pendurar lamparinas, acender candeeiros ou velas, que clarearão os passos de outras mulheres.

Eu que admirava a água por sua capacidade de refletir imagens e que tantas horas desperdicei na contemplação de minhas formas e tão poucas na contemplação do meu eu, aprendi com Dinah a ver na água a força feminina. Ela dá a vida, regenera e cura. Um solo seco, após as primeiras chuvas da primavera renasce verde, floresce. A vida estava lá, em forma de semente, precisa apenas da força que tudo penetra para desabrochar e renovar-se.

Dinah, pacientemente, em minha longa estada nas dimensões espirituais do templo de Astarto, dedicou-se a me fazer estudar meu próprio passado, a desvendar minha mente, a descobrir que crenças eu abrigava e a identificá-las como geradoras das minhas atitudes. Com sabedoria, ensinou-me a ler, entender, reconhecer e interpretar as leis da vida que eu movimentava de forma inconsciente.

Entendi, após muita revolta, a justiça de tudo quanto havia acontecido. Tudo, absolutamente tudo, fora obra de minhas próprias mãos, não havia do que me queixar. Eu escolhera cada passo, cada ação e, por consequência, as reações. As facilidades imediatas me seduziam, e o preço a ser pago fora também imediato.

Vivendo como espírito liberto da matéria e consciente, vislumbrei minhas jornadas anteriores pela Terra. Não havia nada digno de nota. Existências comuns, perdidas num consumir das horas. Por vezes, animando corpos masculinos (interessante como nesta condição eu me saía melhor); outras, corpos femininos. Vivências que exigiam muito mais.

Como homem, eu era parte integrante de uma cultura que se tornava majoritária. Adaptava-me extremamente bem àquele aprendizado mais fácil, mais exteriorizado da vida, apesar de perceber que a arrogância era marcante na forma de agir. Compreendi que ela era apenas outra face do medo.

Mas o aprendizado como mulher impunha-me a reflexão. Eu não precisava provar nada a ninguém por meio de rituais exteriores, tão comuns, na época, ao grupo masculino. Eu precisava saber quem eu era, o que queria; vencer barreiras com as forças vindas do meu interior, não dos músculos.

A natureza impõe transformações constantes à mulher e, assim, é sempre necessário questionar em quem ela nos torna; a cultura impunha sofrimentos bárbaros; minha falta de reflexão e inteligência coloriu tudo com tons róseos de ilusão e depois com o roxo da tragédia. Não encontrei a natural alegria do rosa das flores ou das nuvens ao entardecer. Essa alegria estava dentro de mim, e eu nunca viajara para este lugar interior, por isso passamos muito tempo distantes. Eu conhecia a euforia, não a alegria curadora dos tecidos da alma. Descobri que eu havia sido alguém que não ria. Dalilah! A sensual Dalilah era uma mulher triste e medrosa.

Ao lado de Dinah, perdi a conta de quantas vezes sentei--me diante da fonte e analisei minhas memórias. Voltei aos lugares onde vivera para estudar as pessoas, depois falarei sobre o que vi no templo e na Pérsia, como foi rever Jessé. Ouvi, ouvi muito. Criaturas atormentadas ensinaram-me que as escutar era um trabalho extremamente útil e no qual se pode aprender muito, ainda que a vida delas seja tola ou doentia.

Aprender ou não, ser feliz ou não, eu constatava, era uma questão minha, não do que os outros me davam. Espíritos esclarecidos não regateavam oportunidade de nos esclarecer, e minha velha orientadora não perdoava minha ausência. Ela realmente forçava não somente a minha presença, mas de todos que julgasse aptos a um despertar maior. Entre muitas de suas lições recordo sempre:

— A inércia e a preguiça são bons solos para a tristeza e o medo; geram a doença do comodismo a torturar a alma de infinitas maneiras e por muito, muito tempo. A natureza é exemplo de trabalho e ação inteligentes; para sermos dignos devemos, ao menos, buscar imitá-la.

No entanto, quando passava a limpo minhas experiências como Dalilah, esta benevolente orientadora ensinava-me:

— Dalilah, seu caminho para desenvolver as forças femininas na condição de mulher será longo. Há muita incompreensão e preconceito na Terra, frutos diretos da condição evolutiva dos espíritos que nela reencarnam. Você precisará descobrir a sabedoria de ser como a água e descobrir como passar pelas menores fendas, de aceitar contornar obstáculos e de prosseguir calma ou violentamente de acordo com a necessidade do momento até atingir seu objetivo. Como a água, a mulher passa por inúmeras transformações. Por natureza, é geratriz; por cultura, é senhora dos mortos. Por desenvolver a sensibilidade da busca interior, do conhecimento das potências da alma, ela se dirige às fronteiras do mundo espiritual e o desvenda com certa facilidade. Você verá, minha filha, a realização de tudo quanto lhe digo agora.

Foram segundos para dizer-me o que eu levaria séculos para viver e desenvolver como atitude natural.

Muito poderia falar da riqueza daquele período de vida no mundo espiritual e o quanto me marcou positivamente. Porém, seria estender em demasia uma visão que, a meu ver, já é perceptível a quem me gratifica com a doação de algumas horas de sua vida.

Avançando no tempo, após longo período dedicado ao autoconhecimento, eis que Dinah me surpreende avisando-me de chofre:

— Iremos rever Jessé, Noor e Kavi. Venha comigo, apresse-se.

Eu estava sentada, conversando com uma recém-chegada; acabáramos de ouvir ensinamentos preciosos de Dinah. Com palavras simples, ensinara-nos verdades eternas. De forma fácil, tornara compreensível a existência e o funcionamento da lei do trabalho. Tocaram-me profundamente suas lições e considerava o quanto de tempo eu desperdiçara sem dar-lhe utilidade. Compreendi que muito do vazio e de pensamentos mórbidos eram pura ilusão que carregava comigo, nascidas naquelas horas improdutivas. Diferente do que eu pensava, acabei entendendo que trabalhar era viver, ser útil e feliz comigo mesma.

Meus pensamentos não poderiam estar mais elevados, tampouco meus sentimentos mais harmonizados. Claro, dentro do que minha evolução espiritual permitia viver como elevação e como harmonia interior. Porém, bastou a frase curta e direta de Dinah para destruir todo meu bem-estar.

Senti o velho medo me ganhar de assalto. Meu ser pesava centenas de quilos a julgar por minhas sensações. Fiquei rígida, endurecida, incapaz de dar um passo. Os pensamentos viraram um turbilhão. Imagens de nossas brigas, a cena final com a violência da minha morte dominava-me a mente.

A ira vibrou intensa. Os pensamentos ganharam outro rumo: vingança. Intenso calor envolveu-me, como se houvesse um fogo interior. Recobrei os movimentos; rapidamente coloquei-me ao lado da orientadora que em várias oportunidades me advertiu a respeito da minha pressa e afobação.

Com a experiência de inúmeras lutas, Dinah lia em minha alma como se fosse um pergaminho primorosamente escrito; sabia tudo quanto eu sentia e pensava. No entanto, manteve-se calada, nem mesmo a expressão serena de seu olhar se modificara.

Quando vislumbrei os altos muros que cercavam a cidade onde vivi com Jessé, fui contida por Dinah. Tinha ímpetos de chegar o quanto antes e lançar-me com fúria sobre Jessé. Eu não o perdoara pelos sofrimentos e desilusão que me causara. Os ensinamentos sobre a responsabilidade pessoal na construção da felicidade ou da desgraça haviam sido assimilados apenas em nível teórico. Era um verniz de compreensão em minha alma, que um simples arranhão colocava a descoberto o meu desgoverno mental e emocional.

Dinah segurou-me o braço e me repreendeu com severidade:

— Dalilah, por que a pressa? O que você pensa fazer?

Parei, encarei a sábia mentora, mas senti-me envergonhada e baixei instintivamente o rosto, quando ela tocou-me a face forçando-me a sustentar seu olhar.

— Esqueceu a lição de Helena? — Insistiu Dinah no mesmo tom. — O que você pensa fazer, Dalilah?

— Nada — respondi.

— Mentira! — Retrucou Dinah. — Perguntarei de novo: o que você pensa fazer?

— Não pensei, mas sinto raiva. Ainda odeio Jessé e o que vivi ao lado dele. Tenho ganas de arrancar-lhe o pescoço, de enforcá-lo nas próprias tripas, de sufocá-lo com a própria língua, afogá-lo com seu sangue. Queria me deliciar como um animal feroz em arrancar-lhe as partes do corpo com meus dentes — falei irada, colocando em palavras a força do sentimento que carregava.

Dinah manteve-se impassível, como se eu houvesse dito ternas palavras.

— É natural — comentou. — Mas lembre-se: temos parcela de responsabilidade em tudo que nos acontece; devemos usar a razão em harmonia com os sentimentos. Se não, você troca a escravidão da ignorância pela do descontrole. Busque dominar-se. Render-se incontinente à ira por Jessé é novamente dar-lhe poder sobre você. É hora de pensar em sua felicidade, em tornar-se um pouco mais senhora de si, não é mesmo, Dalilah?

Tempos atrás teria dito sim e baixado a cabeça; naquele momento já entendia que acima de tudo precisava ser honesta comigo. Reconhecia a sabedoria contida nas palavras de Dinah, mas elas ainda não ecoavam em mim, não se manifestavam como atitudes. Eram reconhecidas como verdades aprendidas, porém, ainda não eram meu sistema de valores, minhas crenças e, daí, não serem ainda atitudes possíveis. Eu estava sendo honesta, aprendendo a dizer a minha verdade, apesar de a forma ainda estar equivocada. Ninguém precisa agredir para dizer o que sente.

— Além do mais, recue um pouco mais em suas lembranças e assuma que deu voluntariamente a mão a Jessé e o seguiu sem pensar. Eis aí sua parcela de responsabilidade, você jogou-se no abismo. Já falamos sobre isso, não é mesmo?

— Sim, muito. Mas entre a razão e o sentimento há uma grande distância. Percebo-a neste minuto. Lá, na instituição, tudo foi mais fácil, havia uma distância e eu sabia que não o veria. Agora estou sendo levada até ele, e não gosto da experiência. Perdi a paz que tinha encontrado. Tenho raiva, muita, mas muita raiva...

— Em algum minuto eu lhe dei a ilusão de que todo seu aprendizado seria apenas teórico Dalilah? — Indagou Dinah.

— Não, nunca. Sempre me disse que eu precisava de autoconhecimento. Pensei que bastasse analisar os fatos passados.

— Somos criaturas intelectuais e emocionais, temos sentimentos. São nossas forças. A vontade é o nosso poder. É preciso conhecer todo contexto. E em se tratando de emoções e sentimentos, discursos são meros apoios; a vivência é o que dá conhecimento e controle. Por isso estamos aqui, e isto é apenas uma preparação; é muito provável que você necessite de muito mais.

Senti imediata aversão à ideia de um contato prolongado com Jessé. Mas sem dar-me oportunidade de comentar ou questionar, Dinah prosseguiu a jornada.

Paramos em uma sala ampla, revestida com luxuosos tapetes,poucos e imponentes móveis. Ao olhar o piso de mármore negro reconheci onde estava — a sala do rei. Haviam mudado a decoração, mas a cadeira, o trono do senhor da cidade e o piso eram os mesmos. Olhei ao redor, estava vazia, e eu sozinha. Dinah deixara-me entregue aos meus próprios atos e julgamentos. Não a vira sair.

Revivi a agonia daqueles últimos momentos, mas tantas vezes eles haviam passado diante de meus olhos que já não me abalavam, no entanto, persistia o sentimento de ódio contra os autores.

Ouvi um burburinho e logo as altas portas se abriram e um grupo de homens ingressou no recinto. Estavam irritados, nervosos, falavam ao mesmo tempo e reclamavam muito.

De repente, em meio às vozes, ouvi distintamente:

— Kavi. Devemos buscar Kavi no deserto, ele sempre foi mais inteligente e sábio que Jessé. Será melhor governante. Jessé já demonstrou que não possui habilidade...

Outra onda de vozes ergueu-se. Pude perceber que muitos apoiavam a sugestão, e alguns balançavam a cabeça e manifestavam-se descontentes com a ideia.

Jessé é o rei, mas o que terá acontecido para que estejam insatisfeitos? Pensei. Mas é muito justo que ele seja destronado. Ele merece. É vaidoso, uma afronta desta vai abalá-lo. Imagine! O conselho o considera incapaz. Que coisa maravilhosa! Regozijei-me intimamente.

Tão súbito quanto começara, o burburinho cessou. Silêncio sepulcral se abateu sobre todos no salão. Ouvia-se apenas o som de pesados passos ecoando no corredor de acesso acompanhado do tilintar de espadas e lanças.

Minha espera foi breve, logo Jessé adentrou o salão. Senti-me muito mal ao vê-lo. Tive medo, raiva, nojo, curiosidade, e uma gama menor de sensações que não consegui definir. Ele envelhecera, rugas marcavam a face altiva e orgulhosa. Cabelos grisalhos nas têmporas. O corpo mantinha o vigor e o porte de guerreiro, no entanto parecia-me abatido. Uma aura densa e escura o envolvia. Na ocasião, não soube qualificar o que via; hoje sei que eram emanações de uma mente torturada.

Obviamente, ele não me enxergava e não registrara minha presença por nenhum outro sentido. Que posição privilegiada! Pensei. Posso tudo contra um inimigo que não me vê.

Destemida, aproximei-me da reunião. Jessé sentava-se na posição do governante. Tinha a expressão cansada, os olhos sem brilho, mas mantinha-se empertigado e falava com voz firme:

— Quero a imediata rendição de todos os rebeldes. Serei misericordioso com os traidores. O tumulto nas ruas e entre as tribos deve cessar imediatamente.

Gargalhei ao ouvi-lo prometer misericórdia. Ele não sabia o que era esse sentimento. A cena de meu sumário julgamento como culpada de adultério estampou-se em minha mente outra vez. Parecia ter diante dos olhos o homem de tempos atrás, olhos em fogo, voz áspera, intransigente, que não me deixara pronunciar uma única palavra, que acreditara em todas as intrigas tecidas pelas mulheres que me detestavam e invejavam.

Os conselheiros ouviram a ordem em silêncio, sem se moverem do local. Esta passividade o irritou.

— Por que estão calados? Por que não obedecem? Andem, cumpram o que mandei — trovejou Jessé irado.

— Acalme-se, meu caro rei — pediu um dos conselheiros com absoluta calma e controle tanto na voz quanto na expressão. — A ira não será boa conselheira e sabemos que neste conselho a violência não serve como ameaça. Nenhum de nós se intimida. Precisamos analisar a situação: o povo está insatisfeito. Os líderes tribais do deserto estão ressentidos com você pelo descumprimento dos costumes...

— São meia dúzia de criaturas insignificantes apegadas ao passado. Não lhes devo satisfação, eu sou o rei — interveio Jessé de forma arrogante.

— Não é bem assim — retrucou o conselheiro. — Os líderes do deserto nos dão proteção. São fiéis à sua família e à cidade há muitas gerações. Não podem ser descartados como imprestáveis. Sem eles, ficamos à mercê das hordas de malfeitores que vagam pelo deserto saqueando e destruindo. Eles dão proteção à cidade e às rotas de comércio, você sabe muito bem do que falo.

— Tudo o que fazem pode ser feito por um exército bem-treinado — respondeu Jessé. — Além do mais, o serviço que nos prestam não é um favor. É uma troca. Eles também recebem nossa proteção e reforço nas lutas que enfrentam. E a estrutura da cidade e deste palácio serve a todos eles.

— Sim, Jessé, exatamente isto; são as tradições que devem ser preservadas. As alianças políticas — aduziu o conselheiro. — Você deve ceder.

— Não, em hipótese alguma. Minha decisão está tomada e será mantida — esbravejou Jessé, contendo a irritação com visível dificuldade.

297

Os demais conselheiros trocaram olhares, falavam em voz baixa. Jessé olhou-os com desdém, ergueu-se do trono, encarou o conselheiro que se manifestara e entendeu que ele falava pelos demais e o ameaçou:

— Tércio, é bom que vocês saibam quem pretendem enfrentar. Entendi que estão contra mim, dou-lhes um dia para cumprirem minhas ordens e voltarmos às boas relações que sempre tivemos. Não tolerarei traidores, meus soldados os esmagarão.

O conselheiro ergueu a mão, pedindo silêncio aos demais que reagiam revoltados. Sustentou o olhar de Jessé e respondeu irônico:

— Claro. Você quer dizer as relações em que você mandava e nós obedecíamos. Sim, é claro, eram boas para você. Mas tenho uma novidade, meu caro: não executaremos mais suas absurdas vontades. Se você deseja uma guerra interna, é o que teremos. Prepare-se, o prazo foi fixado por você: tem um dia para evitá-la. Atenda as exigências dos líderes tribais, retome as rotas de comércio com os egípcios e cesse essa disputa idiota com o Faraó do Egito. Enfrentá-los será nossa ruína; ninguém deseja uma causa perdida. Nenhum soldado motiva-se para uma batalha que será sua morte certa. Suas atitudes estão causando a desgraça dos comerciantes, dos agricultores, dos pastores. Enfim, não há uma só camada da população que apoie seus desmandos. Cansamos de intermediar, apaziguar e relevar. Basta! A escolha é sua.

Jessé aproximou-se de Tércio, e sem que o conselheiro visse, sacou um punhal que trazia preso ao cinto da túnica. Abraçou-o como era costume e cravou-lhe a arma nas costas. Um grito se fez ouvir no salão, e Tércio caiu ensanguentado clamando por socorro.

Jessé passou sobre ele, indiferente, e saindo do salão, gritou:

— Pensem! Este é o destino dos que me afrontam.

Um gelo envolveu-me diante da cena. Que homem brutal era aquele! Como eu não havia visto que ele era assim? Lembrei-me de trechos de uma conversa com Noor.

298

— Jessé é um guerreiro, Dalilah — dissera-me Noor. — Como tal, ele é violento e até mesmo cruel, no entanto, preocupa-se demais com sua saúde. Ouso dizer que você é mais importante para ele que todas as mulheres do harém juntas. Meus parabéns! É um feito inédito, considerando-se o seu temperamento de conquistador. Mas, sim, ele partiu. Houve um conflito com uma tribo protegida por nosso povo. São mercadores que nos abastecem com tecidos de linho e seda do Egito. Jessé é o comandante militar, a tarefa lhe competia.

A agressão fria e rapidamente calculada pegou de surpresa os demais conselheiros, deixando-os sem ação, tamanho o choque. Os mais próximos recuperaram-se mais depressa e correram em auxílio ao ferido. O salão esvaziou e fiquei sozinha com a poça de sangue sobre o mármore negro a recordar-me o caráter do homem que eu fora levada a rever.

Sentei no trono, era um ótimo local para refletir sobre a cena que eu presenciara. Tinha curiosidade em desvendar os meandros daquela conspiração e especialmente em assistir à queda, de Jessé, que desejava ser esplendorosa. Comecei a pensar que talvez eu pudesse ajudar...

20
Vingança

É interessante como quanto mais apressados, quanto mais rápido julgamos dominar uma arte, uma ideia, um conhecimento, menos inteligência possuímos. Julgamos com um orgulho e vaidade típicos da pretensão que podemos, sabemos e dominamos, e estupidamente agimos. Óbvio, colheremos os frutos da estupidez, e como ninguém colhe figos em sarças, não se espere boa colheita.

A prudência é uma característica da evolução, é irmã da inteligência e do bom senso. Mal chegara ao local, vira parte de uma conspiração, presenciara um assassinato a sangue frio e sentara-me em um trono, muito senhora de mim, crendo que conseguiria influenciar uma situação que eu desconhecia. Caso típico da insensatez dos que não descobriram ainda a necessidade da reflexão, da consciência, do pensar ponderadamente a respeito da vida e, acima de tudo, ter a certeza de que a felicidade ou a infelicidade dependem das nossas atitudes. Elas não vêm pelas mãos alheias e, tampouco, do que acontece ao outro. Nosso único sentimento que se regozija com o mal de outrem é a inveja.

— E o conselheiro Tércio. Morreu?

Ouvi as palavras antes de ver quem as proferia, mas logo dois escravos ingressaram com material para limpar o salão. Carregavam vasilhas com água, escovas e panos. Eram jovens, muito jovens.

— Ainda não ouvi nada, acho que não. Se tivesse morrido tinha mais movimento, e os sacerdotes médicos não iam ficar num entra e sai dos aposentos dele.

— Não levaram a vidente? Ela cura muito mais rápido que os sacerdotes e sabe mais do que eles.

— Também não sei, mas com certeza ela vai vê-lo. Afinal se até dos escravos ela cuida...

— Não seja bobo. A vidente cuida de nós porque os sacerdotes não têm nenhum interesse. Para eles, tanto faz se vivemos bem ou mal. Se morrermos colocam outro no lugar antes que a pira tenha se apagado. Estou dizendo bobagens, antes que qualquer um de nós morra já tem outro em nosso lugar. Mas um conselheiro é diferente! É político, tem poder.

— Você tem razão. Além do mais, o rei tomou a vidente para ele.

— É, faz parte. Quando tomou o poder do pai ele se apropriou das mulheres dele e a vidente sempre foi a mais querida do antigo rei, todos sabiam.

— Como será que ela se sujeita a este monstro?

— Esfregue e fale baixo — repreendeu o outro. — Ele é o rei. Se apunhalou um conselheiro na frente de todos, o que não fará com um escravo rebelde que fala demais?

Prontamente o repreendido pôs-se a esfregar o piso e a murmurar. Observando a cena, comecei a rir. Como eram simplórios, medrosos. Porém, o som do meu riso trouxe a lembrança de outra advertência de Noor:

É isto que todos dizem, deve ser a razão pela qual o homem escraviza outro homem, nenhuma outra espécie chega a tal ponto de renúncia. O rei a isto chama de virtude.

A cena perdeu a graça. Identifiquei-me com eles; eu fora igual. Apenas mudara as funções para as quais eu era empregada. A raiva rugiu dentro de mim.

Ele merece sofrer! E muito! É cruel, é desumano. Se entendi bem, matou o pai e tomou suas mulheres para tornar--se o rei. Até minha pobre amiga está em suas mãos! Preciso ajudá-la! Pensei.

Os escravos terminaram o trabalho, não mais prestei atenção ao que disseram. No entanto, os segui pelos corredores do palácio. Quando vivi naquele local não tive liberdade, e naquele momento eu tinha.

Os corredores amplos eram muito belos como obra arquitetônica. Bem decorados, mas não tinham calor e estavam vazios. Como se ninguém habitasse o local. Que estranho! Concluí em meu íntimo.

Os escravos andavam apressados e, apesar do que eu constatara, olhavam rapidamente para os lados e, às vezes, para trás, como se temessem estarem sendo seguidos ou vigiados.

Medo. Estão com medo de alguém. Por quê? Confabulava e seguia os jovens. Acompanhando a direção dos olhares, vi sombras esgueirando-se por entre as portas e corredores que confluíam ao principal por onde circulávamos.

Mas as pessoas se moviam com tanta sutileza que era preciso muita atenção para perceber-lhes os movimentos. Um abrir e fechar de porta, um par de olhos espiando em um canto escuro, um véu a esconder-se, a nesga de uma túnica. Mas tudo em silêncio, gerando um clima de suspense. O ar ficou pesado; difícil de respirar; palpitações no peito; minha mente ficou turva, senti muito frio, como se estivesse gelada. Encostei-me em uma coluna de mármore. Coloquei as mãos no rosto e lutei para acalmar-me. No desespero, recordei Dinah. Onde estaria? Precisava dela!

Dinah havia me ensinado a conhecer as emoções do medo, os sinais das crises que me afligiam.

— Controle-se. Lembre-se de suas metas. Respire devagar — ordenava baixinho para mim mesma como se fosse outra pessoa e respondi:

— Conhecer o palácio; descobrir o que está acontecendo; ajudar Noor. É isso que preciso e vou fazer.

Devagar as sensações cederam. Amoleci, meus joelhos dobraram. No entanto, reagi e impus o prosseguimento. Dinah ensinara-me a conhecer e a buscar controlar o medo; dizia-me sempre que se tratava de um sentimento natural e universal, compartilhado por todos os seres vivos, útil porque cumpre o papel importantíssimo na natureza de proteger do perigo, de conservar a vida, por isso nunca ficaremos livres dele. Mas, em algumas situações, escapa ao controle e fica exacerbado. Em geral, quando se o experimenta com intensidade ou com muita constância, então gera transtornos à vida e precisa ser reconduzido ao equilíbrio por meio da razão e da experimentação de eventos em que o superamos.

— Enfrentá-lo é a palavra. E a natureza colocou em você

o remédio. Busque a força nos seus objetivos; busque a determinação, quais são os seus motivos — recitei os ensinamentos de Dinah.

A cena do assassinato frio do conselheiro, acompanhada de outras barbáries que vivi nas mãos de Jessé acudiu a minha mente. Um calor subiu por meu ser, expulsando os resquícios do medo. Fiquei firme e ereta, marchei determinada e rápida atrás dos jovens. Fixei na mente a necessidade de proteger Noor e o desejo de aniquilar Jessé.

Venci a breve contaminação do medo que envolvia a todos no palácio. Entendi o que se passava. Era verdade o que ensinara Dinah: os sentimentos contaminam, passam de uma pessoa a outra e pairam nos ambientes.

Eu vivo; Adonias vive; o conselheiro viverá também, pois a morte é apenas uma passagem. Nenhum de nós morreu, mas sofremos a violência da índole de Jessé. É justo que ele pague as maldades que cometeu e o sofrimento que nos causou. Justifiquei-me em pensamento.

Na Instituição todos lembravam a importância de desenvolvermos um caráter misericordioso e benevolente. O perdão rompe amarras, quebra algemas, dissera-me Adonias. A frase era bonita, mas eu não compreendia a que amarras e algemas ele se referia. Ainda não tinha consciência de que carregava uma coleira, algemas e era puxada na direção do sofrimento. Não pensava muito, simplesmente vivia as horas e deixava-me influenciar pelos que estavam mais próximos. Mas, Dinah deixara-me sozinha...

Prossegui seguindo os dois escravos. O corredor era extenso, e nós já dobráramos diversas vezes. Não fazia ideia de onde estava. Por fim, eles entraram em uma grande cozinha muito barulhenta. Trabalhadores andavam apressados carregando enormes bacias e panelas. Havia alimentos estocados em barris e mesas repletas de frutas, pães a serem assados e utensílios.

— Até que enfim voltaram! — Ralhou um homem idoso e severo com ares de chefe.

Ele lançou um olhar à água suja de sangue que os jovens carregavam e ordenou:

305

— Limpem isto, imediatamente. Odeio sangue humano. Corram! Limpem isto e limpem-se, não quero ver uma gota desta nojeira que aconteceu no salão aqui na minha cozinha. Se os governantes enlouquecem é problema deles. Nosso trabalho é fazer com que esqueçam que temos uma cabeça sobre o pescoço. É assim que a mantemos no lugar.

— Sim, Olavo — respondeu um dos jovens, saindo pela porta que dava a um pátio de serviço, onde se viam balançando ao vento, as roupas lavadas.

Permaneci na cozinha; o velho me atraía e fiquei analisando a atividade.

Olavo comandava os escravos domésticos ligados à cozinha e à preparação dos alimentos. Ele era firme, de poucas palavras, expressão séria. No entanto, notei que suas ordens eram cumpridas sem problemas; as pessoas trabalhavam satisfeitas.

Uma mulher sovava a massa do pão. A tudo presenciara calada; a única reação perceptível fora o emprego de mais força em seu trabalho, como se ela desejasse sovar alguém. Enfiava os punhos fechados com força na massa; seu rosto tornara-se vermelho e os olhos brilharam como chamas na noite.

— Zena — chamou Olavo, sentando-se no banco em frente à mulher. — Quando este estado das coisas irá parar? Uma morte por dia... é demais!

— Não seja exagerado! — repreendeu Zena. — A brutalidade do novo governante é grande, mas não faz uma morte por dia. Ao menos não aqui dentro.

— Ah, sim! É o terceiro conselheiro que morre...

— Mas é o primeiro que se tem certeza de que foi pelas mãos dele. Os outros são apenas suposições, especulações de quem não tem amor ao pescoço — comentou Zena, sovando a massa com força. — Morrerão quantos forem necessários para que alguém se enfureça e dê um basta nos desmandos do todo poderoso filho de Abdulah.

— Você tem razão, mas matar para Jessé é o mesmo que sovar a massa do pão para nós, um simples trabalho nada mais. Ele é frio. Somente aquela estrangeira acendeu alguma chama de paixão nele...

— É, é o que diziam. Mas nem ela escapou — recordou Zena.

Interessei-me mais pelo assunto; falavam de mim, eu tinha certeza.

— Nem o filho na barriga, nada o comoveu. Mas que ele piorou muito depois daqueles fatos... Ah! Isso ninguém pode negar — disse Olavo. — Será que se arrependeu? Dizem que ele amava a tal estrangeira.

— Duvido muito. Existem coisas para as quais se tem capacidade ou não. Para mim, ele não é capaz de amar ninguém. Era paixão de homem. Eu vi a moça umas poucas vezes, quando ela andava nos jardins com Kavi. Era muito linda, diferente das outras mulheres que ele tinha. Noor gostava dela, devia ser uma boa mulher. Mas foi muito ingênua, não sabia que neste palácio as paredes têm ouvidos, o piso caminha e o teto tem mais de mil olhos.

— É — concordou Olavo.— Nunca se sabe qual boca contou, são todas invisíveis. Somente sabemos que elas matraquearam, quando vemos as coisas acontecendo: as intrigas dando seus frutos azedos.

— Aquela história foi simples, como fazer esse pão. Todo dia, em toda parte, tem mulher fazendo. Foi fofoca de mulher invejosa, Olavo. As outras estavam se mordendo de inveja porque ele só dava atenção à estrangeira quando chegava ao palácio. E ela, segundo dizem, não fez amizade com mais ninguém além de Noor. Outra que as mulheres não suportam! A infeliz deve ter sido a única que não viu onde estava metida. E, depois, ainda saía a passear pelos jardins com Kavi, que era o filho preferido do rei. Mas que está bem longe de ser o irmão preferido de Jessé. Eles nunca sequer se toleraram, desde criança são assim.

— Só quando precisam, Zena, aquelas ingratas do harém de Jessé, sim, para ele tanto faz concubina ou esposa, não há diferença, então se derretem em afagos para Noor, que não dá importância alguma, é superior a todas elas juntas. Anda por entre elas como se caminhasse num covil.

— Noor encanta as serpentes, é corajosa e sabe dos

poderes que tem e onde pisa. O rei Abdulah jamais faria alguma coisa contra o filho querido. Aliás, não faria contra homem algum. Mesmo se elas tivessem dito que era um escravo com quem a estrangeira traía Jessé, garanto-lhe que ela teria o mesmo destino, mas o escravo... não sei. Porém, tudo que estamos dizendo é pura perda de tempo. Jessé não precisou ouvir o pai e a ninguém; o tal julgamento foi uma farsa, todos no palácio sabiam quem devia morrer. Cada um cumpriu seu papel, foi isso. Mas Jessé está insano, nunca foi exemplo de bondade, ao contrário. Egoísta, orgulhoso e violento desde sempre. Não sei a que irá arrastar o povo continuando desse jeito. Guerrear com o Egito é uma grande asneira. O Egito é o maior império, tem armas, riqueza e muitos soldados. Nós, sozinhos, contra eles; seremos esmagados. Qualquer idiota enxerga, até uma reles fazedora de pães.

— Tem razão, Zena. Minha última esperança é Noor.

— A nossa, Olavo, a nossa — enfatizou Zena alisando a massa sovada.

Afligiu-me a conversa entre Olavo e Zena. A fisionomia de Noor tomava minha mente. Não sabia como encontrá-la, mas sentia imperiosa necessidade de localizar seus aposentos e afastei-me da cozinha. Ganhei outra vez os corredores e me deslocava com rapidez e precisão; parecia que eu era atraída, arrastada até ela.

E era, porém, foi muito mais tarde que vim a compreender a importância do pensamento, do desejo e da vontade. Eu queria e naturalmente me colocava na condição de realizar meu propósito. As leis da vida me dirigiam à realização de minha vontade. A alma está onde está o seu tesouro, onde situa a mente.

Assim cheguei aos aposentos de Noor. Estavam fechados e, naquela ocasião, para mim, isso ainda era uma barreira. Não tinha plena consciência das possibilidades que a condição de espírito liberto da matéria me oferecia.

Ouvi a voz suave de Noor cantando. Não compreendi o que dizia, mas era tão tranquilizador e envolvente, que esqueci as intrigas recentemente ouvidas.

A porta abriu e uma serva saiu apressada. Ligeira, invadi o cômodo e parei espantada.

Noor aconchegava contra o peito, acariciando as costas de uma criança. Um bebê, talvez com um ano e alguns meses. Ela ninava-o como se nada mais no mundo existisse. Era toda calma e serenidade naquele palácio envolto em labaredas de paixões mal resolvidas. Admirei-lhe a beleza altiva, a calma nascida da segurança íntima; aparentava estar em perfeita paz e harmonia.

Não era assim que eu havia imaginado encontrá-la. Devia estar desesperada, aflita, com medo, afinal Jessé é um bárbaro e, naquele lugar, não se podia confiar em ninguém. Como ela podia dar-se ao luxo de embalar um bebê com tamanho encantamento?

Ela encostava a face na cabeça da criança, beijava-lhe os cabelos. O bebê entregava-se, relaxado e confiante, ao cuidado carinhoso. Logo adormeceu e Noor o colocou em um berço próximo.

— Durma, Lilah! Tenha bons sonhos, minha princesa — murmurou Noor ao deitar a pequena.

Uma menina! Que faz Noor com uma criança em seus aposentos? Questionei-me, curiosa.

Aproximei-me do berço e olhei atentamente a criança. Os cabelos e a pele eram claros, as bochechas rosadas, era pequena e delicada, embora aparentemente muito saudável. Dormia em seu leito bem-cuidado.

Estranho, mas a menina não lembra a beleza morena de Noor. Quanto tempo fará que deixei a vida corporal? Preciso perguntar a Dinah. Não lembro de Noor dizer nada quanto a estar grávida. Ao contrário, lembro dela referir-se com amargura e tristeza ao destino dos filhos, especialmente das filhas mulheres. Tive a impressão de que ela não desejava outros filhos. Mas que bobagem estou pensando, não existe possibilidade de escolha. A natureza nos dá filhos. Ou será que Noor conhece o segredo das sacerdotisas e das egípcias; elas não se submetem à vontade da natureza senão quando desejam, conhecem meios. Helena os conhece e ensinava a algumas mulheres do templo. Mas a maioria desconhecia, e ela dizia que era natural e necessário termos filhos, pois aquelas almas precisavam viver, tinham que vir novas gerações substituir as extintas, não se podia impunemente interromper os ciclos da vida. Estranho! Sinto que não faz tanto tempo que deixei a matéria; Noor não poderia ter um bebê dessa idade. E, segundo os escravos, ela é obrigada a submeter-se à condição de mulher de Jessé. Será filha dele ou do velho rei?

Afastei-me do berço e fui acompanhar Noor. Ela se reclinava no leito entregando-se à meditação. Era calma, forte e perigosa como cobra enrodilhada ao sol, de enganosa beleza.

Recordei momentos felizes e harmoniosos, singelas vivências de amizade que me uniam àquela mulher misteriosa. Senti saudade. Revivi algumas de nossas conversas, os muitos ensinamentos que ela me dera. Dei-me conta de que nenhuma das valorosas mulheres que passaram por minha existência havia me dado conselhos. Nenhuma me dissera faça isso, deixe de fazer aquilo, se eu fosse você faria assim ou de tal jeito. Não, nenhuma me dera conselhos. Todos me deram ensinamentos, lições e liberdade de usá-los ou não.

Sou uma privilegiada, pensei. Reconhecendo-lhes a superioridade moral da conduta que não impunha nem exigia, mas tão somente esclarecia. Como haviam sido tolerantes comigo! Realmente a ninguém cabia a responsabilidade pelo caminho torto e sofrido que fizera somente a mim mesma. Eu não era vítima. Também não era algoz, não escolhera sofrer por masoquismo, apenas por ignorância e falta de desenvolvimento intelectual.

Um movimento inesperado quebrou a paz do ambiente. A porta abriu-se e, num rompante, Jessé ingressou nos aposentos. Tinha a fisionomia transtornada; os olhos injetados de sangue, brilhavam iluminados pela ira.

Assim como eu, Noor voltou à atenção ao recém-chegado. Porém, diferente de mim, ela não se abalou à visão dele, enquanto eu senti medo. Algo irracional, pois ele não podia me atingir, aliás, nem ao menos, me via. Mas essa é uma característica do medo: ser irracional.

310

Observei as atitudes dela. Lentamente ergueu-se do leito e andou até o centro do aposento, ficando próxima do berço, porém não muito. Tinha o olhar cravado em Jessé e inexpressivo.

Ele, por sua vez, caminhava de um lado para o outro; passava a mão no queixo; estava irritado e pensativo.

— Matarei cada um deles, Noor — declarou em voz baixa e firme, em um tom ameaçador. — Não suporto aquele bando. São indisciplinados, não conhecem o dever da obediência ao líder. Abdulah foi um rei fraco, deu-lhes atenção em excesso. Diplomacia! Ah! Deboche! Quero que me apontem quantas vezes a diplomacia rendeu glórias? Quantas riquezas acrescentou? Quantos escravos fez? Nenhum! Discurso vazio. O verdadeiro poder de um povo é o seu exército, seus guerreiros, seus líderes militares. É com essa gente que se faz um império, não com um bando de velhos chorões como mulheres.

Noor cruzou os braços sobre o peito, como se sentisse frio ao ouvir as palavras de Jessé.

— Novos desentendimentos com o conselho das tribos, Jessé?

— Novos? Não, os mesmos. Eles insistem em buscar entendimento pacífico para a questão comercial. Eu já cansei. Os hebreus prometem e não cumprem integralmente o compromisso. Mandam-nos poucos grãos, são insuficientes. Estamos em falta de tecidos, mas isso não é urgente. Nossos rebanhos produzem muita lã e couro. O pior é o alimento. Se não nos vendem, vamos tomar à força.

— Conversei com o conselheiro Tércio ontem à tarde — informou Noor com muita calma. — Pareceu-me que há uma saída pacífica. A questão se prende ao preço...

— Sim, é um absurdo o que pedem. Elevaram de tal forma o preço que nos é impossível comprar o suficiente para o abastecimento da cidade. Não gosto de escassez, torna o povo indócil. Usurpá-los, cobrando preços inconcebíveis também. Não tenho saída: vou invadir o território deles e saquear o máximo das reservas. Só assim manteremos a paz interna.

— Não tenho boas visões a este respeito. A paz, Jessé, não pode ser construída com a violência...

— A guerra mantém e restaura a paz — interveio Jessé irritado.

— O que me diz? Não concordo. O diálogo, o entendimento, a aceitação do inevitável, isso constrói e mantém a paz. Violência gera um estado de constante temor e irritação, paira sempre a ameaça da revanche. Deixa marcas demais em todos. E pense, homem: o que você imagina que os líderes do Egito farão ao saber dos saques? Marcharão sobre nós, é certo. E aí como fica a paz que você construiu?

— Noor, o povo quer uma solução hoje! Preciso dar-lhes uma resposta rápida e eficaz. Ou você crê que quando nossos armazéns estiverem vazios o povo vai sentar e orar aos deuses? Não, eles tomarão armas e cobrarão de mim uma solução. Se eu não for capaz de dá-la, perderei o poder e o que fará quem me suceder? Saqueará nossos vizinhos; guerra é o único caminho.

— Não, Jessé. Peço-lhe que me ouça: minhas visões não são promissoras. A opção do saque e da guerra é não somente a sua morte, mas de todo nosso povo. É o nosso fim. Não faça isto.

— Eu não sou Abdulah. Não dependo das suas visões para tomar atitudes — retrucou Jessé com desdém.

— Minhas visões serviram ao reinado de seu pai que foi próspero e feliz. O povo venera a memória de Abdulah e pede por sua alma — retrucou Noor, inabalável.

— Você usou estes poderes para garantir sua posição — acusou Jessé. — Não precisava, é uma mulher muito bonita. Mas reconheço que você se tornou um símbolo para o povo. Uma situação absurda que a faz uma rainha sem ser.

— Não é a situação que me faz rainha, Jessé. Eu sou e faço a situação, você percebe a diferença?

Jessé olhou-a tomado de ira. Aproximou-se, erguendo a mão para esbofeteá-la. Lembrei-me de quantas vezes sentira o peso daquela mão sobre meu corpo e, tomada de raiva, me lancei sobre ele. Porém, mais rápido, ele baixava a mão sobre o rosto de Noor. Surpreendi-me com a agilidade com que ela desviou o golpe, abaixando-se e acertando uma forte joelhada

312

na virilha de Jessé, que se encolheu. Ela ergueu-se atrás dele, colocando-lhe a lâmina fria de um punhal junto ao pescoço.

— Nunca mais ouse erguer a mão para me agredir — sussurrou Noor com firmeza no ouvido do agressor. — Lembre-se: eu sou Noor, não pertenço ao seu harém, sou uma mulher e uma alma livre. Respeite-me e viveremos em paz. Ouse outra vez tentar me agredir e passo este punhal no seu pescoço e separo essa cabeça imbecil desse corpo de animal do qual tanto você se orgulha.

— Você não é uma mulher, desgraçada! É uma cobra venenosa e peçonhenta — rosnou Jessé, pálido de dor e susto. — Pensa que tenho medo de suas ameaças? Você não ousaria...

Noor pressionou o punhal sobre o lado do pescoço fazendo escorrer sangue e arrancando um grito de Jessé.

— Quer testar? — Provocou Noor com frieza, demonstrando perfeito domínio emocional. — Existe um covarde nesta sala, Jessé, mas lhe asseguro que não sou eu. E então, estamos entendidos, você não ousará erguer a mão sobre mim nem sobre Lilah?

Ele lançou um olhar ao berço onde a inocente menina dormia alheia à briga que se desenrolava.

— Devia ter morrido junto com a vagabunda que era mãe dela. Não entendo seus amores por ela.

Noor enterrou o punhal aprofundando o corte. O sangue jorrou com força e correu molhando o peito e a túnica de Jessé.

— Apresse-se Jessé. Sua palavra de compromisso demora e logo você precisará que os sacerdotes o socorram — dizendo isto, ela acertou outro golpe com o joelho pelo meio das pernas.

Montada sobre as costas de Jessé, eu exultei com a atitude de Noor e comecei a esmurrar-lhe a cabeça, a gritar-lhe todos os desaforos que conhecia. Disse-lhe o que pensava dele e repeti, enfaticamente, que ele era um verme. Para minha surpresa, Jessé desabou. Caiu sobre o piso de mármore reclamando tontura e fortes dores na cabeça.

Um brilho de reconhecimento iluminou os olhos de Noor

quando fitou o homem caído. Será que ela me viu? Pensei. Poderia jurar que havia me encarado e que tinha um quê de saudade em seus olhos.

Sem dar-se ao trabalho de examiná-lo, Noor dirigiu-se à porta e chamou um dos escravos que ficava parado do outro lado do corredor.

— Leve Jessé aos seus aposentos. Ele teve um mal estar súbito. Vou chamar os sacerdotes para cuidarem dele.

Um escravo forte ingressou nos aposentos. Ergueu Jessé e, amparando-o, levou-o para fora. Entendi que a tontura foi causada por minha ação, quando vi que, ao parar de agredi-lo e ao me afastar, ele se recuperava rapidamente.

— Ah, é! Então tenho como atingi-lo, verme nojento! Vamos acertar nossas diferenças — prometi e montei-lhe nas costas apertando-lhe o pescoço. Instantes depois ele reclamava dificuldade para respirar e piora da tontura. Ri, satisfeita.

Jessé tornava-se um peso morto, e o escravo gritou chamando ajuda. Três homens surgiram assustados e carregaram-no ao próprio leito.

Olhei para trás e vi que Noor caminhava tranquilamente. Um pequeno sorriso pairava em seu rosto como se achasse algo muito divertido, como se visse uma briga de crianças.

Os sacerdotes trataram o ferimento de Jessé. Oficialmente foi informado que ele havia se machucado em uma queda ocasionada em repentina e fortíssima crise de tontura. A recuperação do ferimento foi rápida, porém bastava aproximar-me dele para que experimentasse desassossego, irritação e insônia. Voltava a sentir ciúme, e a lembrança de meu corpo o enchia de desejo.

Mandou vir esposas e concubinas ao quarto. Foi meu deleite.

Descobri que, de alguma forma, ele percebia minha presença, e eu conseguia agir sobre os seus pensamentos e sentimentos. Assim, a recordação do que viveu comigo era constante e sem trégua. Por vontade própria, detinha-se nas lembranças da minha sensualidade e do meu corpo; relembrava o templo, o cortejo da festa de Astarto. Confesso que me fez muito mal assistir às suas lembranças; reconheci o quanto fui infantil e promíscua. Todas as emoções e sensações que experimentei refletiram diretamente nele. Vi sua agitação e o quanto estava confuso. Por fim, ordenou a um escravo que lhe trouxesse duas das mulheres do harém.

Elas chegaram risonhas e submissas, prontas a se submeter a todas as vontades de seu senhor. Ele exigiu que elas ficassem nuas para vê-las. Mas notei que ele apenas as comparava fisicamente com o fantasma da lembrança de meu corpo que o atormentava. Tive perfeita noção de que não era por mim, Dalilah, que ele se consumia, e sim pela forma com que eu havia me revestido e que tanto apetite sexual lhe despertava. Mandou que as mulheres dançassem. Sentei-me ao lado dele e comecei a rir ao ver como elas tinham pouco encanto. Moviam o corpo com relativa facilidade, mas sem sentimento, sem entrega, sem paixão.

Agiam com recato e pudor. Notei que uma estava muito envergonhada.

Se posso agir sobre Jessé, talvez possa agir sobre esta mulher também, pensei, articulando um plano para participar da "festa" que Jessé desejava.

Olhei os músicos; era preciso mudar o ritmo. Aproximei-me e cantei junto ao ouvido do mais jovem a música que eu desejava. O rapaz agitou-se, parecia pensativo, e ao término da música, reclinou-se e disse ao companheiro:

— Vamos tocar algo mais vibrante.

— Qual música? — Indagou o mais velho.

— Não sei, sinto esta vontade. Parece que recordo partes de uma música antiga, mas não consigo executar. Mas ela é forte, vibrante, apaixonada. Ao que tudo indica o senhor Jessé irá apreciar, deve ser parte dos seus desejos, não lhe parece?

O outro lançou um olhar a Jessé, que chamara as mulheres para próximo do leito em que se reclinava e tocava-lhes o corpo, como se tomasse medidas, como se comparasse textura de pele, provasse calor e sabor. Porém, não se satisfez e ordenou que continuassem dançando.

— É agora! Decidi.

Tomei lugar ao lado da moça e antes da música começar

pus-me a lhe falar. Surpresa vi que tinha sobre ela ainda maior facilidade de comunicação do que com Jessé. A música iniciou, mas a moça não se movia, não obedecia à minha orientação. De repente, sensações estranhas e fortes me assaltaram. Um peso puxava-me; tive a impressão de respirar e sentir o sangue pulsando. Era como se eu tivesse um corpo novamente, embora não fosse completamente meu.

— É como cavalgar um animal estranho, novo, que não está habituado a mim — murmurei.

Porém, ouvi a percussão da música. Não era a que eu sugerira, mas era bem parecida. Serviria ao meu propósito.

Resolvi executar meu plano e informar-me depois sobre aquele estranho fenômeno. Comecei a dançar; a mulher era perfeitamente dócil ao meu comando, e entreguei-me à dança com toda paixão.

Conforme eu dançava, usando o corpo da outra, o rosto de Jessé se transfigurava. Vi-o dominado pelo mesmo insano e violento desejo que conheci tão bem enquanto convivemos. Ele esqueceu-se completamente da outra. Agarrou o corpo que eu utilizava e beijava-o com fervor; deslizava as mãos em carícias ousadas e enlouquecidas.

Levei a mulher do harém a comportar-se igual a uma servidora de Astarto. Ela cedia impotente à minha vontade, mas senti que reagiu e impediu alguns de meus atos.

— Pudica! Boba! — Murmurei e insisti com toda minha vontade; ela cedeu.

Jessé delirava. Senti profunda raiva por receber as sensações dos beijos lascivos e das carícias que fazia no corpo da outra. Contive a vontade de esganá-lo, já que não tinha nenhuma outra arma com que pudesse matá-lo, se fosse possível.

O nojo tirou-me o prazer da vingança. Não, pensei. Não preciso me submeter a isso. Decidida, afastei-me da mulher, que caiu desfalecida nos braços de um Jessé tomado de ardor sexual, como se fosse um trapo. Ele demorou alguns instantes a perceber o estado de inconsciência da mulher.

— Muito natural! — Murmurei irritada. — Egoísta até a última gota de sangue!

316

— Jessé, pare! — Implorou a outra dançarina lançando-se sobre Jessé para afastá-lo. — Cloé não está bem. Veja, está pálida e acho que desmaiou.

Ele piscou, aturdido. Respirou fundo, passou as mãos nos cabelos revoltos; nos olhos revelava forte emoção.

— Cloé?! — Exclamou como se estivesse saindo de um transe. — É Cloé.

— Ela morreu? — Indagou a mulher assustada. — Estranhei o comportamento de Cloé, não parecia ela.

Jessé estendeu Cloé sobre o leito e tocou-lhe o peito, sentindo a respiração e os batimentos cardíacos.

— Está viva. Perdeu os sentidos — e olhou para ela com completo desinteresse. — Por instantes, pensei que fosse mesmo outra pessoa. Levem-na daqui — ordenou aos escravos. — Worda cuidará dela.

Voltando-se para a assustada mulher que presenciara aquela cena da qual nada entendia, ordenou friamente:

— Vista-se e vá embora.

Frustrado e sozinho, ele descarregou a ira sobre os objetos que decoravam os aposentos. Arremessou-os, um a um, furiosamente, contra a parede. Rasgou lençóis e cortinas. Até que, exaurido, caiu no leito e ficou remoendo seus sentimentos.

Sorri vitoriosa. Ele estava sofrendo e merecia, segundo meu ponto de vista.

Cansada e certa de que ele continuaria torturando-se o resto da noite, deixei-o e retornei à companhia de Noor.

Todas as atitudes têm um preço. Jessé padecia, e eu também. Não era sem a minha cota de sofrimento que havia o aturdido. Saía do quarto com a mente e o coração em brasa. Irada, revoltada e regozijante. Deliciava-me com a "vitória" da vingança. Rememorava o desespero da frustração dele e ria alto pelos corredores do palácio.

No entanto, estas lembranças vinham mescladas com as de toda violência que suportei junto dele, e elas doíam. Todas as expectativas violentamente frustradas, culminando com uma morte injusta, indigna e brutal.

Eu o odiava, dei-me conta, mas não sabia quando este sentimento nascera. Desejava vê-lo mal, o máximo possível. Senti que tinha força suficiente para esmagá-lo.

Entregava-me a essas ruminações emocionais inconsciente do que fazia comigo. Não via que estava acendendo a fogueira e misturando-me à lenha. Queimaríamos juntos. Por minhas próprias ações, ligava-me, em verdade, algemava-me a ele.

Engana-se quem crê que o ódio separa; ele une dolorosamente os seres. É possível sofrer muito por uma algema de ódio, crendo que se faz sofrer.

Vagava pelos corredores neste verdadeiro rebuliço emocional. Era tão forte o que carregava em meu peito que praticamente esquecera-me de todas as lições e conversas com Dinah, Talita e com os demais trabalhadores da instituição que me socorrera.

Lições teóricas são valiosas, porém vivências imperam. Eis o que se dava comigo. Imperavam vivências dolorosas, imperava minha própria ignorância, polida com alguns ensinamentos que jaziam como sementes em meu íntimo. A vida não dá saltos, nunca deu. A história humana é a grande prova do quanto demora a modificação dos caracteres e quão lenta é a transformação do ser.

Máquinas destroem e reconstroem coisas em pouquíssimo tempo, mas sentimentos, emoções e relações humanas necessitam de muito tempo, paciência, perseverança, coragem e repetições.

Ninguém se diga bom ou santo porque teve um gesto de bondade ou fez um sacrifício de seu bem-estar; repita-o inúmeras vezes até que seja natural e prazeroso. Mas repita-o em condições reais, não em condições ficticiamente provocadas, quando é fácil sorrir e ser paciente, tolerante e amoroso. Isso não apresenta dificuldade, e o mais vicioso dos seres é capaz de bem executá-lo, até porque anseia ouvir os aplausos.

O bem real exige exercício e é praticado na intimidade do coração, não para não ser visto, mas porque em geral não desejamos mostrá-lo. É o exercício da tolerância com aqueles bem próximos, a quem também costuma nos ligar a obrigação.

318

Eu tecia meu futuro com os fios da obrigação e não sabia, e ainda enredava-me com eles.

Embriagada na desconhecida sensação de poder que a ira oferece, adentrei aos aposentos de Noor. Esperava encontrá-la envolta nas mesmas emoções e que surpresa! Nela não restava nenhum indício do que havia se passado há tão pouco tempo naquele mesmo local.

Noor dedilhava uma pequena harpa, extraindo sons delicados e harmoniosos que me falavam de paz. Aturdi-me, não entendi como era possível.

— Você não está feliz com o que fez com Jessé? Por que não está comemorando? Como pode ser tão fria, tão insensível? — Murmurei parada ao seu lado.

Noor voava nos braços da música; estava tão distante de mim quanto à lua. Irritei-me com aquela apatia, com o que interpretei como negação de viver a paixão.

Irritada, incomodada por aquela inesperada reação, que fora como um banho frio, decidi deixá-la e voltei a perambular pelo palácio. A língua dos serviçais era uma fonte de caudalosas informações.

Entreguei-me completamente à vingança; repeti insaciável a minha sádica tortura com Jessé. Dias depois, a frustração sexual tornava-o ainda mais irascível, e as artimanhas políticas colaboravam para enfurecê-lo, e eu, para amontoar as lenhas da sua pira funerária.

Cloé tornara-se uma excelente ferramenta, "meu punhal", era como pensava nela. Usava o seu corpo para enlouquecer Jessé e, por diversas maneiras, recusava-lhe a satisfação. Não reconheci que me comprometia com a infeliz mulher; ela se transformara em verdadeiro saco de pancadas da mente doentia de Jessé.

Ele transferira para Cloé a paixão que nutria por meu corpo. Eu prossegui alimentando aquelas ilusões doentias; enfeitiçava-o, usando o corpo dela. Fazia com que ele não pensasse em outra coisa, dia e noite, senão na necessidade de possuir Cloé. Porém eu jamais participava daqueles atos até o final. A repulsa que me tomava era forte demais.

Como eu transmitia a Cloé todas as minhas emoções, a

pobre mulher julgava que enlouquecia. Pois ora, agia como a sedutora, levando seu senhor ao delírio e depois sentia nojo, raiva, ódio e medo, um profundo medo.

Tornava-se de um minuto para outro a vítima perfeita do estupro. Inúmeras vezes, ela não conseguiu disfarçar as estranhas mudanças operadas em suas emoções, por isso apanhava e muito. Foi brutalmente violentada.

A humilhação somada ao medo, a raiva recalcada no íntimo, e a incerteza quanto à própria sanidade a levaram a um estado de total prostração, profunda tristeza e desgosto da vida. Ruminava com muita rapidez sentimentos destrutivos; sua ira logo se transformou em cólera surda e profunda.

As demais mulheres, ignorando o infortúnio de Cloé, invejavam a atenção que ela recebia.

Confesso que na ocasião não me preocupei com o que fazia a Cloé. Simplesmente fazia. Se ela sofria ou não, pouco me importava. Eu era muito limitada intelectualmente, e julgava que todos o fossem, aliás, não recordo de haver, em algum momento, daquela existência, dedicado algum tempo a pensar nos outros. Tive um ou outro ato de solidariedade, e só. Acreditava que somente eu possuía uma mente; não me importei com todas as pessoas que abandonei, tampouco com o que elas sentiram ou pensaram.

Porém, quando a vida devolveu-me o que havia lhe dado, não gostei, não aceitei e julguei-me uma vítima infeliz com todo direito de fazer justiça contra quem me havia abandonado, usado e tratado sem consideração. Toda a teoria com que Dinah tentou desenvolver meu pensamento e melhorar minhas atitudes foi vã. Repetia, na condição de espírito desencarnado, a mesma forma de agir e pensar de quando encarnada.

Não via Cloé como uma mulher com sentimentos e sensibilidade. Não enxergava que éramos irmãs em humanidade e condição reencarnatória. E que, por tudo isso, deveria compreendê-la e respeitá-la como alguém livre. O mais vergonhoso e puro interesse me movia a usá-la e a pensar nela como se fosse uma boneca de pano ou uma marionete em minhas mãos.

Assumi um grave compromisso.

21
Chamada à responsabilidade

Nos bastidores políticos, os conselheiros do reino tramavam a queda e a morte de Jessé. Acompanhei suas reuniões, insuflei-lhes confiança, ardi na mesma paixão que eles, porém, por motivos diversos. Tinha ódio e sede de vingança; eles tinham ânsia de poder e inveja. Técio definhava. Entre a vida e a morte pedia paz e chamava por Kavi.

— Onde está Kavi? Tragam-no! Não morrerei sem antes lhe falar. Tenho pressa, a infecção desse ferimento consome minhas forças, corram! Tragam-no até mim! — Implorava o nobre conselheiro. — Alguém precisa pensar e proteger estas almas dóceis e inocentes do nosso povo. Eles apenas desejam cuidar do seu trabalho e orar aos deuses. Desconhecem a maldade, a perfídia, a política e a guerra insana. Kavi precisa me ouvir... E, Noor, onde está a vidente?

— No palácio, senhor. Desde a morte do rei Abdulah ela dedica-se apenas à criança — informou o escravo que zelava pelo amo.

— Mande buscá-la, preciso lhe falar — ordenou o moribundo.

Pouco depois, Noor adentrava os aposentos de Técio. Contemplou sensibilizada, mas serena, a extrema fragilidade daquele homem que devotara sua vida ao povo e à paz do reino. Acercou-se do leito; sentou-se ao lado enfermo.

Tércio tinha os olhos fechados; a face pálida marcada por manchas vermelhas; a pele ressecada pela febre constante. Estava magro, praticamente cadavérico, no entanto, quando ergueu as pálpebras havia luz e profunda lucidez refletida no brilho de seu olhar.

— Você veio! Obrigado, Noor — disse o enfermo.

— Como está se sentindo, meu amigo? — Indagou Noor suavemente.

— Perco as forças a cada instante que passa — respondeu Tércio. — Sinto que meu fim se aproxima, e, antes de partir, preciso ver Kavi. Ele é a única esperança. Nosso povo precisa da sensatez, da força e da calma dele. Kavi é pacífico e ponderado, exatamente o oposto de Jessé. Busque-o, Noor. Eu lhe imploro e faça dele o novo líder de nosso povo.

— Eu concordo com você, Tércio. Mas o momento é delicado. Jessé está transtornado, fora de si. Torna-se mais violento e irascível a cada dia. Sempre foi teimoso. Não tem a percepção dos infinitos caminhos que a vida nos oportuniza escolher. Enxerga muito pouco, acredita apenas na força bruta. Para ele, a virtude não faz um homem forte. Desconhece quão poderoso pode ser alguém que mantenha a calma na luta, que controle a tempestade das emoções. Tércio, Jessé é o tipo de homem que luta e perde sempre para si mesmo, não em face do outro. E, neste momento, ele perde reiteradas vezes em um mesmo dia. Vou pensar no que me pede. Não é fácil sair da cidade, todos os portões e muros estão com redobrada vigilância. Kavi encontra-se nas montanhas junto com o sábio Sadoque.

— Chame-o! Lembre-o de que reto proceder implica cumprimento dos deveres; que reto sentir é dar-se inteiro ao amor e reto pensar é ver além dos próprios interesses. Assim como você e Kavi, sou discípulo e amigo de Sadoque. A filosofia que ele ensina fará de Kavi um grande governante. Dê-lhe da sua coragem, Noor. Você é a mulher mais corajosa que eu conheço. E a mais pacífica também. Seu coração, minha amiga, não se entrega à ira e à revolta desgovernadas, mas transforma-as em força e determinação; além disso, você é uma pacifista. Não agride, não extrapola ao se defender. Você entende, Noor, o que é a justiça do olho por olho, dente por dente — não exige maior reparação do que o dano causado. Jessé não entende este princípio de controle emocional, de racionalidade e de justiça no convívio com o semelhante. Mas Kavi o conhece profundamente. Isso o faz sensato e prudente. Ele é seu filho, Noor. Faça-o rei. Você tem força política e tem apoio do povo. Mulher, você é uma lenda viva entre esse povo que a idolatra. Use este poder, eu lhe imploro! Jessé enlouqueceu. Não raciocina, age como um animal dirigido pelas sensações e instintos. Kavi é parecido com você...

— Tércio, o que me pede, é bom que saiba, é praticamente impossível. Jessé vigia todos os meus passos. Será difícil sair do palácio e ir às montanhas, mas eu tentarei. Prometo!

— Eu sei que conseguirá! — Disse Tércio e a exaustão das forças o dominou e o prostrou.

Ao ver que o conselheiro se esvaía, Noor tomou-lhe as mãos e solenemente prometeu:

— Eu juro, Tércio, que tudo farei para cumprir sua vontade.

Kavi era filho de Noor! Por que ela não havia me contado? E que conversa era aquela sobre o caráter pacifista de minha amiga? Como é possível um julgamento assim, pensei.

Deduzi que o moribundo não tinha perfeito entendimento dos fatos, que sua razão estivesse comprometida pela febre e fraqueza física. Afinal, eu testemunhara a forma decidida com que ela se defendera. Não, pacifista ela não podia ser. Pacifista era alguém que se entregava à violência alheia sem reação, ou não?

Confundia agressividade com defesa. Não compreendi que ter caráter pacifista é não agredir, o que é muito diferente de não se defender. Noor agira em resposta a uma agressão, defendera-se. E, nesta ação, não extrapolara nem na forma nem nos sentimentos.

Ela não se envolvera no desequilíbrio do agressor; mantivera-se no perfeito controle, não aceitando a ofensa moral, muito menos permitindo danos e abusos físicos. Era mansa e branda de comportamento, de pensamentos e de sentimentos. Eis a sua força moral.

No entanto, era ágil e atilada como uma serpente, quando se tratava de zelar pelos limites da própria vida tanto física quanto moral, não permitindo abusos ou desrespeito. Demorei muito tempo para compreender que atos de defesa aparentemente agressivos podem e devem ser despidos de sentimentos destrutivos. A consciência e a determinação, ou a face sublime da energia da ira, respondem por sua realização.

Quanto à maternidade e aos "segredos", eu era uma estúpida ingênua. Parecia que toda experiência e aprendizado batiam em um espelho e se projetavam de volta. Não internalizava como sabedoria de viver.

326

Se temos segredos para nós mesmos, e se são muitos, tantos que com frequência nos surpreendemos com nossas atitudes, por que a pretensão de querer conhecer tudo a respeito do outro? Ou crer que conhecer alguém seja sinônimo de saber um relato de fatos. Ingenuidade. Conhecer alguém é ser capaz de identificar mecanismos que o movem como: valores, sentimentos predominantes, crenças. Isso nos torna capazes de prever atitudes.

Mas antes de adquirir esse olhar mais atento e profundo sobre o outro, era preciso desenvolvê-lo sobre mim. Sem enxergar meu íntimo não era possível enxergar o do outro.

Acompanhei Noor após a visita, mas sentia-me só ao seu lado. Não conseguia captar-lhe o pensamento ou suas sensações, como fazia tão bem com Cloé e Jessé. Ela me parecia inatingível, como se repousasse serenamente no alto das montanhas e eu, do vale, apenas a observasse.

Deduzia por sua fisionomia séria que estava refletindo profundamente sobre os problemas do reino.

É uma boba, pensei. Que lhe renderá esta dedicação? Nada. Mal formulava essas ideias quando me ocorreu que Noor nunca esperava retribuição de qualquer tipo. Ela é estranha, julguei. Recordei o que sabia a respeito da sua vida. Já sofrera muito. Salvo a violência, confessei a mim mesma, ela carregava uma vida de maior sofrimento que a minha. Éramos diferentes, muito diferentes. Noor era uma concubina do palácio; esta era sua condição social, porém isto não era verdade.

Ela transcendia, era, de fato, a rainha, e todos, dentro e fora do palácio, reconheciam-na como tal. E ela não alterava sua conduta. É como se dissesse a todos: sou o que sou por ser quem e como sou. A realeza não vinha do reconhecimento externo, brotava de seu espírito. Ela tinha a soberania da elevação espiritual naquele meio bárbaro.

A imagem de Helena veio-me à mente juntamente com as lições que me ensinou. Noor era a representação viva do espírito feminino que Helena cultivava com tanto zelo em suas discípulas. Sim, senhora. Não é resposta para tudo na vida. Calar e acatar sempre não é conduta adequada, permite abusos, desrespeito, desvalor, menosprezo, além de cumplicidade com os vícios alheios.

O choro da menina interrompeu a meditação de Noor. Imediatamente, ela dirigiu-se ao cômodo contíguo onde a escrava embalava a pequena sem conseguir acalmá-la.

— Deve estar com fome — disse Noor, tomando Lilah dos braços da escrava. — Chame a ama de leite.

Enquanto aguardava, Noor conversava com o bebê que se tranquilizou em seu colo e até emitia sons alegres como se ansiasse falar com ela.

— Linda! — Brincou Noor acariciando o rostinho da menina. — Tão linda como a mulher que lhe deu a vida. Você é uma menina de sorte; tem duas mamães. Dalilah, a mamãe que lhe deu este corpinho perfeito, e eu que desejo cuidar para que você, Lilah, tenha uma alma tão linda quanto promete ser esse rostinho.

Sentei-me, aturdida diante das palavras que ouvi. Aquela menina era minha filha! Como? Por que eu não havia lembrado dela? Como podia ser...

Espantada, assisti o retorno da escrava com a ama de leite e testemunhei o devotamento e a alegria com que aquelas mulheres cuidavam de Lilah. Alimentaram-na, fizeram a higiene, brincaram, e a colocaram de volta no berço onde ela ficou sentada entre pequenos brinquedos de pano. Quando elas se afastaram, eu me aproximei. Detalhadamente examinei a menina. Reconheci meus traços no rostinho pequeno; estavam misturados aos de Jessé. Lilah tinha os cabelos escuros, negros como os do pai. Mas a pele era clara. A menina era perfeita. Um bebê lindo, como dissera Noor. Mas chamou-me a atenção uma grande mancha vermelha em sua mão.

— Jessé! — Murmurei recordando que ele tinha uma mancha idêntica no ombro direito. — Um sinal de família. Como posso não me lembrar do nascimento dela? Por que Dinah...

Vergonha! Este sentimento atingiu-me como uma bofetada ao evocar a convivência com a bondosa mentora da instituição espiritual que me acolhera. Será que ela sabia o que eu estava fazendo? Não foi para o que eu fazia que ela havia me trazido ao palácio. Olhei, outra vez, Lilah brincando. A necessidade de saber foi maior que a vergonha.

Retornei ao salão real, local de minhas últimas lembranças enquanto encarnada. Estava vazio. Senti profundo mal-estar ao recompor os fragmentos de minha memória. Sentei-me no trono, forcei a reconstituição do que fora o fim da minha existência carnal. Porém não avançava além da bofetada, da queda violenta, e da sensação de ardência na pele como se fosse cortada por afiada faca, e o sangue estava se esvaindo, a fraqueza se apoderando de mim até a inconsciência. Ah, que agonia!

— Amigos do templo de Astarto — murmurei com sentido chamado. — Socorram-me, eu peço. Ajudem-me, preciso entender.

Entregava-me à busca interior por compreensão quando senti um toque firme, masculino, sobre minha cabeça. Ergui o olhar e deparei-me com Estéfano, calmo a contemplar meu sofrimento.

— Em que posso ajudá-la, Dalilah?

— A menina... Noor disse que é minha filha. Mas eu não lembro. Como pode ser? — Indaguei aflita. — Quero, preciso saber.

— Você acredita que a consciência desse fato mude algo em seus sentimentos?

— Talvez, Estéfano. Eu não sei. Mas será que o desconhecimento e a agonia de não recordar são benéficos?

— Nem sempre, Dalilah. Mas considere que lembranças dolorosas podem agravar sentimentos de irritação, desgosto e ódio. Infelizmente, para você mesma, seus últimos atos tem sido de ódio contra Jessé. Este sentimento não lhe traz qualquer benefício. Seria mais sábio perdoá-lo...

— Nem que a própria Astarto venha ordenar-me, não poderei obedecê-la. Está além das minhas forças ser bondosa com aquele bárbaro, violento e possessivo — retruquei.

— Dalilah, você faz mal a si mesma. O perdão não beneficiaria nem libertaria Jessé de coisa alguma. O perdão não age em favor do perdoado, mas de quem perdoa. Você se liberta de uma situação emocional escravizante e destruidora, construída com o ódio e o rancor. Perdoando, você se afasta, se liberta. Mas como disse: nem que Astarto lhe ordene você não perdoará. Então só resta um caminho: o cumprimento rigoroso das leis da vida. Através dele você aprenderá a duras penas o que estou tentando lhe ensinar. Perdoar seria um ato de inteligência e de bondade consigo mesma. Deixemos este assunto, mas pondere sobre o que lhe falei.

— Não me confunda, Estéfano. Por favor, ajude-me! Eu quero saber...

— Está bem, menina. Foi para isso que atendi a seu chamado. Mas deixe-me alertá-la que quanto mais sabemos maior é nossa responsabilidade.

Ascendi com um gesto de cabeça e o fitei esperançosa, murmurando:

— Por favor...

Estéfano, com gentileza, fez com que eu sentasse ereta. Colocou-se às costas do trono. Abraçou-me, envolvendo a cadeira e pousou a mão direita sobre meu peito e a esquerda sobre minha testa. E falou comigo emitindo muita calma. Relaxei, entreguei-me ao fluxo de energia com que ele me cercava e, dócil, obedeci a todas as suas instruções. Visualizei a minha frente uma grande tela branca.

— Muito bom — incentivou Estéfano ante a informação de minha visualização. — Concentre-se profundamente e veja as imagens de sua própria vida. Veja, Dalilah, as cenas que busca. Recrie. Use as informações que estão em seu íntimo, liberte-as e leia também o que está neste ambiente.

Imediatamente cenas surgiram na tela. Vi o nascimento de minha amizade com Noor, o difícil relacionamento e a aversão pelas outras mulheres do harém, a péssima convivência com Jessé, a ilusão de que o nascimento de uma criança mudaria a minha vida, tornando-a melhor.

Emocionei-me com a recordação da atenção carinhosa de Kavi. Constatei que ele e Noor foram meus primeiros amigos; as únicas pessoas que não tiveram nenhum interesse ou expectativa ao se relacionarem comigo. Lágrimas escorreram

330

por meu rosto. Mas as imagens pareciam ter vida própria e prosseguiram.

Rever a preocupação de Noor em salvar a mim e a Kavi da intriga mortal levou-me a reconhecer minha ingenuidade, falta de inteligência e habilidade política. Eu era muito tosca; fora das artes da sedução e da dança, não havia nada.

Kavi acatara o plano de Noor e deixara a cidade na mesma noite. Refugiara-se nas montanhas e lá permanecia. Eu ficara e, ignorante e altiva, desfilara ante as intrigantes mulheres do harém, olhando-as com desdém e falando provocativamente a respeito do poder que exercia sobre Jessé. Menosprezei-as como mulheres. O preço foi pago logo em seguida.

A cena dos guardas arrastando-me pelos corredores com total descuido com meu corpo volumoso de final de gestação. Depois sucedeu o horror de ver a expressão de ódio no rosto de Jessé e seu total descontrole emocional. Ouvi as vozes dos conselheiros autorizando minha condenação sem que eu, ao menos, pudesse dizer uma palavra em minha defesa.

— Eu estava grávida! Esperava um filho de Jessé — murmurei. — Eu o odeio pela rejeição, pela calúnia, pela violência. Ele me traiu, não me protegeu como eu esperava. Ao contrário, foi meu algoz. Desgraçado! Nada foi capaz de detê-lo, nada... — comecei a chorar.

Revivi o desespero, o medo e a agonia daquele momento. Senti que iria desfalecer e registrei a intervenção de Estéfano:

— São reminiscências, Dalilah. Concentre-se em seu objetivo. Você pode prosseguir vendo o que aconteceu. Controle-se e veja.

Respirei devagar e profundamente. Vi meu corpo desfalecer e cair, senti a lâmina afiada cortando-me o pescoço e enxerguei Noor correr em minha direção e passar um punhal em meu ventre arrancando a criança ainda com vida.

A ação de Noor pegara de surpresa os homens reunidos no Conselho. Eles não a esperavam, muito menos presenciar um parto feito naquelas circunstâncias. Ouvi murmúrios e gritos espantados. Vi expressões de horror, rostos pálidos, assustados. E ela trabalhava ao lado de meu cadáver no afã de salvar a criança.

331

Quando o bebê chorou, o salão foi tomado pelo silêncio; o medo era quase palpável.

Noor cortou o cordão umbilical com o mesmo punhal com que abrira meu ventre. Ela tinha a túnica molhada e suja, as mãos vermelhas de sangue e os olhos chamejantes de indignação. Agarrando a criança contra o peito, encarou cada um dos conselheiros, a Jessé e ao próprio rei, que, a distância, acompanhara toda cena. Nenhum deles se moveu; pareciam cataléticos, tal a imobilidade.

— Vocês são bárbaros! — Acusou Noor. — Como podem orar nos templos e fazer oferendas à deusa da vida? Como ousam evocá-la? Como ousam pedir-lhe proteção? Não veem que destroem a obra da natureza, que é Dela? Se são capazes de matar um ser indefeso ainda no ventre materno o que mais não poderei esperar de vocês? Acham-se poderosos, soberanos, dominadores, não é mesmo? Pois eu lhes digo que vocês e o mundo que desejam construir são coisa bem triste, pobre, miserável de amor e afeto. A sabedoria da vida criou as forças masculinas e femininas, ambas são necessárias ao equilíbrio. Nesse mundo que vocês constroem só há lugar para a ira, para a destruição, para a violência. Egoístas! Não são capazes de ver que semeiam as próprias colheitas? Que tipo de vida esperam ao lado de mulheres oprimidas, vítimas da violência e da insegurança que carregam dentro de vocês mesmos? Fazem delas o objeto de sentimentos desgovernados. Pelos deuses, não veem que obstruem os caminhos da vida? Que oprimindo, violentando, menosprezando, agredindo física, moral e emocionalmente as mulheres vocês acabam por ferir a si mesmos? Não lhes ocorre que para serem homens e estarem aqui mandando e dominando precisaram ter uma mãe? Precisaram de um corpo feminino que os gerasse e alimentasse, e um dia foram tão frágeis quanto este bebê? Mas esqueceram-se! Sim, é cômodo e é fácil. Mas, advirto-os de que não vivemos uma única vez sobre a Terra. Tudo o que fazem, invariavelmente, voltará para vocês.

Noor calou-se. O bebê chorava. Os homens permaneciam estáticos e calados. Subitamente pareceu que ela perdera as forças. Passou a mão suja com meu sangue sobre o rosto e as contemplou; ainda segurava o punhal com firmeza.

Lentamente ela abriu os dedos e deixou-o cair a seus pés. Ergueu a mão suja e disse:

— Minhas mãos estão sujas com o sangue da vida, que é dado pelas mulheres. A consciência dos senhores manchada com o sangue da morte desta e de muitas outras mulheres. Dalilah deu à luz em sua morte. Esta menina me pertence, é minha filha e filha das deusas. Se os senhores pretendem que a vida não se extinga, deixem que esta mulher, que nasceu em situação tão adversa, viva. Ou a ira de vocês não terá, no futuro, a quem assassinar.

Jessé foi o primeiro a recuperar-se e falou irado, porém contido:

— Ela não é minha filha!

— Mais uma razão que lhe tira o direito de matá-la. Você acusou, julgou, condenou e executou Dalilah. Ela está morta. A menina é inocente e me pertence. Não se atreva a tocá-la — retrucou Noor, encarando-o e falando com autoridade.

— Você é uma bruxa! Domina o rei com sua feitiçaria — acusou Jessé.

— Cale-se! — Ordenou o rei Abdulah ao filho Jessé — Eu sou o rei e não admito insultos. Você trouxe ao Conselho uma situação de alegada desonra. Como disse Noor, você já recebeu a justiça que buscava. Dalilah está morta. Noor me pertence e dou-lhe a criança.

Dirigindo-se a concubina Abdulah determinou:

— Saia daqui, Noor.

Após a saída de Noor, o rei se retirou do salão seguido pelos conselheiros que se dispersaram pelo palácio. Estranhamente nenhum comentário, nenhuma palavra foi dita a respeito dos fatos envolvendo o bebê.

Jessé ficou sozinho, com as mãos e as vestes sujas com meu sangue. Contemplou aquele corpo estraçalhado. A sujeira e o mau cheiro. Empalideceu, cambaleou como se estivesse tonto, apoiou-se no trono e vomitou até a exaustão. Desnorteado, com dificuldade, ergueu-se e saiu do salão. No corredor, encontrou dois soldados aos quais ordenou:

— Queimem-na no deserto. E mandem os escravos limparem o salão.

A última cena que vi na tela foi Jessé embriagado, encerrado em seus aposentos. Era um exemplar do quanto pode se degredar um ser humano. Virara um traste qualquer.

— Dalilah — chamou Estéfano com voz serena e baixa.

Eu o olhei sem enxergá-lo, como se meu olhar o perpassasse. Estava mergulhada em meus sentimentos. Minha admiração por Noor crescera ainda mais. Como eu gostaria de ter a força interior dela! Naquele instante meus laços de afeto com Noor intensificarem-se.

Ela provara ser minha amiga. Não havia nenhum interesse em suas atitudes. Na confusão que era minha mente, no redemoinho tempestuoso das minhas emoções, naquele momento reconheci que amava alguém, e que este sentimento era isento de conotações sexuais ou do meu doentio desejo de segurança e proteção. Noor dava-me uma amizade desinteressada, e eu retribuía. Meu sentimento era marcado por gratidão e profunda admiração. Aprendi a amar Noor como se ama a uma líder ou a um guia espiritual.

Criar Lilah, como sua filha adotiva, depois de tudo que ela me contara sobre os sofrimentos que experimentava na maternidade, sobre as mulheres que, ao darem à luz uma criança do sexo feminino, a matavam, preferindo a morte da filha à condenação, a uma vida de sofrimento, era um ato de heroísmo.

Teria sido mais fácil deixar a criança morrer. Mas a ação de Noor fora muito clara — agira de forma premeditada e com o propósito de salvar o bebê. Ela escrevia uma página de amor e devotamento ao semelhante ao lado da pequena. Pensando nisso, reconheci o quanto minhas atitudes haviam sido egoístas. Não recordava um único ato em que eu houvesse me devotado, por milésimos de segundo que fosse, a alguém.

— Sou um ser humano muito pequeno — murmurei. — Sou miseravelmente egoísta. Eu jamais agiria como Noor, eu nem sequer pensaria na outra vida ligada àquele corpo. Não enxergaria esta possibilidade de vida na morte. Pobre menina! Que nascimento horrível!

— Dalilah, tudo depende dos olhos com que vemos os fatos. Eu vejo um nascimento glorioso, uma vitória da vida sobre a morte. Vejo, no nascimento de Lilah, o despertar de uma nova consciência para muitos que o presenciaram. Vejo-o, ainda, como sementes desta nova consciência para outra. Ouvi o que você disse. Sua reflexão é um fruto do nascimento de Lilah germinando ao seu tempo. Assim ocorrerá com outras pessoas.

Registrei a colocação de Estéfano como se viesse de muito longe, como se o vento trouxesse aqueles sussurros aos meus ouvidos.

Ainda rememorava os fatos e, passado meu encantamento por Noor, a lembrança de Jessé reacendeu as labaredas do ódio e estremeci.

— Tenha calma, Dalilah. Pondere os fatos. Use a razão — admoestou Estéfano. — Algumas emoções brotam com muita intensidade em nossos seres, especialmente se não as confrontamos com a razão. São guias cegos. O ódio nasce da raiva que pode ser provocada por fatos corriqueiros e até por crenças equivocadas. Não se deixe dominar, Dalilah. Reflita! Não há vítimas e algozes, somos apenas criaturas em busca de crescimento. A variável é o empenho na busca. Jessé é um legítimo fruto da cultura onde nasceu e vive. Ele, como todos os homens de seu tempo, creem que a mulher integra seu patrimônio, que ela seja algo seu. Não as veem como alguém, como sujeito de direitos, como merecedora de respeito. Não. É um bem, de menor valor necessário à reprodução. Igualar-se a ele, insistindo na violência, não lhe trará nenhuma felicidade. O regozijo da paixão satisfeita é intenso, bem sei, porém é passageiro. A glória que você sente ao impingir-lhe a tortura mental do desejo insano e da insatisfação não extingue a dor que você carrega. Ela se renova com seus pensamentos, observe. O sofrimento precisa ser extinto em nosso íntimo. Mude, Dalilah. Mude suas crenças, mude sua mentalidade, transforme-se, veja a vida com os olhos da abundância, da confiança, pense em você e no seu crescimento; é assim que será feliz. Retire desta ira enorme a força da determinação para suas ações futuras. Mas pare agora com esse sofrimento. Não o jogue para fora. Isso apenas vai multiplicá-lo. Não culpe os outros; assuma a sua responsabilidade; apague as chamas da revolta e do ódio; faça cessar dentro de si o sofrimento. Este é o caminho da cura da dor.

Dinah, em suas lições, havia me ensinado teoricamente ideias semelhantes. Na ocasião, eu vivia uma apatia emocional que não sei explicar, creio que era o desejo de fugir à consciência plena do que fizera de minha vida e como ela chegara àquele fim estúpido e cruel. Não queria ver como eu mesma caminhara e contribuíra para a sua realização.

No entanto, naquele instante, as palavras de Estéfano ganhavam outra dimensão. Eu compreendia do que ele falava. Sabia exatamente a que tipo de prazer e de dor estava se referindo e das sensações de cada um deles. Conhecia o inferno daquela gangorra emocional, e tinha ciência de que ela viciava.

O caminho de cura apontado era perfeitamente racional e compreensível até mesmo para uma criatura que, como eu, naquela época, era pouco afeita à reflexão. Eu conseguia ver que não haveria quem me desse paz, segurança, felicidade, esquecimento; era preciso construí-los em mim, com o meu esforço e de dentro para fora.

— Dalilah, você viu o estado de Jessé antes de reencontrá-lo. Ele se degrada nos vícios de todos os gêneros. É um déspota, odiado por todos. Abdulah morreu dois meses depois do nascimento de Lilah. Foi uma morte súbita e natural. Jessé tomou posse, pois Kavi não estava aqui, e o conselho, na ausência de uma deliberação de Abdulah, não tinha razões para se opor e provocar uma rebelião interna. Jessé era o chefe dos exércitos. Mas é um péssimo governante. Os vícios que entretém como pessoas esparramam-se pelo reino e isto é ruim. Sua ação sobre ele torna-o pior. Ele tem sido sanguinário, suas decisões nas disputas trazidas a seu conhecimento são as piores possíveis. Deveria primeiro pensar em conciliar as pessoas, em fazê-las abdicar das armas e resolver suas controvérsias de forma pacífica e humana, mas, não, Jessé age como um animal enfurecido que trucida sem pensar por simples irritação. Dalilah, cada morte que ele comete, neste estado, em parte é responsabilidade sua. Sei que o odeia pela violência com que a tratou e pela crueldade do assassinato, mas a morte de outras pessoas não altera aqueles fatos. Lembre-se: o sofrimento precisa ser extinto dentro de nós, seja ele de que natureza for. Se o esparramamos à nossa volta estamos nos condenando a viver com ele multiplicado. Pense, Dalilah!

Após essa advertência, ele fez uma suave carícia em meus cabelos, sussurrou uma despedida e deixou-me sozinha, entregue ao meu conflito interior.

22
Coroação

Permaneci naquele salão por um tempo que não sei determinar. Vi o alvoroço nos corredores com o agravamento da saúde do conselheiro Tércio. Era normal e esperado, pensei. Estava muito mal; ninguém, nem nenhum tratamento, resultara em melhora; assim, a morte era previsível. Não entendia o motivo da agitação.

Política era uma arte que eu desconhecia por completo. Não conseguia imaginar como alguém que não fosse o rei ou o líder podia causar aquela comoção e desatinada preocupação com o futuro.

— Jessé é o rei. Não vejo o que a morte do conselheiro possa trazer de alteração — murmurei na tarde em que anunciaram oficialmente a morte dele.

A todo instante entravam conselheiros e líderes tribais no salão; reuniam-se pelos cantos e cochichavam. Tinham as expressões carrancudas, tristes, perturbadas. Notei que o conselheiro era um homem muito bem-relacionado e que tinha amigos fiéis.

— Desde o reinado de Abdulah nosso bom amigo Tércio tem sido decisivo para o progresso de nosso povo. Foi um dos homens mais honrados que tive o prazer de conhecer e com que tive o privilégio de conviver — disse um conselheiro de aparência muito moderada. — Ele sempre deu o melhor de si em todas as tarefas que abraçou. Fica em minha memória a mensagem dele: primeiro, agora que éramos um povo próspero, tínhamos que investir na educação do povo; e, segundo: a respeito de nosso reino, não bastava que, além de nossas fronteiras, não tivéssemos inimigos, precisávamos ter amigos.

— Tércio viveu a filosofia que estudava: reto pensar, reto sentir, reto proceder — falou o outro que aparentava ser um líder de tribo do deserto. — Nunca presenciei que ele adotasse uma

340

atitude violenta ou agisse no calor da paixão. Era um homem de bons sentimentos, controlado e profundamente racional.

Ao ouvir aquelas colocações, rememorei outra vez a cena de minha condenação e execução. Detive-me em identificar os conselheiros. Busquei o semblante do falecido e não o encontrei. Tércio não participara daquela bárbara reunião. Prestei maior atenção aos comentários que cercavam seu passamento.

— Foi um grande ser humano, sábio, inteligente, verdadeiramente interessado pelas coisas públicas. De fato, todos sabemos, ele era o governante desde Abdulah — falou o conselheiro. — Nosso falecido rei era um bom homem, sabia a quem delegava autoridade e poder. Tércio era quem comandava a cidade. Ele sabia de tudo e em todas as causas era ouvido. Aliás, Abdulah tinha bons auxiliares: Tércio e Noor, ela é a ponderação em pessoa, e seus dons prestam um serviço essencial à condução do reino. Felizmente, Jessé os manteve. Mesmo com os desvarios e abusos que tem cometido, não chegou a prejudicar o reino. Mas agora, sem uma voz firme que lhe dê um basta e saiba conduzir os negócios públicos, em uma palavra, que saiba governar, temo que ele se torne um tirano sanguinário. Temos visto que ele mata por nada. A vida humana para ele é destituída de valor em si mesma. As pessoas são objetos, são animais para seu serviço. É um pensamento intolerável que ele trate assim as mulheres do seu harém!

— Jessé é o contrário: falta-lhe racionalidade, é uma criatura dirigida pelas mais selvagens paixões — comentou o líder. — O que é temerário em um governante. Partilho de suas preocupações, conselheiro. Mas existem saídas... não seria o primeiro rei a...

— Sim, sim, sabemos — atalhou o conselheiro, interrompendo o líder. — Tércio tomou providências, digamos, última ação em favor do povo. Contou-me que seu escravo foi com Noor, que ele manteve seu diálogo final e que trataram da sucessão...

— Kavi? — Indagou o líder em tom baixo.

O conselheiro apenas fez um discretíssimo gesto de confirmação. Trocaram mais algumas palavras e saíram.

341

Que coisa estranha! Pensei. Lamentam a morte de um homem, choram por ele. No deserto, durante minha infância e primeira juventude, a violência era tão grande que tornara a morte banal. A todo instante matavam. Viver era fugir.

No templo, o culto era pela vida, pela fertilidade. Os prazeres da carne eram valorizados. A sensualidade imperava, não se pensava na morte, senão como um sacrifício, algo natural e necessário.

Recordei os dias que vivi com Naama. A influência da religião e da cultura egípcia fazia com que ela e as mulheres que viviam na chácara, sob sua liderança, pensassem na morte e, com ela, se ocupassem. A religião egípcia preocupava-se com a morte e o cuidado com os mortos em razão da continuidade da vida da alma. Pouca importância dei àquelas lições, mas agora vivia a realidade do prosseguimento da vida.

Mas Tércio era a primeira pessoa que eu via ser pranteada. Comoveram-me as demonstrações de afeto que presenciei, as lembranças carregadas de afetividade e bons exemplos. O conselheiro deixara marcas construtivas nas pessoas e nas coisas. Lembrei-me dos dois soldados que acenderam minha pira no deserto e do que disseram enquanto os havia acompanhado. Não haviam dito uma única palavra positiva a meu respeito. Incineraram meu corpo como se queimassem roupas velhas e rasgadas, imprestáveis. Invejei o conselheiro morto.

Incomodada, resolvi deixar o salão. Embora houvesse cessado minha ação sobre Jessé e Cloé, isso não significa que cedera ao chamado à responsabilidade e à consciência feita por Estéfano. Eu tinha esquecido nosso encontro, apenas isto.

Refletir sobre si mesmo pode causar muito mal-estar. Não gostei de reconhecer que invejava a morte do outro. Se era capaz de invejar isso, com certeza, procurando, descobriria a inveja como móvel de outras ações. Definitivamente, isso não podia ser verdade, eu era uma pessoa boa, tudo que desejava resumia-se à segurança e à comodidade. Que mal podia haver? Claro, estava enraivecida, mas eu tinha razão: fora uma vítima da brutalidade de Jessé. Era justo que ele pagasse.

Bastou esse simples pensamento para o inferno íntimo reacender suas labaredas. A dor, a revolta, a humilhação, a traição dele doeram como uma ferida aberta. Quando dei por mim, estava na mesma sala que ele.

— Senhor, o incidente ocorrido na reunião do Conselho foi mantido em segredo. O povo nada sabe a respeito da causa da morte do Conselheiro Tércio, mas teremos de dar a notícia oficialmente e promover um funeral digno de um homem de estado...

— Cale-se! — Gritou Jessé. — Pouco me importa como serão as cerimônias em memória daquele traidor. Não me interessa, este é o seu trabalho. Faça o que deve ser feito, mas me poupe dos detalhes. De minha parte, que o lançassem no deserto. Os abutres se alimentariam da carniça.

— Sim, senhor — respondeu o homem, abaixando a cabeça, escondendo o rosto vermelho de ira e vergonha com a forma como o tratava o governante.

— Desapareça daqui! Estou cansado de ouvir reclamações. E de gastar tempo com bobagens que até mulheres são capazes de resolver. Ora, que me interessa cerimônia fúnebre e a opinião do povo sobre a morte de um conselheiro? Isso não lhes diz respeito. Devem trabalhar, plantar, fiar, criar ovelhas e bodes, sim, rebanhos e plantações, são com essas coisas que o povo deve se preocupar. É assim que teremos nossos armazéns abastecidos, nosso tesouro será rico. Eu cuido da guerra e do exército — xingou Jessé, falando para si mesmo. — Ah, odeio essa rotina, sinto-me um escravo deste palácio. Estas paredes me sufocam. Era só que faltava: planejar cerimônia fúnebre! Em breve, terei que determinar o que cada um come, em cada refeição. Absurdo!

— Sim, senhor. Perdoe-me, por favor — falou o servidor ainda cabisbaixo. — Sairei logo, senhor. Apenas mais um item: é necessário providenciar um substituto para o lugar do conselheiro Tércio. Como o senhor sabe, ele detinha a responsabilidade pelo funcionamento da cidade e por muitas questões do reino.

— Não tenho vontade de pensar nisso agora. Verei depois — respondeu Jessé, mal-humorado, irritado.

— Sim, senhor. Mas lembre-se: é urgente...

Um pontapé desfechado sobre o peito do servidor foi a resposta de Jessé. Vendo o homem cair com olhar desnorteado e enfurecido, riu e o chutou novamente com menor violência, mas com desdém como se chutasse para fora um animal que estorva.

O servidor ergueu-se; seus olhos estavam rajados de sangue; a face vermelha e a respiração acelerada. Recolheu o material de trabalho que carregava consigo e abandonou a sala sem cumprir nenhuma das formalidades que devia prestar ao rei.

— Insolente! — Resmungou Jessé, ao notar a ira calada do servidor e a atitude de rebeldia.

Dirigindo-se ao escravo que ficava parado junto à parede pronto para servi-lo durante todo o dia, ordenou:

— Traga-me vinho! Muito vinho e mande vir as mulheres do harém. Quero vê-las dançar. Um homem precisa se distrair para não enlouquecer neste palácio. Eu era feliz, muito feliz, antes de meu pai morrer. Ah, o que não daria para voltar àqueles dias!

O que sucedeu com a chegada das mulheres e da bebida foi o reinado dos instintos e das sensações. Usei Cloé impiedosamente. Sem o saber, tirei-lhe por completo a consciência, dominei-a, paralisei-lhe à vontade e fiz dela um joguete como um gato faz com sua caça e, tendo-a sob domínio, a jogar entre as patas, divertindo-me até matá-la. Somente a larguei quando não contive as náuseas de repugnância com a proximidade do homem que odiava. Então, a abandonei à brutalidade de Jessé, alcoolizado ao extremo.

A degradante cena de rejeição e violência sexual repetiu-se, como em inúmeras ocasiões. Porém, desta vez, tinha a agravante de uma plateia de mulheres submissas que, após a barbárie, ainda lançaram olhares acusadores à jovem, condenando-a como mulher com palavras insensíveis.

Cloé fugiu em desespero do salão; o pranto lavava seu rosto, e os soluços ecoavam pelos corredores. Eu me sentia cansada, vazia e sofrida após esses embates. Meu sádico prazer se esvaía no momento da consumação da vingança, mas não levava consigo meu ódio nem meu sofrimento que, nesses momentos de cansaço e vazio, voltavam a florescer dentro de mim. Era uma sensação horrível, de inenarrável infelicidade.

Foi nesse estado que assisti à fuga da moça. Com esforço, pois me faltava energia, era um bagaço humano em forma de espírito, a segui. Ela corria, como se mil demônios a perseguissem. Em meio aos soluços, murmurava:

— Odeio esta vida! Não suporto mais esta tortura!

Na ocasião, ouvi e até senti piedade por ela. No entanto, não considerei ter qualquer responsabilidade no estado mental e emocional de Cloé. Tampouco interpretei devidamente a intenção que ela anunciava em suas palavras e foi, espantada, que a vi lançar-se em um dos poços artesianos dos pátios do fundo do palácio.

Inúmeros escravos e serviçais correram para o poço, mas era tarde demais. A ação de Cloé fora rápida, tomara a todos de surpresa. Tudo o que fizeram foi ouvir seus desesperados e sofridos soluços ecoando amplificados pela acústica do poço seguido do baque de seu corpo no fundo, quase seco, de pedra. O sol ainda incidia em parte do poço e, quase de imediato, se viu a pouca água tingir-se de vermelho.

— Precisamos resgatá-la — disse um dos escravos. — Talvez ainda esteja viva.

Ato contínuo, amarrou a corda da roldana em torno da cintura e disse aos demais:

— Vou descer. Segurem a corda e me puxem quando eu gritar.

Outro grupo afastou-se em direção ao interior do palácio para avisar Worda. Eu fiquei ali, assustada e apática. Tremia da cabeça aos pés e sentia muito frio. Nesse estado, vi içarem o escravo que trazia o corpo de Cloé e apenas anunciava aos demais a notícia esperada: ela estava morta.

Deitaram-na no chão do pátio. Reuni minha coragem e lancei um olhar ao corpo. Fiquei estarrecida: junto ao cadáver o espírito de Cloé ainda chorava tomada do mesmo desespero com que se lançara ao poço.

Ouvi choro e frases desconexas; vozes femininas altera-das; era Worda e algumas servidoras do harém que chegavam ao pátio e reuniam-se em torno da morta. Mas estavam todos abalados, descontrolados, não sabiam o que fazer.

De repente, outro grupo se aproximou. Abriram espaço, e identifiquei Noor à frente de algumas escravas.

Ela estava pálida; os vestígios do choque com a notícia do suicídio eram visíveis em sua fisionomia. Mas ela lutava por controlar as emoções e acercou-se do corpo de Cloé, examinando-a e constando a morte.

Lágrimas corriam por suas faces quando ordenou as escravas:

— Levem-na e preparem o necessário.

Depois ela ouviu o relato dos que haviam presenciado o suicídio. Olhou em minha direção, mas não deu mostras de perceber minha presença, e, com a voz embargada de tristeza, disse:

— Pobre alma! Fará uma jornada de dor e sofrimento. Peçamos aos deuses que aliviem o seu pesar e a perdoem pelo ato impensado.

Que jornada? Indaguei em pensamento. A alma de Cloé permanecia em desespero à beira do poço.

Nos dias seguintes, mesmo após o funeral sumário, a alma de Cloé permanecia chorando desesperada e arras-tando-se no mesmo local, como se aquele momento de consumação não houvesse acontecido. Horrorizava-me a cena. E tive desejo de ajudá-la.

Jessé tomara conhecimento do ato da jovem, dois dias depois, quando se recuperava da embriaguez. Presenciou o acendimento da pira funerária no mesmo local onde fora acesa a que queimara meu corpo. Ele parecia torturado, vítima de um mal-estar maior e, sobretudo, mais intenso e profundo do que o de uma simples ressaca.

E ele sofria, mas tratou-se como sabia, o que é óbvio. Aumentou o consumo de álcool e drogas oriundas da corte do Egito e que o deixavam prostrado por horas e dias. Eu nada fiz naquele período, a não ser regozijar-me por ver no que ele se transformava.

346

Vi Noor afligir-se. Os conselheiros a buscavam em procissão. Por fim, os líderes do exército que eram fiéis a Jessé foram até ela oferecer-se para conduzi-la às montanhas e trazer o jovem Kavi de volta à cidade em segurança e expuseram o plano para retirar Jessé do poder.

Eles não falaram, mas Noor sabia que não haveria como ocorrer a sucessão sem haver a morte. Não lhe pediram ajuda, nem ao menos comentaram o que fariam. Pediram que ajudasse a vida, a continuidade da vida do povo, da prosperidade e da ordem no reino. Objetivos que, mesmo sendo estrangeira, ela sempre promovera.

Sob a luz das estrelas da madrugada ela partiu em direção às montanhas escoltada por uma pequena guarda, levando sua escrava mais fiel e a pequena Lilah, que não julgara prudente deixar no palácio.

Acompanhei a comitiva. Testemunhei o carinho e o cuidado de Noor para com a menina. Enterneci-me com aquele devotamento e encantei-me em ver um brilho alegre e doce nos olhos de Lilah ao contemplar Noor. O sorriso aberto, os bracinhos estendidos confiantes, havia sentimentos e emoções na menina. Isso transparecia em seus gestos, em suas carícias infantis. Como eu nunca dera atenção a crianças, não tinha consciência do universo de afeto que pode ligar um ser adulto a elas, nem o quanto de pureza e entrega existe nessa relação.

Noor foi minha primeira amiga e, também, a primeira pessoa a mostrar-me a capacidade de vivenciar relacionamentos sem expectativas, de aceitar os outros com suas diferenças, de não envolver-se em crises alheias. E dava-me a conhecer, ao adotar Lilah, que o amor transcende qualquer laço material. Noor era a mãe da pequena, não havia dúvida.

Imaginava o tamanho e a intensidade do sofrimento que ela vivia pelo destino de seus filhos, mas o conhecimento do que enfrentaria no futuro não a impedia de entregar-se àquele amor puro por um bebê. Minha amiga tinha estranhas noções a respeito da vida, do viver, da felicidade, das relações com os outros e consigo mesma. Senti o desejo de um dia ser igual a ela. Conseguir compreender a si mesma e aos outros.

347

Após alguns dias, chegamos às montanhas. Eram muito altas e cheias de cavernas profundas e escuras. Noor caminhava com muita segurança; conhecia detalhadamente a região, tanto que foi precisa na localização da caverna de Sadoque.

— Está vazia — disse ela aos acompanhantes. — Devem ter saído. Vamos nos acomodar, comer e descansar. Devemos retornar o mais breve possível.

O dia chegava ao fim, quando Sadoque e Kavi voltaram à caverna. Traziam frutas silvestres, ervas, raízes comestíveis e um balde com leite de cabra.

— Temos visitantes — anunciou Sadoque à entrada da caverna, vislumbrando as formas que se moviam no interior cuja visão não era clara. — Parecem mulheres.

— Vejamos de quem se trata — respondeu Kavi, tomando a frente.

Noor ouviu os passos dos recém-chegados e, tomando um archote improvisado, avançou até eles anunciando a própria presença.

— Kavi? Sadoque? Sou eu, Noor.

— Noor — gritou Kavi correndo ao seu encontro e abraçando-a apertado. — Que bom vê-la! Sempre sinto a sua falta.

Olhando por sobre o ombro de Noor, ele viu os demais membros da comitiva e enrijeceu.

— O que houve Noor? Por que está aqui? — Questionou, soltando-a e encarando-a sério.

— Tenha calma, Kavi — interveio Sadoque, aproximando-se de Noor e abraçando-a.

Depois que a libertou, o velho sábio falou:

— Pronto, agora sim. Depois de ter saudado seu pai como convém, você pode dizer a este jovem a razão desta visita. Vamos nos acomodar próximo ao fogo, que esfriará muito rápido; o vento está forte.

Abraçada aos dois, Noor aproximou-se dos demais e explicou a Sadoque e Kavi quem eram. O rapaz tomou Lilah nos braços e a examinou com curiosidade.

— É uma linda menina. Herdou os encantos de Dalilah — comentou Kavi, beijando o alto da cabeça da menina que se mexia inquieta e curiosa em seu colo o que o levou a devolvê-la à escrava. — Mas diga-nos, Noor, o que a trouxe às montanhas?

Ela não se fez de rogada. Rápida e objetivamente, resumiu os principais fatos que ocorriam na cidade e no reino. Concluiu, relatando as atitudes de Jessé e o pedido dos líderes militares e dos conselheiros de que Kavi regressasse e assumisse o governo do reino.

— Eu?! Mas como posso governar, nunca recebi formação para isso. Sou um filho bastardo, todos sabem. Jessé era quem estava sendo preparado...

— Kavi não fuja — pediu Noor. — Ele pode ter recebido mais instrução militar e política, mas a verdade é que seu pai não nomeou sucessores e Jessé está fazendo uma besteira após a outra. Meu filho, você é a esperança do reino. E eu sei que você tem as condições necessárias. Muito mais do que conhecimentos específicos, você reúne boas qualidade morais, necessárias a um governante. Além disso, é inteligente, responsável, humano e sensível. Aos meus olhos e aos olhos daqueles cujo pedido represento, isso o credencia a cuidar do povo e dos negócios do reino. Aceite Kavi. Volte comigo e assuma o governo.

Kavi fitou Sadoque e perguntou:

— O que você me diz?

— Não tema. Diga sim aos chamados da vida. Lembre-se: ela responderá ao que você oferecer; à sua volta haverá exatamente o que você desejar e permitir. Portanto, como governo, sirva de exemplo para os seus oficiais, ministros e conselheiros seguirem; seja tolerante com os inferiores e promova sempre os homens dignos, talentosos e capazes. Ame os rituais do seu povo e cumpra-os, e nenhum de seus súditos será irreverente; seja correto e ame a virtude e não haverá rebeldes ou insubordinados; seja coerente com o que diz e com o que faz; seja correto e suas ordens serão obedecidas, mesmo as que ainda não tenha dado. Trabalhe pela população, torne-a mais próspera e rica, e eduque-a. Certifique-se de que as pessoas próximas de você estejam satisfeitas e as distantes sintam-se atraídas por seu modo de pensar e agir. Não seja impaciente e pense grande, pois se pensar apenas nas pequenas coisas, nos pequenos ganhos, nunca cumprirá grandes missões. Faça da retidão seu nome: reto pensar, reto sentir, reto proceder. Por fim, entre seus servidores, saiba selecionar aqueles que desejam progredir e os que almejam resultados rápidos. Estes últimos querem cargos e distinções, não o trabalho lento e constante que leva ao progresso. Se estudam, é para impressionar aos outros, não para fazê-los seres humanos melhores.

Kavi sustentou o olhar de Sadoque e, após ouvi-lo atentamente, pousou a mão direita sobre seu ombro e, com expressão, solene disse:

— Que você viva para ter o orgulho de dizer que me orientou. Prometo-lhe que serei um bom governante, como foram todos os de nossa tribo antes da dominação de Abdulah.

Lágrimas caíram silenciosamente pelas faces do sábio Sadoque, um rei eremita e solitário no alto das montanhas.

Um dos militares que acompanhava Noor retornou à cidade assim que as primeiras luzes do amanhecer permitiram a viagem.

Noor, Kavi e os demais membros da comitiva retornariam dois dias depois.

Eles retornaram ao palácio em segredo, como haviam saído. A normalidade imperava. Os conselheiros e militares moviam-se de forma pública e nos bastidores. Aparentemente não havia mudança ou instabilidade; todos cediam às loucuras, desmandos e excessos de Jessé. No entanto, o mais antigo conselheiro, após a morte de Tércio, e o mais influente dos chefes militares escolheram e entregaram ao escravo que servia o governante o vinho que ele desejava.

Horas depois era dada a notícia oficial de que o rei enfermara de forma súbita, e o quadro era grave. No alvorecer, o palácio apresentava sinais de luto e Kavi surgia publicamente ao lado de Noor e das esposas de Jessé, sendo aclamado e reconhecido como o novo rei.

Epílogo

Permaneci no palácio por vários meses após a morte de Jessé. Acompanhei o início do governo de Kavi e pude observá-lo. Ele era calmo, ponderado, racional. Pensava e decidia. O eminente conflito com o Egito foi contornado e encontrada a via diplomática pela qual Tércio dera a vida. Kavi estabeleceu uma rotina de trabalho, prosperidade e harmonia.

O ambiente no palácio sofreu uma drástica mudança. Acabaram-se os excessos de todo gênero. As mulheres do harém eram tratadas com respeito, e ele desejou conhecê--las, conversar, porém recusou-se a cumprir a função sexual de procriador do reino. Essa atitude rendeu alguns comentários malévolos, que ele ignorou e, com esta conduta, impôs o silêncio. Alguns conselheiros atreveram-se a tratar do assunto, advertindo-o para as obrigações reais e a opinião do povo, ao que Kavi retrucou:

— Uma mulher foi morta com a permissão dos senhores acusada de praticar adultério comigo. Isso devia calar estas suspeitas, não é verdade? Mas esclareço que condenaram uma pessoa inocente no que me diz respeito. Minha conduta é simples de ser compreendida: eu não sou um cavalo, nem um bode, nem um camelo; sou humano, e espero de uma mulher mais do que simples capacidade de satisfazer meus instintos sexuais. Encontrarei uma rainha, uma mulher a quem vocês deverão chamar de senhora. Agora que ouvi a advertência dos senhores, espero que ouçam a minha: aprendi com um homem sábio, reto e justo, que devemos tomar alguns cuidados nesta vida. Disse-me ele que o primeiro é resguardar-se da atração da beleza feminina quando se é muito jovem e sem experiência. Igualmente nesta fase da vida convém não ser belicoso, por último, quando chegar à velhice, é preciso se resguardar o interesse de acumular propriedades e bens materiais. Todos nós sabemos que das duas primeiras lições fui bom aluno; a terceira de mim ainda está distante. Porém, aos senhores, cabe refletir. Não se ocupem com as questões da minha vida, eu cuidarei do assunto quando for oportuno.

A represália serviu também a mim. O que eu tivera para oferecer a um homem? Apenas o que Jessé dissera ser muito pouco, uma capacidade comum a qualquer mulher. Kavi desejava encontrar uma mulher que seus conselheiros devessem chamar de senhora. A figura de Helena desenhou-se em minha mente depois foi substituída por Noor. Sim, era uma mulher assim que ele buscava.

Foi por esta época que o espírito de Jessé reapareceu no palácio tomado de uma fúria assassina. Tinha consciência de seu estado e voltara ali, pensei, para confrontar-se com a realidade, como havia acontecido comigo.

Odiei revê-lo; desejei poder matá-lo, mas agora sabia que isso era impossível. Estávamos na mesma esfera. Maldição! A presença dele desequilibrava-me. E eu julgava ter reencontrado a paz e a segurança nos meses em que acompanhava a vida de Noor, Kavi e o desenvolvimento da pequena Lilah, a quem olhava com um pouco de carinho e interesse. Aprendia muito com eles, e o tempo corria célere, porque eu estava feliz. O retorno de Jessé jogou-me de volta ao inferno.

Digladiamo-nos, ofendemo-nos e irritamo-nos ao extremo. No entanto, nenhum de nós percebia que se ligava ao outro por pura vontade; que a cela estava aberta e bastava sair. O ódio é uma das formas de apego negativo mais intensas.

A ilusão da vingança, a autopiedade, por se crer uma vítima, a incompreensão das causas de sofrimento são fatores que contribuem para não enxergarmos a realidade: o perdão é a compreensão de nossa parte de que a cela está aberta, podemos sair, e nossa ação, perdoando, não gerará nenhum efeito sobre o estado de espírito do outro, somente sobre o nosso. Libertar-nos-emos, seremos mais saudáveis e felizes, eis toda diferença.

Quão pouco corretamente pensamos sobre nós mesmos! Muitas existências foram necessárias para que eu despertasse e começasse a pensar em mim de maneira construtiva e sobre as coisas que me afetavam.

Vivemos um sofrimento atroz. A única visão que nos fazia parar era o espírito de Cloé preso às proximidades do poço onde revivia, mentalmente, seu fim, ainda inconsciente do mundo em que se encontrava. Tomada pelo desespero, não percebia os espíritos que, de tempos em tempos, vinham visitá-la no afã de auxiliá-la.

Ante aquela visão, saíamos um para cada lado, e nos evitávamos por bastante tempo. Um estranho lampejo de consciência!

Em um desses intervalos, Estéfano e Dinah vieram ao meu encontro. Amorosos, no entanto, severamente fui admoestada a pensar se desejava viver aquele inferno por tempo indeterminado. Com certa rudeza, disseram-me que eu tinha a eternidade pela frente, e que apenas de minhas escolhas dependeria se desejava vivê-la entre torturas, dor e sofrimento ou vivê-la com alegria, abundância, prosperidade e sendo feliz.

O caminho era um só: aprender a ser uma criatura humana melhor, consciente e reflexiva. Para crescer, estavam dispostos a me ajudar; dependia de eu fazer a força necessária para mudar; pois para ser infeliz ninguém precisa de ajuda, basta entregar-se à ignorância, à preguiça, à inconsequência e ao domínio dos instintos.

Envergonhada concordei em retornar à instituição. E voltei, por incrível que possa parecer, melhor. Havia, sim, me comprometido com atos infelizes na ação obsessiva que desfechara sobre Jessé. Tinha responsabilidade direta no suicídio de Cloé e em seu estado de total desequilíbrio mental e emocional. Cabia-me a corresponsabilidade no assassinato de Jessé e em seus desmandos, omissões e abusos que recaíam sobre a população a ele subordinada, mas eu começara a me conhecer, a tomar consciência da vida e de como viver. Todas as lições que, ao longo da existência material pareceram ser sem significado, inúteis, lentamente davam sinais de que germinariam no futuro. Por isso, eu saía de meus erros mais aperfeiçoada, embora comprometida.

Integrei-me nas atividades da instituição; trabalhei muito e em tarefas cansativas, repetitivas, pequenas, mas úteis e necessárias. O estudo era obrigatório, e sempre devia voltar à atenção à autoanálise.

Conheci Seila e aprendi a admirar a aprendiz de Helena e tutelada de Estéfano. Conheci outros rituais que ocorriam no templo de Astarto, bem longe da prostituição sagrada e dos sacrifícios. Seila era uma jovem dotada de boa sensibilidade mediúnica e, junto de Helena e Jael, prestava inestimáveis serviços no socorro de espíritos desencarnados ainda muito materializados ou inconscientes de seu estado. Foi desse modo que, certo dia, sem que houvessem me avisado, em uma dessas reuniões Talita trouxe Cloé para ser atendida.

Quando a vi, ainda naquele estado deplorável de sofrimento, foi como se levasse uma punhalada no peito. Culpa, dor e arrependimento invadiram-me. Estéfano, ao meu lado, percebendo meu provável desequilíbrio, tomou-me a mão, apertando-a com carinho, disse-me:

— Seja forte! Isso é parte do seu passado. Faça desta mais uma experiência que a tornará melhor.

Como sofri ao compreender a tortura a que tinha submetido aquela jovem! Arrependi-me, profunda e sinceramente, porque eu conseguia entender a dimensão do sofrimento que havia imposto, sem pensar, a ela. Eu também era mulher e conhecia todas as dores que ela relatava. E reconheci que tinha a maior parcela de responsabilidade.

Ajoelhei-me ao lado dela, assim que foi afastada de Seila após a comunicação mediúnica — da qual Cloé saía consciente de seu estado e do local onde se encontrava, — e implorei que compreendesse minha insanidade e que aceitasse meu trabalho na sua reabilitação como forma de demonstrar meu arrependimento.

— Muito bem, Dalilah — apoiou-me Dinah, aproximando-se de nós. — Conserve esta disposição. Trabalho e responsabilidade fazem bem à evolução espiritual; culpa não serve para nada. Arrependa-se, mas não se entregue ao remorso, com ele você voltará ao passado e isso não interessa.

Com Cloé aprendi o que significa trabalho devotado. Estive ao seu lado, sempre assistida por um dos instrutores, em todos os momentos de seu restabelecimento. Precisei aceitar seu ódio e repulsa por mim. Aprendi a ser humilde e a reconhecer que não poderia ser diferente e prosseguir até que ela conseguisse vencer a profunda animosidade entendendo que eu era, na verdade, muito mais necessitada.

No entanto, também ela tinha responsabilidade sobre os acontecimentos, pois se entregara à minha vontade sem opor resistência ou buscar ajuda. Calada, ela aceitara meu domínio, e sua atitude de soberania fora o suicídio, um ato equivocado. Foi assim que chegamos a uma convivência pacífica e tolerante. Entretanto, ainda havia um longo caminho a nossa frente e muito a aprender. Isso fora o primeiro passo da jornada.

Passamos mais um período de serenidade, e eis que um dia nos deparamos com Jessé na condição de recém--acolhido em nossa instituição. Nós duas o odiávamos e nos foi penoso reencontrá-lo. Nenhuma de nós conseguiu se aproximar dele. A mera informação de que estava no mesmo ambiente era o bastante para causar incômodo.

Não sei precisar o equivalente em dias ou meses que vivemos até que Dinah chamou a mim e Cloé para uma reunião muito séria.

— Sei que para vocês a permanência entre nós está bastante difícil — começou ela logo após uma carinhosa saudação. — Entendemos a situação e todos nós temos ciência de que a vida não opera milagres. Ela é o grande milagre por si só, e entendê-la em sua sabedoria nos aproxima do Ser Supremo. Sentimentos intensos e vivências dolorosas não se apagam facilmente. Tampouco reparamos nossos conceitos. Vocês melhoraram muito, avançaram. Isso as torna aptas a deixarem nossa instituição em busca de regiões mais elevadas onde serão preparadas para retornarem às lutas terrenas em nova reencarnação. Estéfano as acompanhará, e lá, auxiliadas pelos responsáveis, juntas vocês analisarão as necessidades e possibilidades da nova existência. Traçarão as provas necessárias e terão conhecimento do que, por consequência natural, terão de suportar como fruto da existência finda.

Ela nos deu breves informações; respondeu nossas poucas perguntas; a notícia pegara-nos de surpresa. Obedientes, partimos com Estéfano.

Iniciávamos juntas a jornada em busca de uma nova vida e pensávamos em deixar para trás alguém que nos incomodava, porém, ele seguia conosco, era passageiro de nossos pensamentos e refém de nossos sentimentos. Igualmente, ficávamos com ele na instituição.

Reencontramo-nos muito tempo e em muitos planos depois, novamente na vida física. Corria o ano 28 da era cristã, e o império romano dominava o Oriente, meu nome era Verônica...

FIM

GRANDES SUCESSOS DE
ZIBIA GASPARETTO

Com 17 milhões de títulos vendidos, a autora
tem contribuído para o fortalecimento da literatura
espiritualista no mercado editorial e para a popularização da
espiritualidade. Conheça os sucessos da escritora.

Romances
pelo espírito Lucius

A verdade de cada um

A vida sabe o que faz

Ela confiou na vida

Entre o amor e a guerra

Esmeralda

Espinhos do tempo

Laços eternos

Nada é por acaso

Ninguém é de ninguém

O advogado de Deus

O amanhã a Deus pertence

O amor venceu

O encontro inesperado

O fio do destino

O poder da escolha

O matuto

O morro das ilusões

Onde está Teresa?

Pelas portas do coração

Quando a vida escolhe

Quando chega a hora

Quando é preciso voltar

Se abrindo pra vida

Sem medo de viver

Só o amor consegue

Somos todos inocentes

Tudo tem seu preço

Tudo valeu a pena

Um amor de verdade

Vencendo o passado

Crônicas

A hora é agora!

Bate-papo com o Além

Contos do dia a dia

Pare de sofrer

Pedaços do cotidiano

O mundo em que eu vivo

O repórter do outro mundo

Voltas que a vida dá

Você sempre ganha!

Coleção – Zibia Gasparetto no teatro

Esmeralda

Laços eternos

Ninguém é de ninguém

O advogado de Deus

O amor venceu

O matuto

Outras categorias

Conversando Contigo!

Eles continuam entre nós vol. 1

Eles continuam entre nós vol. 2

Eu comigo!

Pensamentos vol. 1

Pensamentos vol. 2

Momentos de inspiração

Recados de Zibia Gasparetto

Reflexões diárias

Vá em frente!

Grandes frases

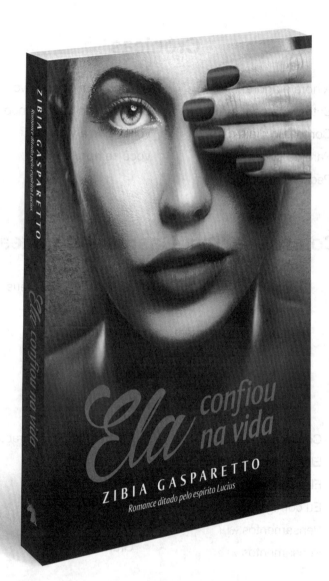

ZIBIA GASPARETTO

Romance ditado pelo espírito Lucius

É mais difícil nascer do que morrer. Morrer é voltar para casa, rever parentes e amigos. Nascer é ter de esquecer tudo, enfrentar as energias do mundo, encarar problemas mal resolvidos do passado, desenvolver dons e aprender as leis da vida!

Embora tivesse se preparado para nascer, Milena sentiu medo, quis desistir, mas era a sua hora, e seus amigos espirituais a mergulharam em um pequeno corpo preparado para ela.

No entanto, o futuro revelou toda a beleza de seu espírito e a força de sua luz. É que, apesar do medo, ELA CONFIOU NA VIDA!

Este e outros sucessos, você encontra nas livrarias e em nossa loja:

www.vidaeconsciencia.com.br/lojavirtual

Romances
Editora Vida & Consciência

Amadeu Ribeiro

A visita da verdade
Juntos na eternidade
O amor não tem limites
O amor nunca diz adeus
O preço da conquista

Reencontros
Segredos que a vida oculta vol.1
A beleza e seus mistérios vol.2
Amores escondidos vol. 3

Ana Cristina Vargas
pelos espíritos Layla e José Antônio

A morte é uma farsa
Em busca de uma nova vida
Em tempos de liberdade
Encontrando a paz
Ídolos de barro

Intensa como o mar
Loucuras da alma
O bispo
O quarto crescente
Sinfonia da alma

André Ariel
Além do proibido
Em um mar de emoções
Eu sou assim
Surpresas da vida

Carlos Henrique de Oliveira
Ninguém foge da vida
Tudo é possível

Carlos Torres
A mão amiga
Querido Joseph (pelos espírito Jon)
Uma razão para viver

Cristina Cimminiello
O segredo do anjo de pedra

Eduardo França
A escolha
A força do perdão
Enfim, a felicidade
Vestindo a verdade
Vidas entrelaçadas

Evaldo Ribeiro
Eu creio em mim
O amor abre todas as portas (pelo espírito Maruna Martins)

Flávio Lopes
A vida em duas cores
Uma outra história de amor

Floriano Serra
A grande mudança
A outra face
Ninguém tira o que é seu
Nunca é tarde
O mistério do reencontro
Quando menos se espera...

Gilvanize Balbino
De volta pra vida (pelo espírito Saul)
O símbolo da vida (pelos espíritos Ferdinando e Bernard)
Horizonte das cotovias (pelo espírito Ferdinando)

Leonardo Rásica
Celeste - no caminho da verdade

Lucimara Gallicia
pelo espírito Moacyr

O que faço de mim?
Sem medo do amanhã

Lúcio Morigi

O cientista de hoje

Marcelo Cezar
pelo espírito Marco Aurélio

A última chance
A vida sempre vence
Coragem para viver
Ela só queria casar...
Medo de amar
Nada é como parece
Nunca estamos sós
O amor é para os fortes
O preço da paz
O próximo passo
O que importa é o amor
Para sempre comigo
Só Deus sabe
Treze almas
Tudo tem um porquê
Um sopro de ternura
Você faz o amanhã

Márcio Fiorillo

Nas esquinas da vida

Maura de Albanesi
pelo espírito Joseph

O guardião do Sétimo Portal

Meire Campezzi Marques
pelo espírito Thomas

A felicidade é uma escolha
Cada um é o que é

Mônica de Castro
pelo espírito Leonel

A força do destino
A atriz
Apesar de tudo...
Até que a vida os separe
Com o amor não se brinca
De frente com a verdade
De todo o meu ser
Desejo – Até onde ele pode te levar? *(pelos espíritos Daniela e Leonel)*
Gêmeas
Giselle – A amante do inquisidor
Greta
Impulsos do coração
Jurema das matas
Lembranças que o vento traz
O preço de ser diferente
Segredos da alma
Sentindo na própria pele
Só por amor
Uma história de ontem
Virando o jogo

Rose Elizabeth Mello

Como esquecer
Desafiando o destino
Os amores de uma vida
Verdadeiros Laços

Sérgio Chimatti
pelo espírito Anele

Apesar de parecer... Ele não está só
Ecos do passado
Lado a lado
Os protegidos
Um amor de quatro patas

Conheça mais sobre espiritualidade com outros sucessos.

 vidaeconsciencia.com.br  /vidaeconsciencia  @vidaeconsciencia

Rua Agostinho Gomes, 2.312 – SP
55 11 3577-3200

contato@vidaeconsciencia.com.br
www.vidaeconsciencia.com.br